青海农村妇女科学素质的现状及对策研究

Qinghai Nongcun Funv Kexue Suzhi De Xianzhuang Ji Duice Yanjiu

祁乐瑛 著

中央民族大学出版社
China Minzu University Press

图书在版编目（CIP）数据

青海农村妇女科学素质的现状及对策研究/ 祁乐瑛著. —北京：中央民族大学出版社，2022.12

ISBN 978-7-5660-2148-9

Ⅰ.①青…　Ⅱ.①祁…　Ⅲ.①农村—妇女—科学—素质教育—研究—青海　Ⅳ.①D669.68

中国版本图书馆 CIP 数据核字（2022）第 254421 号

青海农村妇女科学素质的现状及对策研究

作　　者　祁乐瑛
责任编辑　舒　松
责任校对　肖俊俊
封面设计　舒刚卫
出版发行　中央民族大学出版社
　　　　　北京市海淀区中关村南大街 27 号　邮编：100081
　　　　　电话：（010）68472815（发行部）　传真：（010）68932751（发行部）
　　　　　　　（010）68932218（总编室）　　　　（010）68932447（办公室）
经 销 者　全国各地新华书店
印 刷 厂　北京鑫宇图源印刷科技有限公司
开　　本　787×1092　1/16　印张：18
字　　数　290 千字
版　　次　2022 年 12 月第 1 版　2022 年 12 月第 1 次印刷
书　　号　ISBN 978-7-5660-2148-9
定　　价　68.00 元

目　录

第一章

绪　论

第一节　研究的背景及意义

一、研究背景

进入 21 世纪，科学技术已渗透现代社会的各个领域，受到世界各国的空前关注，它已成为当今世界先进文化的重要组成部分，也是衡量一个国家综合国力的核心因素之一。国家的兴旺、发达在于科学技术的发展水平，而国家的科技水平与国民的科学素质有直接的关系。因此，许多国家都把提高全民族科学素质作为国家的大事来抓。

（一）国外科学素质研究背景

提升公民科学素质是各国科学普及与科学教育的内容，将“科学素质”作为一项专门主题加以调查与研究，并由此引发科学教育改革，主要是从美国开始的。米勒认为，对公众理解科学的经验研究开始于 1957 年美国科学作家协会（National Association of Science Writers，NASW）所作的一次全美成人调查。1958 年，赫德（Paul Dehart Hurd）将科学技术与社会的关系作为一个重要问题提出，并撰文首次提出将“科学素质”作为科学教育的目标。1972 年，美国科学委员会（National Science Board）出版双年度《科学指标》，内设“公众对科技的态度”一章正好是基于对公民科学素质的调查而得①。20 世纪 80 年代以来，“科学素质”在这 20 年里不但成了学术研究的重要内容，更成为各国与国际组织在实践层面积极倡导的一种社会行动。各国综合国力的竞争已由单纯的经济竞争转入更为本质的科技与人才竞争，提高公民的科学素质由此得到重视。因此，科学素质行动纷纷兴起：1985 年，美国推出“2061 计划”（Project2061），由美国科学促进会专门负责推行，旨在提高全体美国人的科学素质；1986 年，英国皇家学会、皇家研究院和科学促进会联合组成公众理解科学委员会（COPUS），专门推行公众理解科学运动；1988 年，印度实施“国际素质行动计划”，并在此计划之内专门发起全素质行动（Total Literacy Campaign，TLC）；1996 年，葡萄牙发起“活科学运动”（Ciencia Viva，Science Alive），强调中学、大学与国家实验室的合作，自然科学与技术科学的实验教学，并建立“活科学”中心、开辟互动讨论空间。在正规教育系统内，“科学素质”教育目标促进了教育方式的改革和课程标准的调整。科学素质建设在 2000 年以后有一突出特征，就是在推行目标与各国整体发展战略方面挂钩，其推行方式更加强调科学家与公众进行“对话”与“争论”的双向交流模式。这既符合国际社会在新世纪面临新机遇、追求新发展的需要，也是科学素质建设经过 20 多年蓬勃发展的必要调整。2002 年，欧盟在创建知识经济的欧洲与欧洲研究区域（European Research Area）这一大的目标框架下，开始推行“科学与社会行动计划”。2003 年，英国制定《国家技能发展战略》，对提高国民素质作了大规模的部署和详细规划。

（二）国内科学素质研究背景

随着中国经济的强劲增长以及创新型国家建设战略的制定，我国公民科学素质较低的状况与对高素质人力资源的巨大需求之间形成了强烈反差。同时，经济发展的不平衡导致社会中不同人群之间的科学素质鸿沟，这些矛盾非常不利于科学发展观的落实以及和谐社会的构建。在这样的背景下，国务院颁布的《国家中长期科学和技术发展规划纲要（2006—2020 年）》中首次明确将提高全民科学文化素质，营造有利于科技创新的社会环境作为中长期国家科技规划的重要内容。随后颁布的《全民科学素质行动计划纲要（2006—2010—2020 年）》（以下简称《科学素质纲要》）中则

① 陈首．科学素质建设：国外在行动［J］．科学学研究，2007（06）：1057-1062.

具体提出了提高公民科学素质（Civic Scientific Literacy）的行动计划，该计划定位于提高人口素质的基础性社会工程，被列入“国家中长期科学技术发展规划”和“国民经济和社会发展第十一个五年计划”，成为中国的国家计划。全民科学素质行动计划试图整合政府部门、人民团体、社会力量在提高公民科学素质方面的举措，提升全体公民的科学素质，从而建立有利于科学发展的社会氛围，最终促进和谐社会的发展。《科学素质纲要》给出了中国官方对“科学素质”的定义，即了解科学技术知识，掌握科学方法，树立科学思想，崇尚科学精神，以及利用以上四方面处理实际问题和参与公共事务的能力；确立了以四个重点人群为优先对象：未成年人、农民、城镇劳动人员和公务员群体；要求实施四项基础工程，即科学教育与培训基础工程、科普资源开发与共享工程、大众传媒科技传播能力建设工程、科普基础设施工程。实施全民科学素质行动计划，是执政党和政府试图转变发展“科普事业”作出的重要努力，对我国国民素质的提升、国家竞争力的提高、和谐社会的建设，产生深远的影响。《科学素质纲要》还指出：全民科学素质建设是坚持走中国特色的自主创新道路，建设创新型国家的一项基础性社会工程，是政府引导实施、全民广泛参与的社会行动；全民科学素质行动计划旨在全面推动我国公民科学素质建设，通过发展科学技术教育、传播与普及，尽快使全民科学素质在整体上有大幅度的提高，实现到21世纪中叶我国成年公民具备基本科学素质的长远目标。提高公民科学素质，对于增强公民获取和运用科技知识的能力，改善生活质量，实现全面发展，对于提高国情自主创新能力、建设创新型国家、实现经济社会全面协调可持续发展、构建社会主义和谐社会，都具有十分重要的意义。

我国公民科学素质的整体现状，与西方发达国家有较大的差距。中国科协按照美国学者乔恩·米勒设计的、也是为国际社会认可的“公民义务科学素养”调查统计指标体系，在全国范围（不含港澳台）进行的中国公众科学素质调查数据显示，2007 年中国公民具备基本科学素质的比例为 2.25%，比 2003 年的 1.98%提高了 0.27 个百分点，比 2005 年的 1.60%提高了 0.65 个百分点。不同年龄公民的科学素质也存在差异，且呈现出随年龄增加而降低的趋势。18—29 岁年龄段的公民具备科学素质的比例最高，为 3.5%，30—39 岁为 3.0%，40—49 岁为 1.9%，50—59 岁为 1.5%，而 60—69 岁仅为 1.3%。具备科学素质公民的比例与文化程度呈正相关，受教育程度越高，具备科学素质的比例就越高。大学及以上文化程度公民具备科学素质的比例最高，为18.7%，大专、高中或中专、初中文化程度公民的比例分别为8.6%、4.7%、1.5%，而小学及以下文化程度公民的科学素质则不足1%。《科学素质纲要》的重点人群中，领导干部和公务员具备科学素质的比例为10.4%，城镇劳动人员和农民的这一比例分别为3.0%和1.0%。我国公民科学素质水平低下，已成为制约我国经济发展和社会进步的主要瓶颈之一。

20世纪80年代，随着我国经济体制的改革，国家政策开始逐渐倾向于工业，而将农业放在了一个尴尬的位置，这也在一定程度上忽视了对农民科学素质的提升。经过这几十年的发展，我国的社会发展有了天翻地覆的变化，国家已经逐渐意识到农民素质的重要性，相继颁布了《全民科学素质行动计划纲要（2006—2010—2020年）》和《农民科学素质行动实施工作方案》等一系列激励农民科学素质的纲要方案，并将农民列为提高全民科学素质的四大重点人群之一加以重点对待，农民的科学素质得到了一定程度的提升。同时，农业部及有关职能部门虽相继开展了一系列试点活动，但在实际实施过程中，受自身经验不成熟的影响及种种因素的制约，无论在方法上还是在资源利用效率上，我们与国外先进经验相比还存在着较明显的差距，农民科学素质的提升效果并不能令人满意，严重制约着农业现代化和社会主义新农村建设的进程。

（三）青海省相关研究背景

青海省政府积极探索以不牺牲农业和粮食、生态和环境为代价的工业化、城镇化、农业现代化协调发展的路子，要把改善西部地区贫困现状，提升青海农民整体素质作为首要任务。青海与甘肃、四川、西藏、新疆接壤，辖西宁市、海东市2个地级市和玉树藏族自治州、海西蒙古族藏族自治州、海北藏族自治州、海南藏族自治州、黄南藏族自治州、果洛藏族自治州6个民族自治州，共48个县级行政单位。青海省有藏族、回族、蒙古族、土族、撒拉族等43个少数民族，全省常住人口593.46万（2016年）。在这样一个多民族地区，农村情况更加多元化。而其中州政府包括：青海省海北藏族自治州、海南藏族自治州、黄南藏族自治州、果洛藏族自治州、玉树藏族自治州、海西蒙古族藏族自治州，由于地理和历史原因，青海农民普遍处在高寒偏远的地方，发展建设起步晚、难度大，发展程度与内地差距很大。通过对青海省经济的了解，要建设青海省独特的经济模式，重点、难点在三农问题，关键点也在三农问题。没有青海省农牧业的发展，整个西部地区经济建设战略的实施就会成为外强中空，失去强有力的过渡支架；青海农村市场潜力得不到挖掘，整个西部地区的经济发展就会缺失内需动力，还可能会随时影响到整个国家的经济稳定发展；没有青海农民科学素质的提升，整个西部地区的经济建设就会缺失动力、后劲不足。农民作为社会主义新农村建设和农业现代化发展的主要参与者和有生力量，其科学素质如果不能得到整体提高，西部经济区建设的宏伟蓝图就不能实现，而随着男性农民外出务工导致的人口流失，使得青海农村妇女的地位显得比以往任何时期都重要。因而，在建设西部的指导意见的引领下，如何培养造就“有文化、懂技术、会经营”的新型农村妇女并提升青海农村妇女的科学素质，成为一个迫切需要解决的问题。

研究青海农村妇女的科学素质问题对西部地区经济建设和提高整体国民素质都有积极的促进作用。农村妇女作为农业活动主体，其科学素质如何，将直接关系到发展现代化农业的脚步，而农业现代化的发展程度对于实现中西部地区经济建设的战略目标具有积极的推动作用。同时，青海农村妇女又是农业现代化的实施者，因此，提高青海农村妇女的科学素质，加强面向农村妇女的科学知识普及，是推进西部地区经济建设的重要举措；青海农村妇女是社会主义新农村建设和农业现代化的主体，更是“三农”问题中的重点。农民最关心的问题莫过于收入的增加，农村妇女科学素质的提高是农民增收的前提和保证。通过对青海农村妇女进行科技教育培训来提升农村妇女的科学素质，不仅能够增产增收，还可以极大提高其建设新农村的积极性；在我国现阶段，农民仍然是一个重要的社会群体，但就整体而言，农民素质偏低，尤其是科学素质普遍不高，提高空间很大，可以说科学素质在农民素质的构成要素中占有较重的分量，而农民的素质势必影响国民素质的整体提升进程，换句话讲，农民科学素质的高低决定整个国民素质的高低，因此，提高农民科学素质必将有利于提升整体国民素质。一个农村家庭中妇女无疑将起到核心纽带的作用，她们不仅能够承接上一代的沟通问题，而且能有效地教育下一代。所以，要想改变农民整体科学素质的现状，必须先从农村妇女入手。

二、研究意义

青海农村妇女科学素质现状的研究是一个具有时代性和前沿性的课题。在当前我国由全面建设小康社会向全面建成小康社会飞跃发展的历史时期，本研究结合青海省本土实际情况，提出全面改善农村环境，提高农村妇女基本科学素质，对农村妇女科学素质与青海农村整体环境之间的相互作用进行分析，以进一步探究青海农村妇女科学素质的提高受哪些因素影响，并论述由此所造成的农村地区管理、教育，乃至于经济发展不到位所引发的不良局面。在大力发展社会主义新农村建设的背景下，农业、农村、农民问题已经成为全社会共同瞩目的焦点。建设社会主义新农村，农民是主体。提高农民的整体素质，培养“有文化、懂技术、会经营”的新型农民，把沉重的人口负担转化为强大的人力资源优势，是从根本上解决三农问题的有效途径。目前，青海省外出务工人员较多，农村滞留人口多为妇女、老人及儿童。要想改变目前农村的基本情况，必须首抓妇女这一中坚环节。而在提高农村妇女的整体素质中，科学素质水平是一个重要的方面，是农村妇女能否依靠科技建设社会主义新农村的关键所在。而农民尤其是农村妇女的科学素质低下已经是个不争的事实，自 1992 年以来的公众科学素质调查都显示：农民的科学素质在所有人群中是最低的，而农民中又以妇女为主，接受教育和培训的比例最小。提升农村妇女科学素质，对社会主义新农村建设以及中华民族整体素质的提高具有十分重要的意义。

（一）理论意义

第一，为科学素质相关理论的中国化、本土化提供现实素材。“科学素质”的研究始于美国，它的研究从美国的现实国情出发，服务于美国未来发展战略，从对“科学素质”的概念界定，到“科学素质”的测量指标体系确立，再到“科学素质”应达到的目标定位都形成了一个完善的理论体系。同样，经过多方专家学者多年的研究，我国在这方面的理论研究确实取得了一些阶段性成果。但相比之下，仍略显不足，我国的研究是在以美国的研究成果为参照的基础上展开的，还没有完全达到本土化。因此，从我国国情出发，联系青海省当地实际，通过收集青海省 12 个不同地区，不同性质的农民聚居地的农村妇女科学素质的问卷来了解青海农村妇女的科学素质情况以及分析何种因素会影响到青海农村妇女科学素质的高低，希望进一步明确农村妇女科学素质的概念界定，对农村妇女科学素质的测量有所补充，并希望对农村妇女科学素质研究的中国化、本土化能有所助力。

第二，为科学素质相关理论研究范围的扩大及研究内容的进一步细化增添素材。目前，国内关于科学素质的研究大都集中于公众的科学素养，而有关公众科学素质的研究中，专门针对农民或农村妇女的研究也不是太多。因此，通过对青海农村妇女科学素质的研究有望能为科学素质研究对象的进一步细化及研究范围的进一步扩大尽微薄之力。

（二）实践意义

首先，提高农村妇女科学素质是全面落实科学发展观的客观要求。科学发展观要求做到“统筹人与自然和谐发展、统筹国内发展和对外开放”等五个统筹。而目前青海省正面临着多种生态问题——湿地萎缩；水土流失面积扩大，侵蚀程度日趋严重；草地退化仍在继续，治理任务繁重、难度大；物种生存条件恶化，分布区域缩小，生物多样性受到威胁；现有生态环境保护和建设工程难以有效遏制生态环境恶化势头；生态环境承载能力与经济社会发展之间的矛盾日益突出。这些都决定了青海省全体民众必须立即提高科学素质，在稳定传统作业的方式下，学习新的科学理念，用以发展全新的科学经济模式。其中又以提升广大农村地区妇女的科学素质为重中之重。如何提高农村妇女科学素质，如何使农村妇女站在新起点，把握新形势，抢抓新机遇，在有限的资源条件下提升自我，同时为保持生态经济社会持续健康发展出一份力，这对于青海省整体的科学发展具有重要意义。改变青海农村妇女的科学观，她们将奋力建设更加富裕、文明、和谐、美丽的新青海。这不仅能有效提高农村妇女的科学素质，而且也提供了可靠的学术理论支撑。

其次，提高农村妇女科学素质是改变我国公众科学素质现状，提高民族素质的根本要求。由于我国人口众多，国民整体科学素质水平偏低，加强科学素质建设就显得十分必要了。多项调查表明，我国公众科学素质水平与发达国家相比存在较大差距。公民科学素质水平低下，已成为制约我国经济社会又好又快发展的瓶颈之一。而青海省的公众科学素质水平，不但落后于国外发达国家水平，而且落后于国内发达地区水平。因此，为缩小我国公众科学素质水平与发达国家差距，提高中华民族整体科学素质水平，青海省的义务和责任便是尽快使本地公众科学素质水平达到国内发达地区水平，并向发达国家水平靠近。

最后，提高青海农村妇女科学素质将有助于深化对民族问题的认识和提高民族地区各民族群众间和谐高效的发展。青海省有藏族、回族、蒙古族、土族、撒拉族等43个少数民族，属于全国为数不多的少数民族地区，而青海农村妇女的大军中必然有相当一部分人口属于少数民族人口。我们在探讨如何提高青海农村妇女科学素质的相关问题时，必须考虑到这一关键因素。任何具体事物，都不可能超脱于它所处的时代。当前少数民族和民族地区面临的时代大背景是实行“四化同步”“五位一体”的协调推进，以及“四个全面”的战略布局。但从理论与实践来分析，少数民族和民族地区的经济社会发展却表现出明显差距，落后于时代的要求，这其中必然会有相当一部分问题是农村妇女科学素质较低引起的。在新的历史发展阶段，开放的世界发展格局与落后的区域和民族发展特征并存，处理好少数民族地区的各类问题投射出许多迫切需要回答的理论和实践问题。本课题将置身于这一大背景下，重点研究农村妇女科学素质与民族地区民生问题关系。少数民族地区工业化、城镇化、信息化和农业现代化必将伴随着深刻而巨大的社会转型，提高少数民族地区农村妇女科学素质将进一步引起少数民族地区长期以来传统的社会结构和人们生活方式的转变，这对于民族地区新型农村建设将提供不小的机遇。中华人民共和国成立70多年来，在中国共产党的领导下，少数民族教育取得了很大成就。但是在新的形势下，党对少数民族地区人民经济发展、人文教育、整体素质等提出了新的、更高的要求，通过对青海农村妇女科学素质的研究，把解决好少数民族地区群众科学素质偏低的普遍情况与自身所承担的经济发展要求结合起来，认真总结我国在少数民族地区实施“科教兴国”战略的经验和教训，积极探索青海农村妇女科学素质发展的规律，为科学制定和正确贯彻党的教育政策提供依据。对于有效促进党在少数民族地区的教育实践，指导新的历史条件下的民族教育工作，具有重要的实践意义。

第二节　研究目的

科学素质指掌握必要的科学知识，了解基本的科学方法、崇尚科学精神，尊重客观规律，具备基本的应用科学技术成果的能力。科学素质对于国家经济发展、社会进步和公民个人全面发展都具有重大影响。

妇女在农村经济建设和社会发展中发挥着重要作用，农村妇女占世界人口的1/4以上，是实现全球粮食安全和农村发展的一支生力军。据非洲经济委员会公布的统计数字，仅在撒哈拉沙漠以南的地区，60%—80%的粮食是由农村妇女生产的。在每一个家庭中，妇女更是发挥着重要作用。她们不仅承担全部的农田耕作，而且还背负养育子女等繁重家务的责任。在多数非洲国家，60%以上的农村家庭是由妇女支撑着。农村妇女不仅是粮食生产的主力军，而且是农村地区发展一支不可忽视的力量。

在我国，农村妇女无论是在人口和农业发展中的作用都不容忽视。中华人民共和国国家统计局2021年5月11日公布的第七次全国人口普查结果：中国大陆31个省、自治区、直辖市和中国人民解放军现役军人，不包括香港、澳门特别行政区和台湾省以及海外华侨人数，居住在城镇的人口为901991162人，占63.89%，居住在乡村的人口为509787562人，占36.11%。而中国农村留守妇女人口众多要照顾家中老人、小孩，要家务、农活一肩挑。联合国机构资料表明，农村妇女往往被剥夺受教育的机会；她们缺乏先进的耕作技术，得不到足够的农业贷款；她们不能以同等权利获得土地或继承权等，农村妇女的科学素质更是需要倍加关注的问题。

在我国的农业生产中，农村妇女参加生产劳动的比例达74.7%；在家庭经济收入中，大部分家庭夫妻共挑经济大梁，妇女个人创造的收入占家庭收入的近一半；在家庭经济管理中，八成以上由妇女单独或与丈夫共同管理；在生产生活中，妇女是重要决策者，也是家务劳动的主要承担者。妇女是农村经济建设的生力军，在推动“生产发展”和“生活宽裕”中发挥着不可替代的半边天作用。

农村妇女的科学素质决定着孩子的未来，古希腊著名的思想家、政治家亚里士多德说过：“必须有优良的妇孺，才会造就优良的城邦。”“十年树木，百年树人”，家庭是百年树人的起点，农村妇女则是农村孩子们最早、最直接、最重要的教育者。因此，母亲的科学素质水平关系着新生一代的身心发展水平，关系着家庭生活的质量。母亲是子女早期智力的开发者和品德的培养者。

改革开放以来，随着我国城镇化步伐的加快和农村产业结构的调整，农村男性劳动力大量向城市转移，“男工女耕”逐渐成为农村地区的主要分工模式，妇女在农业生产和社会主义新农村建设中扮演着越来越重要的角色。农业女性化的发展趋势使农村妇女发展的重要性日益凸显（马慧芳，2011）。

《中共中央关于农业和农村工作若干重大问题的决定》明确指出，要实施科教兴国战略，提高农民素质，努力打造具有中国特色的现代化农业。西部农村的经济相对落后，提高农民科学素质不仅是新时期农村建设的重要方向，也是进一步深化农村改革的关键。青海省地处交通与经济相对不发达的西部，根据2021年的统计，常住人口5923957人，乡村人口的比例占58.80%，高于全国平均水平。全省人口集中分布在东部农业区西宁市湟中区、互助县、乐都县、民和县、循化县、化隆县、湟源县、平安县、贵德县、门源县、尖扎县、同仁县，其中农村妇女是生产的主力军，对其科学素质的发展状况进行研究意义重大。因为青海农村妇女的科学素质是青海科技兴农的保障。

本研究的目的一：提高青海农村妇女的科学素质可以提高青海的经济效益。科学素质是掌握必要的科学知识，了解基本的科学方法、崇尚科学精神，尊重客观规律，具备基本的应用科学技术成果的能力。科学素质对于国家经济发展、社会进步和公民个人全面发展都具有重大影响，对农村妇女科学素质的研究及对策分析意义重大。农村妇女科学素质对农业生产的影响极大，农村妇女是科普工作应重点关注的人群之一。改善我国农村妇女科学素质状况可以提高生产效率，“知识改变命运”“科技是第一生产力”，只有提高科学素质，学习先进知识，才能提高经济效益，使农村再生产的各个环节有机结合，可以加大对人力、物力、财力的利用效果。

本研究的目的二：提高青海农村妇女的科学素质可以提高青海的社会效益。农村妇女的科学素质对新一代成长的影响极大，农村妇女肩负着教育孩子的重任，母亲的科学素质直接影响着孩子的学习与成长，家庭是百年树人的起点，母亲则是子女们最早、最直接、最重要的教育者。母亲的科学素质水平关系着新生一代的身心发展水平，关系着家庭生活的质量，关系着国家的发展。

本研究的目的三：提高青海农村妇女的科学素质可以提高农村妇女的科学技术水平。经济上很多深层次的矛盾和问题的解决，最终要靠科学、靠技术、靠人才的培养和劳动者素质的提高。根据实际情况提出相应的对策和有效的措施，解决在农村妇女科学素质提高过程中所面临的问题。要创造条件，让广大农村妇女努力学习当代科学技术知识，提高全民素质。

第二章

文献综述

我国在2003年10月正式启动了“全民科学素质行动计划”的制定工作，并颁发了一系列相关的纲领性文件。全民科学素质行动计划的宗旨是全面推动我国公民的科学素质建设。该计划预计在中华人民共和国成立100周年的时候，使我国公民具备的基本科学素质达到与中等发达国家经济社会发展程度相适应的水平。提高公民科学素质，对于国家的长远发展影响深远。因此，国内外很多学者围绕科学素质教育问题进行了多方研究。

第一节　国外研究现状

一、美国公众科学素质测评理论与实践发展

“科学”一词在当今社会使用甚广，随着国家、民族的发展，我国政府也顺应科学文化时代的要求，提出“科教兴国”的发展战略。在“科学”不断被人提及的时候，我们不禁会问，到底什么是“科学”？要认识科学，其落脚点必须放在的人的“科学素质”上。

关于“科学素质”一词，目前国际科学界并没有一个统一的概念界定。首次提出“科学素质”一词的是美国著名的教育学家、化学家科南特（Conant），他在1952年为《科学中的普通教育》（*General Education in Science*）写的前言中，第一次使用了“科学素质”一词。但是他并没有对“科学素质”的具体内涵作详细说明。赫德在1958年发表的《科学素质：对美国学校的启示》的文章里把科学素养解释为“理解科学及其在社会中

的应用”。由于科学在社会中具有重要地位，因此，他认为，“当（人们）讨论经济、政治和个人问题时不能不把科学作为一个因素予以考虑”。值得注意的是，赫德的文章发表的时间恰逢20世纪50和60年代的理科教育现代化运动初期。但是，由于他的关于科学素质的观点，例如：科学与社会的关系、科学方法和科学史的作用以及科学事业的精神等并不与当时的改革主旨合拍，故未受到重视。到20世纪60年代中期，美国威斯康星大学的佩勒（Pella）等人对过去的文章进行总结，为“科学素质”进行了概念的界定，总结了6个维度，分别是具有科学素质的人能够理解科学与社会的关系、控制科学家工作的伦理道德、科学的本质、科学与技术之间的区别、科学的基本概念以及科学与人类的关系。到了20世纪70年代，索尔特（Showalter）又在佩勒的界定上做了更进一步的解释，将“科学素质”的内涵进行了7个维度的划分：理解科学的本质；在探索宇宙的过程中能准确运用恰当的科学概念、定律、原则、理论；在解决问题、进行决策、进一步了解生存于其中的宇宙时能运用科学；在探索宇宙的各个方面时能遵守构成科学基础的各种价值；理解和欣赏科学与技术相结合的事业以及科技事业与社会其他方面的关系；科学教育的成果培养人具有更富有、更令人满意、令人兴奋的宇宙观，并在其一生不断拓展科学教育；养成诸多与科技有关的操作技能。①

除此之外，20世纪70年代关于科学素质的研究已经不限于其内容和范围的讨论了，而是从多角度、多层面来看待这一问题。例如，申（Shen）从社会—环境的角度讨论了实际的、市民的和文化的科学素养。他认为，人们在不同的环境中会有不同的科学素质的需要。实际的科学素质主要用来解决人们在日常生活中所遇到的困难和问题，例如健康、安全等。②

在不同层面上谈科学素质是基于科学素质具有不同层面的内涵和功能而言的，而在此基础上对科学素养进一步做细致的功能性划分的则是布兰斯科姆（Branscomb）。1981年，布兰斯科姆（Branscomb）检验了“科学”（science）和“素质”（Literacy）的拉丁文词根，将素质定义为“具有读、写和理解人类系统知识的能力”，并从不同作用和功能出发，将科学素质

① 谭东丽，张志清，唐兆民. 科学素养概念的探讨［J］. 轻工科技，2015，31（05）：168-169.
② 魏冰. “科学素养”探析［J］. 比较教育研究，2000（S1）：4.

分成 8 种类别：方法论科学素养；专业科学素质；普遍科学素质；技术科学素质；科学爱好者或业余爱好者的科学素质；新闻工作者的科学素质；科学政策素质；公共科学政策素质。

美国在 1985 年启动了“2061 计划”，这个名称有着特殊的含义，它是指 2061 年哈雷彗星将临近地球，为使美国现在的儿童，也就是未来的主人能很好地适应未来科技及由于社会的复杂导致急剧变化的环境而制定的促进科学知识普及和中小学课程改革的一项系统工程。“2061 计划”其实与科教兴国，人才强国战略有相似的地方。该项计划由国家主导，政府、企业、学校、研究机构、家长等多方参与，共同协作，围绕从幼儿园到高中阶段的学生，花数十年的时间长期推行，试图以课程改革推动教育改革，以教育改革提高美国未成年人科学素质，为保持和提高美国的国际竞争力培养后备人才。

“2061 计划”的实施分阶段进行：

1985—1989 年为计划实施的第一阶段，在科技、企业和教育系统的合作下取得阶段性成果《普及科学——美国 2061 计划》报告。报告提出，目前的青少年未来将面对剧烈变革，变革又将以科学、数学及技术为核心，因此，报告将青少年在基础教育阶段应掌握的基础知识框架做出详细规定，甚至连掌握基础知识的手段和方法也做了说明。1989 年推出了第一阶段的成果“普及美国人的科学”（SFAA）。SFAA 的系列介绍，“说明所有学生必须获得作为他们的全部学校经验的成果的知识、技能和态度以便被认为在科学上有素养”。对科学上有素质的人下了如下的定义：“认识科学、数学和技术是具有力量和局限的相互依赖的人类事业；理解科学的关键概念和原理，熟悉自然世界并认识它的多样性和统一性；并为个人和社会目的而使用科学知识和思维的科学方法。”

第二阶段为 1989—1993 年，在延续第一阶段核心思想的同时，取得了阶段性成果——《普及科学的阶段指标》报告，报告介绍了核心课程的性质和特点，规定了基础教育阶段各年级学生的知识掌握程度和发展水平。

第三阶段从 1993 年开始，以前两个阶段为基础，以局部改革地域向周围地区辐射，扩大改革范围，预计历经 10 年左右的时间。目前改革计划规划增添了新的内容：针对改革状况制定考评标准；倡导高等教育仍然给基础教育提供支持；重视教师培训等。

1996 年，美国发布了“国家科学教育标准”（NSES），给科学素质下的定义为："为个人决策，参与市民的和文化的事务以及经济生产力需要的知识和科学概念的理解以及过程。"这个定义和SFAA所下的定义都十分简要，而且跟人类或经济生产力，社会目的或个人决策联系起来。SFAA的介绍包括科学素养的十分广泛的和综合的定义。首先，要掌握其认定的范围被认为在科学上是有素养的，不局限于物理、化学、生物等传统的概念和原理，而且包括数学、技术和社会学科方面。其次，一个科学上有素质的人的SFAA概念化的部分是对科学事业的一种个人理解。根据SFAA的定义，这是科学、数学和技术的组合，使这种类型的知识达到如此的成功程度。因此，科学素质的焦点在科学世界，探究科学的方法，科学事业的性质，数学和数字过程的特征，科学和技术间的联系，技术自身的原理以及技术与社会间的联系上。

可以看出，从"科学素质"一词的出现到随后的发展，不同学者都会从不同的角度，不同的层面等对"科学素质"的内涵作界定。但几乎公认科学素质的内涵不断跟随时代变化而变化，一般都认为科学素质包含了科学本质（知识等，如了解科学知识）、科学技能（方法等，如能掌握科学方法，对伪科学事件、命题进行是非判断并知道其中的缘由）、科学与技术与社会之间相互影响三方面。其差别在于不同学者在某些方面的延伸不同，所展示或列举的内容不同程度地具体化、时代化、社会化和可操作化，这是由于每个时期科学技术发展程度不同以及学者们有着不同文化、教育、经济、社会和政治背景所决定的。科学素质的界定丰富到一定程度的时候人们就希望在此基础上对其进行一定的概括。

最后，米勒对20世纪后半叶以来的科学素养定义进行分析，从当今科技社会的背景下提出了科学素质的3个维度：对科学规范和科学方法的理解（例如，何谓科学的本质）；对主要科学概念和科学术语的理解（例如，科学知识）；认识并了解科技对生活的影响。之后经过1983年、1993年和1998年的不断完善后，终于形成了较为全面的米勒三维指标体系：第一，了解基本科学概念；第二，理解科学探索的过程或本质；第三，大致理解科技所带来的影响。①

随后，米勒在跨国研究中发现，由于国情差异，第三维度在不同国家

① 张琨，孙超．农民科学素养的探析［J］．长春理工大学学报（社会科学版），2013，26（10）：81-84.

之间的差异性较大。因此，他在跨国研究中放弃了第三维，只采用了二维指标。但随着跨国研究的深入，米勒又发现二维指标之间有很高的相关性，于是他认为跨国研究中没必要再采用二维指标体系，其随后的跨国研究将朝向一维指标体系。

二、英国公众科学素质测评理论与实践发展

英国于 1988 年对 18 周岁以上的 2009 个成年人进行了公众科学素质调查，调查方法包括问卷调查和访谈，问卷指标与米勒三维指标体系大同小异。2000 年开展了公众对科学态度的调查，并将态度分类，目的是促进公众参与到科学争论中来。2001—2004 年分别对“对科学的信任”“遗传检测”“计算机信息安全”等进行调查。

英国公众理解科学素质测评理论与实践的起步较美国晚，1985 年英国皇家学会成员鲍德默（W. F. Bodmer）爵士起草、皇家学会正式发表的《公众理解科学》报告，一方面促成了英国公众理解科学委员会的成立，另一方面在英国掀起了一场探讨公众科学素质理论与实践的热潮。经过 30 多年的发展历程，英国已经成为美国之外在公众科学素质测评理论与实践研究方面成就卓越的国家。

纵观英国公众科学素质测评理论与实践发展历程，我们也可大致分为 3 个阶段。首先是“公众理解科学”运动发展和 PUS 概念的确立阶段。这一阶段的重要研究成果是《公众理解科学》报告的起草与发表。报告起草的目的在于评估公众理解科学程度、公众对科学技术重要性的认识，评估影响公众理解科学的因素，考察科学传播的困境及其解决途径。因此，评价指标更侧重对科学知识、科学研究方式、科学在社会发展中作用的“理解”。而在科学素质调查开展阶段主要的研究成果包括 1988 年与英美两国同时开展的“公众科学素质”调查以及《沃尔芬达尔报告》的发表。前者重点在于了解公众理解科学的程度，探寻影响科学技术理解因素及其社会角色机制，探寻公众与科学机构交流障碍并寻求有效解决方法。因此，其指标增加了科学技术社会影响和科学技术态度两个方面。而《沃尔芬达尔报告》不仅提出了提高公众理解科学的操作化建议，还第一次建设性的提出公众理解科学不仅局限于科学，还应当将“工程与技术”考察进去；在 PUS 测评对话时代《科学与公众》《科学与社会》两份报告的起草，将重

点转向公众参与对话上，这说明“公众理解科学”运动从自上而下的模式向双向互动模式转变。而在公众参与科学阶段的“社会中的科学”项目更是将“促进公众及其他非科学家参与科学”作为其宗旨，要求在“具有明确社会影响的科学议题上，公众参与乃是把握社会价值观并将其与相关的科学、经济及其他因素一同加以考虑的手段”。

三、欧盟公众科学素质测评理论与实践发展

欧洲晴雨表是欧盟委员会针对科学技术相关问题的一系列调查的总称，从 1977 年第一次民意调查开始，至今已持续几十年之久，调查结果为欧盟制定区域内政策提供了有效参考意见。欧洲晴雨表系列调查有标准的测量模型、成熟的测评经验，并且调查人数之多，参与国家之广是许多科学素质调查无法比拟的。从最初单纯的民意调查，到利用搜集的数据研究科学与社会的关系，再到科学素质理论体系研究，强调科学普及，最后上升到提升欧洲的科学与教育文化、使科学政策更贴近公民的目的，其发展过程经历了起步、转折、反思阶段，如今已走向成熟。从其发展历程所呈现的特点上看，无一不体现着西方民主制度的深刻烙印，其审慎严谨的研究态度值得各国学者借鉴。

四、OECD 国际学生评估项目研究

1997 年，国际经济合作与发展组织发起的一项国际学生评估项目，也就是我们简称的 PISA 项目。PISA（Program for International Student Assessment）全称“国际学生素质评估项目”，由经济合作与发展组织（OECD）组织实施，主要负责测评世界各国义务教育阶段的科学教育效果及各国未成年人科学素质的比较研究。PISA 评估体系主要包括 3 个维度：其一，科学能力——识别科学问题；科学的解释现象；运用科学的依据的能力。其二，科学知识——物质、生命、地球与空间和技术 4 个系统内的知识，科学研究和科学问题的解释。其三，科学态度——对科学的兴趣；对科研的支持；资源、环境的责任感。

其最初的目的在于通过对未成年人素质的评估，考察各国基础教育效果。截至目前，PISA 每三年在全世界范围内举行一次，如今已完成 1997

年、2000 年、2003 年、2006 年、2009 年和 2012 年 6 次大规模测试，并将在 2015 年完成计划内的最后一次测评。测评重点考察阅读素质、数学素质和科学素质，每年测评相对会有所侧重。从理论渊源上看，PISA 借助了 Bybee 关于科学素质的四层表述，即“基本科学素质—实用科学素质—概念和过程层科学素质—多元科学素质”，其中“概念和过程层科学素质”被认为是对 PISA 中科学素质最贴切的描述。PISA 将科学素质定义为：“一种人们使用科学知识发现问题、得出结论的能力。”具有科学素质将有助于人们制定与自然相关的决策，有助于人们理解这些决策对自然的影响。

五、印度科学素质建设行动

史玉民、韩芳等（2008）研究认为印度政府能在特定的时期，针对本国特定的国情制定相应的科普政策，在 1958 年、1983 年、2003 年分别制定了《科学政策决议》《技术政策声明》《科学技术政策》，这 3 个科技政策都在不同程度上提出了科学普及的目标。同时，也能与时俱进的制定测评标准，也适当地参照国际经验。这样既从法律层面强制推行，又及时通过评价手段测评科普进展情况，双管齐下，保证了印度科普的有效性，还真正做到了科学素质建设的本土化，力求因地制宜，而非盲目追求国外先进理念。

印度科技部还于 1999 年制定了“国民基础科学”标准，并制定了科普工作总目标。2003 年印度将科技政策的首个目标定为：为提高公众科学素质，促进社会文明进步，务必使每个印度的公民都能获得科学信息。2004 年则被印度定为科学意识年，并通过各科普机构传播科学知识，目的在于提高印度公众科学意识，感受科技力量。①

除了上文介绍的较为成熟的科学素质测评理论与实践之外，还有一些调查范围较小、影响力较小的测评体系，比如加拿大的“VOSTS 科学素质评价表”，日本的科学素质评价体系等。

自 20 世纪 50 年代“科学素质”概念第一次出现在美国开始，经过几十年的探索研究，不论是理论研究还是应用研究都日趋成熟，特别是在测评实践方面，各国学者的研究成果都对中国公民科学素质测评起到很好的

① 史玉民，韩芳. 印度公民科学素养发展概况［J］. 科普研究，2008（01）：44-49.

启示作用。例如，作为国际上普遍认可的未成年人科学素质测评体系 PISA，更加侧重知识的情景应用，这样有利于科学知识的活学活用，避免理论与实践的分离。但值得注意的是，每个国家都有自己的国情，在科学素质测评实践中应当充分考虑本国经济、文化等方面的差异，针对不同的研究群体设计相应的测评体系，这样研究成果才具有说服力和实践可行性。

第二节　国内研究综述

我国在 2003 年 10 月正式启动了“全民科学素质行动计划”的制定工作，并颁发了一系列相关的纲领性文件。全民科学素质行动计划的宗旨是全面推动我国公民的科学素质建设。该计划预想在中华人民共和国成立 100 周年的时候，使我国公民具备的基本科学素质达到与中等发达国家经济社会发展程度相适应的水平。提高公民科学素质，对于国家的长远发展影响深远。

一、科学素质测评指标体系构建层面

刘华杰（2006）分析认为国际上通用的三维“公民科学素养”概念及部分测试仍然存在相当多的理论问题和操作上的难点，同时为我国科学素养测试提供了若干设想。①

李宪奇（2008）则立足国情，从中国实际出发设计了中国公民科学素质测评指标体系框架，包括：3 个一级指标——科学知识、科学意识和科学能力；8 个二级指标——科学概念、科学本质和创新能力等，并对每个指标做了详细的解释；提出建立测评题库的思路。同时，还为指标体系的具体运用提供了指导，问卷设计提出“一卷两体”的思路，调查内容方面提出“一通多专”的构想，最后对测评制度规范和标准体系建设提出建议。②

---

① 刘华杰．公民科学素养测试及其困难［J］．北京理工大学学报（社会科学版），2006（01）：12-18.

② 李宪奇．中国公民科学素质测评指标体系的建构与应用［J］．中国科技论坛，2008（07）：97-101.

汤书昆、王孝炯、徐晓飞等（2008）忠实于《国家中长期科学和技术发展规划纲要（2006—2020年）》，提出了中国公民科学素质测评指标体系的构建原则，立足国情，参照国内外研究成果，设计形成了《中国公民科学素质调查问卷》，以安徽省为调查对象，通过试测检验，问卷有较高信度（内部一致性非常好），也有较好的会聚效度和区分效度，结合《科学素质纲要》第一次提出了具有中国特色的中国公民科学素质测评指标体系，价值性很高。①

汤书昆、王孝炯、陈亮等（2008）对美国“公众理解科学技术调查”和国际经合组织（OECD）的“国际学生评估项目”（PISA）进行了评述，认为“Miller模型”及问卷在中国有一定的不适用性，不宜照搬。而对我国而言有较好的参考价值。②

郭元婕（2008）研究认为，《科学素质纲要》中关于科学素质的界定过于笼统，“四科”之间的界限并不分明，相互重叠，语焉不详；“两能力”趋于成年化，不适用于未成年人。对未成年人科学素质指标体系的国际比较分析，对监测指标研发中的一般矛盾与问题分析、常见问题分析，建立了一套针对我国未成年人科学素质监测的指标体系。然而，但没提出有关科学素质的很有说服力的定义。③

刘照全（2009）认为公民科学素质测评问卷内容设置应遵循以下原则：普适性；必要性；基础性；全面性；提高性；与时俱进，顺应时代发展；实用性，注重实用性；差异性等原则，要从中国的实际出发，要有中国特色。④

二、科学素质现状调查研究层面

邓艺、刘建中（2002）从云南首次开展的公众科学素养调查入手，发现云南与国内许多省、市、自治区相比，公众科学素养的差距较大，不少

---

① 汤书昆，王孝炯，徐晓飞．中国公民科学素质测评指标体系研究［J］．科学学研究，2008（01）：78-84.

② 汤书昆，王孝炯，陈亮．国际科学素质评估的比较与启示［J］．中国科技论坛，2008（01）：127-131.

③ 郭元婕．未成年人科学素质监测指标体系研究［J］．科普研究，2008，3（06）：81-88.

④ 刘照全．论公民科学素质测评问卷内容设置的原则［J］．重庆行政，2009，11（05）：28-30.

人连最基本的常识都一无所知，一些比例指标更令人忧虑，主要表现在：性别差异大，妇女的科学素养亟待提高；职业差别大；城乡差别大等。并提出以下对策：加大基础与成人教育的力度；制定和完善有关优惠政策；加大科技普及的宣传力度，培养知识技能型人才①。李彩凤（2008）以未成年女性为研究对象，阐述了福建省农村未成年女性科学素养现状，并进一步分析福建农村未成年女性科学素养的提高所面临的各种影响因素，相应提出了解决办法②。唐蓉蓉（2009）介绍了安徽省进行的第一次全省范围的公民科学素质调查，并对该省公民科学素质现状进行了分析，最后提出若干提升安徽省公民科学素质的建议③。唐文军（2009）以湖南省第二次公众科学素养调查数据及长沙市第一次公众科学素养调查的数据为基础展开研究，采用路径分析法对文化、收入等 6 个指标与公众科学素养之间的关系进行分析，并找出对科学素养影响较大的指标，相应的提出提高湖南公众科学素养水平的建议④。袁汝兵、王彦峰、王世民等（2010）指出了我国公民科学素质调查中存在的问题：指标体系不完善，某些问题设置绝对化，部分维度题目数量少，内容学术化；调查及研究主体单一化；调查过程控制不严密等⑤。

刘扬（2010）以法律视角为切入点，认为未成年人科学素质的提高需要有法律保证，因此对辽宁省未成年人科学素质立法现状进行了分析，并提出辽宁省存在立法方面需要完善的地方，同时借鉴了英国、美国和日本等发达国家的实践经验，为完善辽宁省未成年人科学素质提供了法律建议。⑥

三、科学素质提升手段层面

（一）科普主体

陈钦琳（2007）则从总体上概括了公众图书馆在给未成年人提供科普

---

① 邓艺，刘建中. 云南公众科学素养调查状况比较分析［J］. 云南科技管理，2002（03）：18-20.

② 李彩凤. 福建省农村未成年女性科学素养研究［D］. 福州：福建师范大学，2008.

③ 唐蓉蓉. 安徽省公民科学素质调查与现状分析［J］. 新闻世界，2009（03）：88-90.

④ 唐文军. 湖南公众科学素养的影响因素分析与评价［D］. 长沙：湖南大学，2009.

⑤ 袁汝兵，王彦峰，王世民. 论我国公民科学素质调查存在的问题［J］. 科技管理研究，2010，30（11）：243-245.

⑥ 刘扬. 辽宁省未成年人科学素质法律保障问题研究［D］. 沈阳：沈阳工业大学，2010.

服务方面所存在的共同缺点，并提出“为未成年人推荐优秀科普网站”等对策[①]。石彩霞（2010）[②]研究广州少年儿童图书馆，吴翠红（2008）[③]研究广州图书馆，二者都分析了图书馆在科普中的优势及劣势，并针对劣势提出“读者点书簿”“提升未成年人信息检索能力”等一系列对策。

季娇（2009）认为科技场馆是非正式的学习重要场所，担负着科普的重要使命，其科普工作应追求平民化取向，包括：体现科学的实用性和简单性等。[④]谢娟、尚修芹等（2009）通过介绍英、美、法等发达国家科技博物馆的科普活动经验，总结出科技博物馆应遵行“针对性、互动性、教育价值”等原则，并为中国科技博物馆提供了“科学表演剧、科学工作坊”等科普形式[⑤]。曾川宁（2011）从科技馆功能入手，分析了科技馆有着“传播科学思想；开发智力”等功能，肯定了科技馆培养创新型人才、建设和谐社会、提升全民科学素质方面具有重要的意义和作用[⑥]。梁春花、黄星华、马麒等（2011）介绍了广西科技馆将青少年科学工作室建设及其活动开展与常设展览相结合，与周边中小学校建立了长期的课程合作关系，既解决常设展览随着开馆年限的增长而逐渐失去对观众的吸引力的问题，也解决了一些学校因场地、设施等因素而无法有效开展“科学”课的难题[⑦]。

翟立原（2009）从科普主体角度提出科普确实能提升未成年人科学素质，但科普过程中，传播者要注重让青少年理解科学，避免误解科学。他还否定了“玩中学”在提升未成年人科学素质中的作用[⑧]。杨红（2010）从实证角度分析了新疆石河子地区青少年科技辅导员队伍存在“数量不足，待遇不高”等问题，并有针对性地提出“健全科技辅导员管理体制，

---

① 陈钦琳．新时期关怀重点人群读者的探讨［J］．海峡科学，2007（09）：56-57.

② 石彩霞．少儿图书馆“少儿特色化建设”之思考［J］．中小学图书情报世界，2010（03）：12-14.

③ 吴翠红．图书馆——让孩子们爱上阅读［J］．图书馆论坛，2008（03）：40-43.

④ 季娇．科技场馆科学普及的平民化取向［J］．科普研究，2009，4（03）：93-94.

⑤ 谢娟，尚修芹．关于科技博物馆教育活动开发的若干思考［J］．科普研究，2009，4（03）：39-43.

⑥ 曾川宁．浅谈科技馆在公众科学文化素质提升中的作用［J］．科协论坛（下半月），2011（04）：185-186.

⑦ 梁春花，黄星华，马麒．广西科技馆创新科普教育活动的实践与探索［J］．科协论坛，2011（03）：34-37.

⑧ 翟立原．科普：不要让未成年人“误解”科学［J］．少年儿童研究，2009（22）：11-14.

完善用人机制”等解决措施①。徐静（2010）从宏观上分析并肯定了科普辅导员在提升未成年人科学素质中的重要作用，进而提出科普辅导员必须不断提升自身素质和科学涵养②。胡重庆（2011）分析了当前中小学科学教师队伍存在“专业化程度不高；曲解了科学的内涵”等问题，而后提出中小学教师应具备科学素养；教育素养；人文素养等专业化素质③。

刘文利（2008）认为科学技术突飞猛进的今天单纯依靠教育系统是无法培养出满足国家需要的创新型人才的，学校教育必须与非正规教育相结合，这就要求学校科学教育必须与科技馆有效配合④。谭红红（2010）分别论述了校内教育与校外科普教育的优势及重要性，认为校内教育重在文化知识的掌握，校外科普教育则重在能力的培养，并提出两者的有机结合有利于全面提升青少年科技素质⑤。

（二）科普手段

吴旭君（2005）通过字面含义，将科学素质、科学素养等归为科技素质，以上海“2049 试点项目为个案”，通篇论述了“必须注重社会科技教育资源对青少年科技素质的促进作用”⑥。孙艳华（2005）通过对目前书刊、网络、电视等大众传媒在科学知识传播过程中所起的作用和其局限进行了分析，找出科普影响因素，为科普工作的进一步完善提出对策⑦。刘文军（2005）着重论述了科普与青少年创新能力培养的内在关系，强调科普能够提高青少年科学素养⑧。刘雅莉（2006）以传播学为视角，从信源、信道、信宿等方面解释中国公众科学素养低下的原因，同时提出要改变现状需从科学教育入手⑨。江苏省南通市科协办公室（2008）撰文介绍了该

---

① 杨红. 石河子科技辅导员队伍建设的思考［J］. 石河子科技，2010（03）：16-17.

② 徐静. 提高科普辅导员素质的重要性［J］. 科技风，2010（24）：19+21.

③ 胡重庆. 中小学科学教师专业化素养分析［J］. 集美大学学报（教育科学版），2011，12（03）：32-36.

④ 刘文利. 学校科学教育需要科技馆积极支持［J］. 中国教育学刊，2008（03）：45-48.

⑤ 谭红红. 加强校内外教育结合力度　共促青少年科学素质提高［J］. 广西教育，2010（02）：60-61.

⑥ 吴旭君. 利用社会科技教育资源促进青少年科技素质的研究［D］. 上海：上海师范大学，2005.

⑦ 孙艳华. 科普工作中的大众传播体系研究［D］. 武汉：武汉理工大学，2005.

⑧ 刘文军. 科学普及对青少年创新能力的培养及对策思考［J］. 和田师范专科学校学报，2005（02）：69-70.

⑨ 刘雅莉. 中国公众科学素养低下与科学传播之关系［D］. 西安：西北大学，2006.

市已建成体系完善的青少年科普场馆，开展科普夏令营，推出科普新模式——科普表演剧等大大丰富了青少年科普活动，并取得骄人成绩，获得多项国内外科技创新奖①。向朝阳（2008）分析了宣汉县未成年人科学教育的当前状况，找出“观念不足、重视不够”等问题，并提出“狠抓管理，完善硬件”等解决措施。曲小敏（2005）介绍了江苏省吴江市通过设立科技创新奖，提供相应的经费支持，开设一系列科技创新活动，让青少年亲身体验科学研究过程②。严奕峰（2010）剖析了青少年科技活动与科学教育中存在的各种消极因素，并提出相应解决办法，力求二者有效衔接③。吕志元（2010）以深圳市新梓学校为个案，描述了该校利用“科技信息节”提高本校学生创新能力，更新教学观念，使得部分师生荣获多种奖项，以证明“科技信息节”能有效提升学生科学素质④。李娜（2010）以提升青少年科学素质为目标，以构建提升模式为手段，深入对比分析了国外、国内及天津的科学教育情况，很有见地的为青少年科学素质提升构建出“一二二六”模式，囊括了校内、外科学教育；科学素质、科学教育评价标准；六种科普形式⑤。

四、科学素质建设行动——“2049 行动计划”

（一）行动计划介绍

“2049 行动计划”全称是“全民科学素质行动计划”，“2049 行动计划”初衷是服务于中国现代化建设三步走战略，于 1999 年由中国科协提出，经国务院批准，2003 年正式启动制定工作，工作分阶段进行：第一阶段是基础研究；第二阶段是起草相关文件。2049 的来源分析，2049 年

① 高点定位　细处入手——南通市青少年科普工作硕果累累［J］．科协论坛，2008（01）：17-18.

② 曲小敏，李新行，华明．论吴江市加强青少年科普教育的实践与探索［J］．大众科技，2005（06）：110-112.

③ 严奕峰．青少年科技活动与科学教育有效衔接的组织策略［J］．中国校外教育，2010（S1）：340，534.

④ 吕志元．以科技信息节为载体　践行素质教育［J］．中小学信息技术教育，2010（01）：61-62.

⑤ 李娜．青少年科学素质提升工作模式研究［D］．天津：天津大学，2010.

是中华人民共和国百年华诞。“2049行动计划”目标是：“建国100周年的时候，使我国成年公民具备基本的科学素质，达到与中等发达国家经济社会发展程度相适应的水平”，“2049年人人具备科学素质”。“2049行动计划”制定了不同层级的科学素质标准，并分阶段对3—18岁的未成年人进行科学素质培养，同时“还提出8个分项行动计划：党政领导干部和公务员科学素质行动计划、青少年科学素质行动计划、企业员工科学素质行动计划、城市社区居民科学素质行动计划、农村干部和农民科学素质行动计划、大众传播媒介科学素质行动计划、科学技术教育公共设施科学素质行动计划、科学技术教育作品创作科学素质行动计划”。2003年由上海市率先进行项目试点，推出《2049中国青少年科学素质培育行动计划上海推广试点项目（2003—2007）》，目的在于培养未成年学生科学素质，使其崇尚科学，善于实践，具备创新能力和创新意识。

（二）“2049行动计划”与“2061计划”比较研究

朱效民（2004）分析认为，中美两个“计划”有四点差异：第一，目标群体不同。美国是针对在校的中小学生，中国除了包括青少年外，还包括了19—69岁的成年公民。第二，手段不同。美国是通过基础科学教育推动整体公民科学素质的提高，实施过程连续性与强制性明显；中国则采用社会化科普方式，非强制和非约束特征明显，随意性与灵活性突出。第三，国民科学素质基础不同。美国公民整体科学素质水平远远高于中国。第四，“计划”实施时间不同。中国起步晚，时间短，任务重，1999年开始至2049年，历时50年，2049年是中国百年国庆的年份，美国起步早，时间长，从1985年开始至2061年，历时76年，2061年是哈雷彗星再次临近地球的年份，那时“计划”目标可能全部实现，因为那时的美国公民将是现在“计划”所培养的幼儿至高中阶段的在校学生。

代建军、谢利民（2005）研究认为，中美“计划”存在以下区别：首先，目标定位差别较大：美国的目的在于“养成科学素养”，中国的目的是“培养科学素质”，素养侧重于内在的科学精神和思维的自然生成，而素质偏重于外在的科学方法和知识的理解和运用；美国科学教育针对在校学生，而中国则针对所有公民。其次，价值取向不同：美国侧重于“素质本位”，强调原理掌握、科技与社会发展关系及思维习惯的养成；中国侧重于“知识本位”，注重概念知识的掌握、方法技能的掌握和科学精神的培养。最后，中国目标落实途径与美国相比较为复杂，除了针对在校学生外，还要面向成人。①

五、青海省农民科学素质研究概况

有鉴于科学素质在培育现代公民，推动社会和国家发展方面的重要作用，为更清晰地掌握国民科学素质状况，从1992年至今，国家科委、中国科协等部门已先后开展9次公众科学素质调查。

2010年首次调查结果显示，在具备科学素质的比较中，青海省具备科学素质的公众比例为1.36%，明显的低于发达国家，也低于国内经济发达的省、市、自治区的水平；2015年第二次调查结果显示，青海省具备科学素质的公众比例为3.24%，男性公民具备基本科学素质比例比女性高；年龄大小与具备基本科学素质成反比；从事不同职业的公众具备基本科学素质的情况也不一致；城市居民具备基本科学素质比例高于农村居民，公众获取科学知识的首要渠道是观看电视；2015年的调查结果则主要揭示了3个问题：首先，2015年青海全省公众具备基本科学素质的比例上升到3.24%，低于全国平均水平（3.27%）；其次，教育程度是影响民众科学素质的关键因素；最后，省内不同性别、年龄、职业、学历、地域的公众具备基本科学素质的比例有明显差异。2015年第九次中国公民科学素质抽样调查结果显示，青海省公民具备科学素质的比例达到3.24%，较2010年的1.36%提高了1.88个百分点，超额完成"十二五"确定的2.15%的工作目标。从全国范围来看，青海省公民科学素质提升已进入快速增长阶段，但目前仍低于全国平均水平（6.20%），并略低于中部地区平均水平（5.45%）；与其他先进省市相比差距更为明显（全国前三位：上海18.71%，北京17.56%，天津12.00%）。

以上调查数据对于我们研究青海地区农村妇女科学素质情况具有极为重要的参考价值。在分析调查数据的基础上，也产生了一些研究成果。然而，这些研究针对的对象都是概念较为宽泛的"公众"，并没有出现以青海地区农民为研究对象的专门成果。

---

① 代建军，谢利民. 中美科学教育目标的比较研究——基于《普及科学——美国2061计划》和我国《2049行动计划》的思考［J］. 外国中小学教育，2005（09）：17-21.

相比之下，对中部地区省份农民科学素质的研究已取得一些成果，比如《安徽农民科学素养的现状与提升路径》（刘庆炬，2010）①、《基于中原经济区建设的河南省农民科学素养实证研究》（相天东，2012）② 等，但从数量来看，对西部地区农民科学素质的研究成果还是偏少。东部和中部地区农民科学素质的研究成果相对略多，如《我国东部地区农民科学素养的现状及提升方法——基于上海市南汇区农民科学素养调查的数据分析》（乔敏、陶家伟、刘耀华，2010）③、《有效提高城郊农村农民科学素养的实现路径研究——以重庆市沙坪坝区为例》（卢燕，2010）④、《新农村建设视野下农民科学素养问题研究——以福建省农村为例》（林新聪，2008）⑤、《汉中地区农民科技文化素质研究》（许珂，2010）⑥、《制约农民科技文化素质提高的小农意识及解决路径探讨》（许珂、张磊，2009）⑦ 等。这些研究都指出，无论是东部、中部或者西部，当前农民整体科学素质偏低是客观事实。这一现象与我国作为农业大国，农民占总人口比重的绝大多数，人口基数大，教育水平低，科技思维意识落后有着密切的联系，在此基础上，学者们提出要从教育、财政投入、政策等方面入手，提升农民的科学素质。

另有部分成果则是结合特定时代和政策背景对农民进行科学素质的研究。比如，将农民科学素质置于新农村建设、农业现代化、社区建设等背景下展开研究。如《新农村背景下的农民科技文化素质探究》（王越芬、罗影，2009）⑧、《新农村建设中提高农民科技文化素质对策研究》（耿东

① 刘庆炬．安徽农民科学素养的现状与提升路径［J］．皖西学院学报，2010，26（06）：10-12.

② 相天东．基于中原经济区建设的河南省农民科学素养实证研究［J］．河南社会科学，2012，20（03）：103-106.

③ 乔敏，陶家伟，刘耀华．我国东部地区农民科学素养的现状及提升方法——基于上海市南汇区农民科学素养调查的数据分析［J］．安徽农学通报（上半月刊），2010，16（05）：23-24，38.

④ 卢燕．有效提高城郊农村农民科学素养的实现路径研究——以重庆市沙坪坝区为例［D］．重庆：重庆大学，2010.

⑤ 林新聪．新农村建设视野下农民科学素养问题研究——以福建省农村为例［D］．福州：福建师范大学，2008.

⑥ 许珂．汉中地区农民科技文化素质研究［D］．杨凌：西北农林科技大学，2010.

⑦ 许珂，张磊．制约农民科技文化素质提高的小农意识及解决路径探讨［J］．广东农业科学，2009（10）：268-270.

⑧ 王越芬，罗影．新农村背景下的农民科技文化素质探究［J］．学理论，2009（08）：38-39.

梅，2007)[①]、《新农村建设进程中的农民素质问题研究》（李红艳，2013)[②]、《农民科学素质与新农村建设》（赵云周，2006)、《把提高农民科技文化素质作为农村全面建设小康社会的重大举措》（姜卫良、姜家献，2003)[③]、《提高农民科技文化素质：中国现代农业发展的必然选择》（茶洪旺，1997)[④]、《新型农村社区建设中的农民科技文化素质问题探析》（潘雨辰，2013）等[⑤]。这些研究具有一定的时代性，它们都肯定了农民在建设社会主义新农村过程中的主体地位。并且认为，要解决三农问题，实现农业现代化，帮助农民步入更高层次的小康社会，必须把握新农村建设的具体要求与农民的科学素质之间的必然联系，以提升农民的科学素质为根本前提，激发农民的积极性和主观能动性，有的放矢地提升农民科学素质。

也有部分以农村妇女群体的科学素质为对象的研究成果，如《河北省农村妇女科技文化素质分析》（胡延辉、梁山、胡建，2008)[⑥]、《农村妇女的科技文化素质与教育实证研究》（蔡秋红，2007)[⑦]、《云南农村妇女科技文化素质的现状及发展对策研究》（和钟华，1995)[⑧] 等。研究分析了妇女这一群体的科技文化素养，认为中国妇女，特别是农村妇女受制于教育、家庭、传统等多方面影响，整体科技文化素质偏低。同时指出，完善农村教育保障体制，构建现代农村妇女科教体系是提升妇女科技文化素质的重要途径。

---

① 耿东梅. 新农村建设中提高农民科技文化素质对策研究［D］. 北京：中国农业科学院，2007.

② 李红艳. 新农村建设进程中的农民素质问题研究［D］. 成都：西华大学，2013.

③ 姜卫良，姜家献. 把提高农民科技文化素质作为农村全面建设小康社会的重大举措［J］. 山东农业（农村经济版），2003（07）：8-10.

④ 茶洪旺. 提高农民科技文化素质：中国现代农业发展的必然选择［J］. 云南教育学院学报（对外汉语教学与研究版），1997（03）：16-21.

⑤ 潘雨辰. 新型农村社区建设中的农民科技文化素质问题探析［J］. 太原城市职业技术学院学报，2013（09）：72-74.

⑥ 胡延辉，梁山，胡建. 河北省农村妇女科技文化素质分析［J］. 商场现代化，2008（02）：388.

⑦ 蔡秋红. 农村妇女的科技文化素质与教育实证研究［J］. 福建农林大学学报（哲学社会科学版），2007（01）：43-47.

⑧ 和钟华. 云南农村妇女科技文化素质的现状及发展对策研究［J］. 云南学术探索，1995（06）：26-31.

六、对国内外研究综述的评价

我国在科学素质研究方面虽然起步晚，但进步较快。研究深入科学素质相关的各个方面：从指标体系构建到科学素质调查，再到科学素质提升手段等都有很多官方组织、学者做了大量的研究。

然而，我国学者关于科学素质的研究依然存在一些无法回避的问题：

首先，科学素养、科学素质概念界定不清，运用较为混乱。从文献来看，有关科学素养的文章中，有些作者将所参考的与科学素质相关的引文直接替换为科学素养；而有关科学素质的文章又将与科学素养相关的引文替换为科学素质；但也有学者专门针对科学素质与科学素养做了辨析，但都局限于素质与素养的词义辨析，没有从根本上找到两个概念被混淆的真正原因。根本原因在于相关研究源于国外，国内学者将同一个词“literacy”翻译成了两个概念——“科学素养”和“科学素质”。

其次，到目前为止还没构建出一套完全符合国情，能有效测量我国公民科学素质的指标体系。当前的指标体系大都依附于国外指标体系，尽管有所修改完善，但只是形式上有所变化，实质上仍不符合本国现状。研究指标体系构建的学者相对较少，但也有部分学者进行了深入研究并构建了相关的测评指标体系（如李宪奇、汤书昆等），并在小范围内证明了其可行性，但仍没在全国范围内证明其适合国情。换句话说，我国有关科学素质指标体系构建的本土化研究仍有待完善。

再次，对当前有关农民的科学素质研究不够深入和全面。当前的研究仅仅停留在具体情况、观念等层面，而对背后深层次的原因以及如何有效提高农民科学素质等方面的分析研究不够深入和全面。

最后，对于处于农村的各类群体科学素质建设的研究也相对不足。目前学界主要偏向宏观层面的公民科学素质或中观层面的未成年人科学素质研究，而专门针对微观层面的农民群体的研究仍然不足，这样就使得对于农村妇女科学素质的研究不够深入全面。同时，这也是本项目研究本论题的原因之一。

第三节　研究内容与方法

一、研究内容

1. 文献研究，探究科学素质的内涵、科学素质的影响因素。

2. 在理论研究基础上，提出假设并构建青海农村妇女科学素质影响因素模型。

3. 通过实证调查研究和 SPSS、AMOS 等统计分析软件对模型进行验证性分析。

4. 结合研究结果，提出提高青海农村妇女科学素质的建议。

此次研究按以下步骤进行，如图 2-3-1 所示：

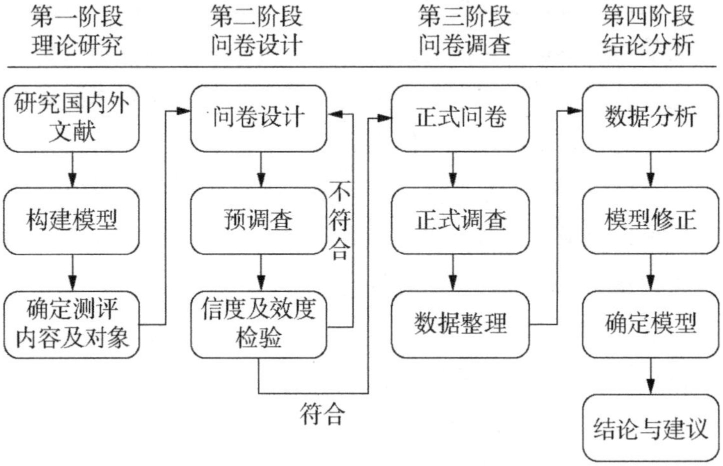

图 2-3-1　论文研究思路

二、研究方法

（一）文献法

文献法又叫历史文献法，就是搜集和分析研究各种现存的有关文献资料，从中选取信息，以达到某种调查研究目的的方法。在我国，政策的内容一般都是在具体的政策文件中。特别是我国关于科学素质教育的具体政策很少，许多都是与素质教育、科学教育、科普等政策、规定交织在一起的。因此，需要认真、仔细地查阅大量的相关文献资料才行。研究在问卷设计、综述撰写、数据分析、正文撰写等各个环节中都查阅学术专著、调查报告等获取专业知识；浏览图书馆、资料室、中国学术期刊网、中国科学技术协会官方网站、维普中文期刊、万方数据库等多种渠道查阅所需学术论文，了解研究进展及过程；浏览政府网站、机构网站等权威网站获取权威信息。并对筛选的文献进行整理和归纳，将其作为理论和实证研究分析的基础。这些为本研究提供理论基础，同时在现有的研究基础上去探寻自己的新观点、新视角、新思路，希望有所突破和创新。

（二）问卷调查法

问卷调查法也叫填表法，研究者通过书面形式向研究对象发放征询单以获取调查所需信息的一种方法。本研究首先进行问卷设计，随后采用分层与整群抽样相结合的抽样方法，分别对青海省不同地区进行了问卷调查，并使用统计软件进行描述性统计、相关性分析。

研究对青海省 4 个区、市的 12 个村的农村妇女的科学素质进行调查。问卷内容主要涉及农村妇女的基本情况、科技文化知识掌握情况、科技方法掌握及运用能力，对科学与社会的关系理解等情况。调查对象是 18—60 岁的农村妇女群体。第一次预测调查了 67 名被试来研究问卷的合理性。

（三）访谈法

访谈法根据问题设计好提纲，通过对调查对象进行走访、口头谈话的形式获得第一手资料。访谈的对象是青海省本地的农村妇女、基层农业技术推广人员等。为熟悉、了解各项科学素质政策在青海省的执行情况，为调查问卷的科学合理设计打下基础，通过这种面对面交流的方式，直观深入地了解青海省的科学素质教育政策在各个层面的执行情况，探析相关政策在执行过程中遇到的实际问题，并倾听他们的改进建议。当然，本次调查的方式还是以问卷为主，以访谈为辅，目的主要还是希望能从多个角度全面了解青海省各地区农村妇女的科学素质和个人基本情况。

（四）归纳概括法

归纳概括是在占有大量感性材料的前提下，从经验观察出发，寻找感性材料的客观规律，得出有普遍性或一般性的结论，它是特殊到一般、个性到共性、具体到抽象的过程。本研究对青海省不同地区农村妇女科学素质进行实地调查，通过问卷调查和访谈的方式收集大量的经验性资料，然后由样本推论到总体，并对经验资料进行概括从而上升到一般性的结论，最终形成青海省地区农村妇女科学素质的制约因素和解决路径的理论。

（五）统计分析法

回收预测问卷，进行项目分析、分层面因素分析和信度检验，剔除部分不合理的选项，以此形成正式问卷，然后对正式问卷进行统计分析、t 检验、方差分析，得到实证研究所需的数据，然后进行数据分析。

第三章

研究设计

第一节　研究对象

研究对象是青海省西宁市、海东市、海北藏族自治州、黄南藏族自治州、海南藏族自治州、果洛藏族自治州、玉树藏族自治州、海西蒙古族藏族自治州的农村妇女 1036 人，剔除了信息缺失和明显规律性作答以及答题空缺率 10%以上的问卷 10 份，有效率 99%。其中西宁市 400 人、海东市 370 人、海北藏族自治州 11 人、黄南藏族自治州 10 人、海南藏族自治州 158 人、果洛藏族自治州 48 人、玉树藏族自治州 29 人。具体情况见表 3-1-1，年龄分布见表 3-1-2。

表 3-1-1　青海省被试民族分布情况表（人）

	汉族	藏族	回族	蒙古族	土族	撒拉族	总计
西宁市	331	65	0	3	0	1	400
海东市	162	1	188	1	18	0	370
海北藏族自治州	1	3	0	7	0	0	11
黄南藏族自治州	0	10	0	0	0	0	10
海南藏族自治州	64	91	1	0	2	0	158
果洛藏族自治州	0	48	0	0	0	0	48
玉树藏族自治州	0	29	0	0	0	0	29
总计	558	247	189	11	20	1	1026

表 3-1-2　青海省被试年龄分布情况表（人）

	20 岁以下	21—25 岁	26—30 岁	31—35 岁	36—40 岁	41—45 岁	46—50 岁	51 岁以上	总计
西宁市	4	12	35	38	67	108	93	43	400
海东市	6	31	54	35	37	58	59	90	370
海北藏族自治州	1	0	3	2	1	0	1	3	11
黄南藏族自治州	0	1	1	0	3	1	3	1	10
海南藏族自治州	2	32	39	21	10	24	19	11	158
果洛藏族自治州	1	7	8	4	5	11	9	3	48
玉树藏族自治州	2	5	2	4	3	7	1	5	29
总计	16	88	142	104	126	209	185	156	1026

第二节　研究方法

一、文献法

文献法也称历史文献法，就是搜集和分析研究各种现存的有关文献资料，从中选取信息，以达到某种调查研究目的的方法。通过文献的查阅，可以了解以往的研究成果与理论，并能发现以往研究的不足与空白，从而提出研究问题和假设来补充现有理论。对于文献的分析，可以发现以后的研究方向，有针对性地调整所要进行的研究的目的和意义，指导研究的进行。在本研究中，通过对中外文献研究的查找与总结，在理论上科学素质的基本构成，为后续关于科学素质下属的几个维度的结构方程模型的建立寻找扎实的理论基础。

二、定量分析法

定量分析法是指结合测量学和统计学的知识，对研究中的被试进行数据采集、规整、分析、预测和报告。通过规范化和统一的测量收集大量样本，利用描述性统计，了解研究对象的整体状况和分布特征，对于研究的变量有一个整体的把握。然后采用推论统计，了解预测变量与变量之间的关系，通过假设检验推论出一般的规律和特征。

结构方程模型（Structural Equation Model，SEM），是社会科学研究中一个非常好的方法。该方法在 20 世纪 80 年代成熟，运用于社会科学以及经济、市场、管理等研究领域，有时需处理多个原因、多个结果的关系，或者会碰到不可直接观测的变量（即潜变量），这些都是传统的统计方法不能很好解决的问题。20 世纪 80 年代以来，结构方程模型迅速发展，弥补了传统统计方法的不足，成为多元数据分析的重要工具。结构方程模型拥有以下几个优点：

1. 结构方程分析可同时考虑并处理多个因变量。
2. 容许自变量和因变量含测量误差。
3. 同时估计因子结构和因子关系。
4. 容许更大弹性（更复杂）的测量模型。
5. 估计整个模型的拟合程度。

在本研究中，根据文献法得出的科学素质 3 个二阶维度关系的理论基础是通过建立三者的结构方程模型得以检验的，并量化具体的影响程度。

三、技术路线

本研究技术路线具体内容如下：

阶段一：研究确定对青海农村妇女科学素质进行研究的基础上查阅大量文献，对已有理论进行梳理，从理论层面选出合适的理论结构，探讨影响科学素质的基本因素，确定研究主题。

阶段二：思考以往研究的不足与分析后续研究的走向和趋势，明确研究的理论意义与实践意义，研究目的，确定具体的研究方法和内容，制定研究计划。

阶段三：查找和编制相关问卷，确定研究所要使用的工具，选定大通回族土族自治县、互助土族自治县、平安县、湟中县、祁连县、贵德县、西宁市、海东市、民和回族土族自治县、湟源县 10 个县、市为调查地区。

阶段四：确定调查地区的调查对象及其数量，前往调查地点发放问卷，实施测验并回收问卷。

阶段五：对数据进行编码、录入和分析，进行论文写作，修改。

阶段六：总结研究工作，对研究结果进行讨论，得出结论，指出研究的不足和需改进之处，然后不断修改，形成定稿，完成研究工作。

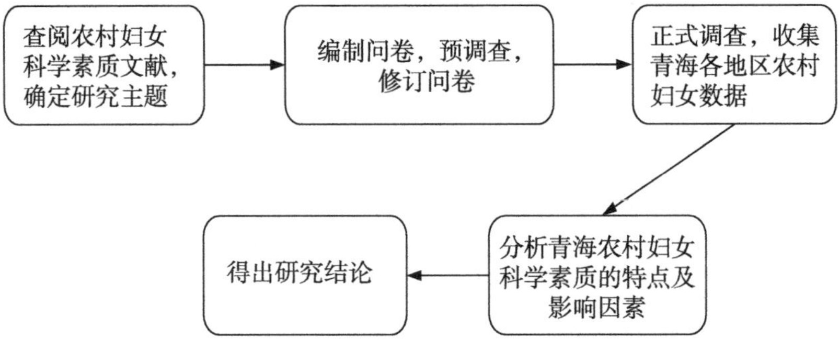

图 3-2-1　技术路线图

四、研究工具

（一）项目编制

项目编制的素材有 2 个主要来源，一是质性分析的结果，二是前人关于科学素质相关的问卷，具体包括：科技部《中国公民科学素质基准》测试题库 500 题；《宁波市农村妇女教育培训调查问卷》；李肖仪编制的《城镇劳动人口科学素质调查问卷》；李彩凤编制的《福建省未成年女性科学素质调查问卷》；李吉花编制的《长春市农民科学素质调查问卷》；张泷浈编制的《湖南省农民科学素质调查问卷》；朱冬雪编制的《辽宁省农民科学素质调查问卷》。考虑到以往研究中对科学素质理论性定义进行描述的 3 个方面，结合前人编制的科学素质的问卷来看，3 个维度比较好的涵盖了科学素质的各个要素，并且由于它是直接从质性分析的资料中得出的，因此以这 3 个维度作为理论构想非常合适，即：科学知识（科学概念；科学观点；对科学研究过程以及科学研究方法的理解）、科学意识（科学与非科学；科技发展与经济社会进步；科技发展与资源环境问题）、科学能力（处理实际事务能力；参与公共事务能力；科学创新能力）。结合前人的问卷以及这 3 个维度进行项目编制，初始问卷一共有 60 道题目，都为选择题，正误记分（正确计 1 分，错误计 0 分），60 个题目分属 3 个维度。将此初始问卷送给一名教育心理学方向的博士生进行审阅，并提出修改建议，在结合修改建议进行修改之后得到问卷初稿。将初稿发给 10 位青海师范大学工作的农村妇女进行试做，让其反馈做问卷过程中的感受并提出建议，根据被试提出的建议进一步进行修改，最终形成预测问卷。

（二）项目分析

1. 依据决断值进行项目分析

用题目得分与总得分相关法和项目鉴别力指数法对预测样本得到的数据进行项目分析。先计算各项目与总分的相关系数，并剔除相关度较低（$r<0.3$）的项目，接着计算项目鉴别力指数。将问卷总分由高到低进行排序，取总分排在前 27%的被试（$n\times27\%=1026\times27\%=277.02$，取 278 名）为高分组，总分排在后 27%的被试（278 名）为低分组，并对这两组被试在每一项目上的得分进行差异性检验。若项目的 CR 值（临界比例）达到了显著性水平（$P<0.05$ 或 0.01），说明该项目对于不同水平的被试的反应具有良好的区分度，否则删掉该项目。

第 9、13、15、16、17、19、21、24、25、26、27、28、29、33、36、37、39、40、41、56、57、58、59、60 题与总分的相关系数低于 0.3，其中，9、13、15、19、28、39、40、41 题的相关性特别不显著。且 13、19、28、39、40、41 题经过独立样本 t 检验，高低分组的组间差异不显著。其余项目与总分的相关系数均在 0.3—0.6；除第 15、17、25、26 题高低分组的组间差异在 0.05 水平显著外，其余项目的组间差异均在 0.01 水平显著。综合考虑分题得分与总分相关系数和项目鉴别力指数，删除 9、13、15、17、19、25、26、28、39、40、41 这 11 个项目。

2. 问卷整体效果

《青海农村妇女科学素质调查量表》共有 9 个子量表，分别是科学概念、科学观点、科学方法、科学与非科学、经济社会、资源环境、实际事务、公共事务、科学创造，经过项目分析及相关性检验后，最后确定每个子量表的题目数量，分别是科学概念共 7 题、科学观点共 14 题、科学方法共 3 题、科学与非科学共 6 题、经济社会共 2 题、资源环境共 5 题、实际事务共 6 题、公共事务共 3 题、科学创造共 3 题，总共 49 题。其中前 3 个子量表构成“科学知识”分量表，中间3个子量表构成“科学意识”分量表，后3个子量表构成“科学能力”分量表。量表每题以选择题形式呈现，按正误计分，回答正确记1分，回答错误记0分，各题的分数相加组成子量表或分量表的得分。在此次研究中，该量表的Cronbach's α系数为0.836，信度较好。Bartlett球形检验P<0.001，KMO值为0.840。在检验前由于问卷题目较多，样本量较少，因此考虑进行项目打包（itemparceling）。打包方法采用因子法中的平衡法（总分），使用该法可以忽略组内差异，让组间差异变小（吴艳、温忠麟，2011）。在本次打包中，因科学概念、科学观点、科学与非科学、资源环境、实际事务5个维度下的题目较多，故采用平衡法将各维度下的题目重新组合。组合过程如下：第一步，先对49个题目进行因子分析，可得到各题目的因子负荷量，按照从小到大的顺序将每个题目重新进行排列。第二步，将需要打包维度的题目小组内合并打包，最终打包情况如下表3-2-1。

表3-2-1　打包题目情况表

	打包前题号	打包后题号
科学概念	1、3、7	合并1
	2、6	合并2
	4、5	合并3
科学观点	8、16、22、20、12	合并4
	21、18、23、11、14	合并5
	29、24、10、27	合并6
科学与非科学	34、38	合并7
	33、37	合并8
	35、36	合并9
资源环境	44、45	合并10
	47、48	合并11
	46	合并12
实际事务	51、53	合并13
	50、52	合并14
	49、54	合并15

打包后，使用 AMOS22.0 对各分量表的结构效度进行检验。首先验证“科学知识”分量表，其模型含有科学概念、科学观点、科学方法 3 个潜变量，结果表明“科学知识”问卷结构效度可以接受（χ^2/df=4.292，GFI=0.979，AGFI=0.960，NFI=0.907，IFI=0.927，CFI=0.926，RMSEA=0.057）；其次验证“科学意识”分量表，其模型含有科学与非科学、经济社会、资源环境 3 个潜变量，结果表明“科学意识”问卷结构效度可以接受（χ^2/df=2.667，GFI=0.989，AGFI=0.977，NFI=0.920，IFI=0.948，CFI=0.947，RMSEA=0.040）；最后验证“科学能力”分量表，其模型含有实际事务、公共事务、科学创造 3 个潜变量，结果表明“科学能力”问卷结构效度可以接受（χ^2/df=2.686，GFI=0.987，AGFI=0.975，NFI=0.930，IFI=0.955，CFI=0.955，RMSEA=0.041）。

在一阶模型拟合良好的基础上，进一步验证二阶模型，即潜变量科学概念、科学观点、科学方法受到科学知识的影响，科学与非科学、经济社会、资源环境受到科学意识的影响，实际事务、公共事务、科学创造受到科学能力的影响，组成二阶模型。经过检验后，模型拟合良好（χ^2/df=2.830，GFI = 0.941，AGFI = 0.928，NFI = 0.810，IFI = 0.869，CFI = 0.867，RMSEA=0.042）。

五、测试

对 28 名青海某大学的本地大学生进行生源地被试调查，在测试之前问卷编制者对 28 名被试者进行培训，包括对问卷的熟悉以及人口学必要信息的填写说明。测试开始后首先填写人口学信息，然后向被试者说明问卷相关问题，如根据自己真实感受填写，正误计分的计分规则等。另外，如遇到被试不识字或者识字较少的情况，测试者向被试进行口头问卷题日讲解，并帮助被试填写真实的答案。测试时间由测试者自行掌握，但尽量控制在 20 分钟内。测试时，问卷相关研究人员远程社交软件在线，根据需要及时帮助测试者解决相关问题。由于测量工具全部是汉文版本，所以少数民族农村妇女科学素质情况由相应民族的学生进行测试，并且任何测试者对理解问卷题目有困难的被试都会进行试题讲解，保证被试理解准确。测试结束后问卷研究人员第一时间收回问卷。

六、数据分析

经过培训的28名同学前往青海省西宁市、海东市、海北藏族自治州、黄南藏族自治州、海南藏族自治州、果洛藏族自治州、玉树藏族自治州、海西蒙古族藏族自治州8个地区不同县市的不同村落进行调研。收回问卷后使用Excel进行数据的录入。然后将数据转录到SPSS22.0中进行异常数据筛查和缺失值的替换，并进行描述统计，相关回归分析，采用A-MOS22.0进行验证性因素分析，建立结构方程模型。

具体的缺失数据处理情况如下：

《青海农村妇女科学素质调查量表》中关于妇女基本情况描述性统计的数据：共有数据39368个，其中缺失值586个，占1.49%。《青海农村妇女科学素质调查量表》中关于妇女相关“科学素质”具体情况的数据：共有数据1036×60=62160个，其中缺失值有68个，占0.11%。对于缺失值的替换采用SPSS22.0中的回归替换方法。

七、研究假设

(1) 不同群组的农村妇女的科学素质水平有显著差异。

(2) 不同地区农村妇女的科学素质水平有显著差异。

(3) 不同年龄段农村妇女的科学素质水平有显著差异。

第四章

研究结果

第一节　Harman 单因素法检验共同方法变异

一、共同方法变异

本研究由于全部采用量表形式进行数据的收集，所以可能存在共同方法变异。所谓共同方法变异（Common Method Variance，CMV）指两个变量之间变异的重叠是因为使用同类测量工具而导致，而不是代表潜在构念之间的真实关系（Teo，2011）。鉴于此，本研究进行 CMV 的检验是必要的。检验方法采用 Harman 单因素检验法，相较于传统的把所有变量放到一个探索性因素分析来检验未旋转的因素分析结果的方法，现在普遍采用的是设定公因子为 1 的验证性因素分析，这样可以对“单一因素解释了所有的变异”这一假设作更为精确的检验（龙立荣、方俐洛、凌文辁，2003；S. G. Harris、K. W. Mossholder，1996）。本研究采用验证性因素分析方法进行 CMV 检验，进行验证性因素分析，首先检验 9 因素模型，合并 1、合并 2、合并 3 组成科学概念潜变量；合并 4、合并 5、合并 6 组成科学观点潜变量；方法 30、方法 31、方法 32 组成科学方法潜变量；合并 7、合并 8、合并 9 组成科学与非科学潜变量；经济 42、经济 43 组成经济社会潜变量；合并 10、合并 11、合并 12 组成资源环境潜变量；合并 13、合并 14、合并 15 组成实际事务潜变量；公共 55、公共 56、公共 57 组成公共事务潜变量；创造 58、创造 59、创造 60 组成科学创造潜变量。AMOS22.0 运行后显示模型拟合良好（$\chi^2/df=2.422$，GFI = 0.945，AGFI = 0.927，NFI=0.809，IFI=0.878，CFI=0.876，RMSEA=0.041）。对比设定公共因子为 1 的模型拟合（$\chi^2/df=2.980$，GFI = 0.922，AGFI = 0.908，NFI = 0.733，IFI=0.805，CFI=0.804，RMSEA=0.048）相差虽然不大，但是 9 因素模型的各拟合度指数更加理想，卡方检验显示 9 因素模型对数据的适配显著好于 1 因素模型（$\Delta\chi^2=637.013$，$\Delta df=263$，$p<0.001$），综合检验结果表明本研究共同方法变异（CMV）影响较小。

二、不同群组的划分

个体的心理和行为是在一定的社会环境中进行的，每一个小环境称为“微系统”，个体的成长需要放入环境中加以考察，以此来揭示社会系统对个体的重要影响。群组是个微系统。群组是具有相同特征的某一类事物的组合。在实际生活中，群组是有着相同爱好的人聚集在一起组成的聚集地，更注重大家能够更好的交流，群组里可以是现实生活中认识的朋友，可以是从未见过的陌生人，大家可以讨论感兴趣的话题，交流自己的经验心得。群组也是各种各样话题的发源地。每个人都可以创建自己的小组，选你自己喜欢的话题。

有共同话题的人们更容易聚在一起，聚集了人群的群组也能产生更大的价值。中国是一个阶层社会，存在着不同阶层、不同兴趣、不同爱好的人群，而群组功能很适合中国国情，可以根据人群特征把不同的人聚集在一起，产生共同话题。

多群组分析的目的是探究适合某一群体的心理特征，考察相对应的参数是否区别于其他群体。学者 Bryne（2001）提出多群组不变性检验需要考虑测量工具的题项在不同群体间是否具有等同性。测量工具的因素结构在相同总体的不同样本中是否可以复制？青海农村妇女科学素质研究中的对象来自于青海省西宁市、海东市、海北藏族自治州、黄南藏族自治州、海南藏族自治州、果洛藏族自治州、玉树藏族自治州、海西蒙古族藏族自治州的农村妇女。根据青海地区的人口分布、共同的话题、生活习惯、信仰等特点主要选取三个群组。

A 群组农村妇女是指青海少数民族中人口较多，分布较广的一个民族，主要分布在青海省东部和东北部，以化隆、门源、民和、大通、湟中、祁连、贵德等县和西宁市城东区较为集中，其余各州、县也有分布。

B 群组农村妇女是青海聚居在青海境内的主要少数民族之一，大多数分布在果洛藏族自治州、玉树藏族自治州、海南藏族自治州、海北藏族自治州、黄南藏族自治州和海西蒙古族藏族自治州，其余少量分布在海东地区各县和西宁市的大通县，主要从事农牧业生产。

C 群组农村妇女是分布最广的群体，主要分散在青海省西宁市、海东市、海北藏族自治州、黄南藏族自治州、海南藏族自治州、果洛藏族自治州、玉树藏族自治州、海西蒙古族藏族自治州的农村妇女。

三、科学素质的结构

科学素质是指当代人在日常生活中参与科学活动时应该具备的基本条件，也是公民素质的必要组成条件。科学素质具体包括的方面很多，一般指了解基本的科学技术知识，掌握必要的科学方法，树立科学思想，崇尚科学精神，并具有一定的应用科学参与公共事务、处理实际问题的能力。本研究通过一阶和二阶结构方程模型的建立，形成了科学素质的结构，科学素质包括三个维度：科学知识、科学意识和科学能力，其中：科学知识包括科学概念、科学观点和科学方法三个方面；科学意识包括科学与非科学、经济社会和资源环境三个方面，科学能力包括实际事务、公共事务和科学创造三个方面。具体内容如下：

（一）科学概念

考察对基本的科学概念的掌握情况。包括：1. 可以自己发光的物体叫什么？2. 可以用来消化食物的是什么？3. 哪个是哺乳动物？4. 使全身血液流动的最重要的器官是什么？5. “微信”是什么？6. 对“艾滋病”的解释是什么？7. 对“太阳能”解释是什么？

（二）科学观点

考察基本的科学观点。包括：1. 纸是靠森林资源来获取的吗？2. 盐吃多了会对大脑好吗？3. 吸烟会导致肺癌吗？4. 吸烟有害身体，任何人都应该戒烟来保护身体吗？5. 一年最后一个节气是立春吗？6. 就目前所知，任何癌症都是不可治愈的吗？7. 人的血型有三种吗？8. 土豆和红薯的种植方法一样吗？9. 地心的温度非常高吗？10. 夜晚月亮明亮时，星星也很亮吗？11. 植物一定生长在土壤里吗？12. 夏天下雨时，先看到闪电，后听到雷声吗？13. 参加劳动时，用的力气越多，对人身体越好吗？14. 生男生女主要由父亲的基因决定吗？15. 和艾滋病病人一起生活，一定会被传染吗？16. “温室效应”是指温室里面发生的化学变化吗？17. 刚生下来的小孩一天可以睡 20 个小时以上吗？18. 植物为人提供呼吸的全部氧气吗？19. 土壤、植物、动物和森林属于可再生自然资源吗？20. 水可以导电吗？21. 所有中国人骨头的数量都是一样的吗？22. 拉车比推车省力吗？

（三）科学方法

主要考察对具体的科学方法的掌握。包括：1. 科学地研究事物包括哪些步骤？2. 对比实验是指什么？3. 几率是指什么？

（四）科学与非科学

主要考察对科学与非科学的判断。包括：1. 您认为科学技术在解决能源紧缺问题上的作用是什么？2. 您认为以下哪个是科学项目？3. 您算命的情况是怎样的？4. 您相信用高科技算命吗？5. 有人可以预测彩票的中奖号码。您会相信这是真的吗？6. 您认为科学精神可以帮助我们消除封建迷信吗？7. 您认为“流鼻血时抬高下巴可以止血”这个说法正确吗？

（五）经济社会

主要考察与经济社会有关的内容。包括：1. “我国农村和城郊的土地，除法律规定属于国家所有外，属于农民集体所有。”您认为这句话正确吗？2. 在农村，只有丧失劳动能力的人才能领取低保吗？3. 由于科学技术的进步，地球自然资源将用之不竭吗？4. 商品的价格根本上是由什么决定的？

（六）资源环境

主要考察与资源环境有关的内容。包括：1. 关于我国“退耕还林”政策，叙述正确有哪些？2. 在下列回收废品中，如果没有回收，对环境造成危害最大的是哪些？3. 人类不应该销售和食用珍惜野生动物。您对此的态度是什么？4. 人是地球的主宰者，可以享受地球上的一切资源．您对此的态度是什么？5. 下列哪种资源是不可再生资源？

（七）实际事务

主要考察对实际事务的处理方法。包括：1. 在购买食品时您是怎样确定食品品质的好坏的？2. 下列关于运动的说法，正确的是什么？3. 如果发生火灾时，你会怎么办？4. 下列家庭安全用电常识错误的是什么？5. 当你不知情买回假冒伪劣商品后，你会怎么办？6. “猫搬家，狗狂叫，鸡不进窝，鱼儿惊慌水面跳”这些动物反常现象预示着什么？

（八）公共事务

主要考察对公共事务的处理方法。包括：1. 十八大之后全面推广“新型城镇化”概念，你是否了解这个词语？2. 您现在有件急事要办，这时红灯亮了。您会怎么办？3. 村民委员会每届任期几年，届满应当及时举行换届选举。村民委员会成员可以连选连任几年？

（九）科学创造

主要考察科学创造能力。包括：1. 一个人好奇心的保持，在很大程度上取决于哪个阶段的鼓励或抑制？2. 在工作或者做家务过程中有新的发现时，您会怎么办？3. 在进行一项您不熟悉生活用品制作时（如编织新款毛衣），您是怎么办？

第二节 描述统计

一、青海农村妇女科学知识、科学意识和科学能力状况及差异

表 4-2-1 显示了青海农村妇女“科学知识”维度标准分的地区差异情

况。“科学概念”“科学观点”“科学方法”3个维度均存在显著差异，进一步post-hoc检验（LSD）发现在“科学概念”维度上，西宁市的农村妇女与海东市、玉树藏族自治州的农村妇女；海东市的农村妇女与海北藏族自治州、海南藏族自治州的农村妇女；海北藏族自治州的农村妇女与玉树藏族自治州的农村妇女；海南藏族自治州的农村妇女与玉树藏族自治州的农村妇女表现出差异显著（$p<0.001$）。在“科学观点”维度上，西宁市的农村妇女与黄南藏族自治州、海南藏族自治州的农村妇女；海东市的农村妇女与海北藏族自治州、黄南藏族自治州、海南藏族自治州的农村妇女；黄南藏族自治州的农村妇女与果洛藏族自治州、海南藏族自治州、玉树藏族自治州的农村妇女；海南藏族自治州的农村妇女与果洛藏族自治州的农村妇女都差异显著（$p<0.001$）。在“科学方法”维度上，西宁市的农村妇女与果洛藏族自治州的农村妇女；海东市的农村妇女与果洛藏族自治州的农村妇女；黄南藏族自治州的农村妇女与果洛藏族自治州、玉树藏族自治州的农村妇女；海南藏族自治州的农村妇女与果洛藏族自治州、玉树藏族自治州的农村妇女差异显著（$p<0.001$）。

表4-2-1　青海农村妇女“科学知识”维度地区差异表

地区	n	科学概念		科学观点		科学方法	
		均值	标准差	均值	标准差	均值	标准差
西宁市	400	4.825	1.371	9.208	2.136	1.693	1.103
海东市	370	4.184	1.496	8.832	2.170	1.703	1.108
海北藏族自治州	11	6.000	0.000	11.455	1.572	1.636	1.027
黄南藏族自治州	10	5.500	0.707	14.000	0.000	2.800	0.632
海南藏族自治州	158	5.019	1.375	10.854	2.943	1.924	0.987
果洛藏族自治州	48	4.500	0.989	8.833	2.816	0.917	0.871
玉树藏族自治州	29	3.862	1.382	9.448	2.798	1.138	0.639
F		13.580***		22.759***		8.635***	

注：***表示均值差的显著性水平小于0.001。

表4-2-2显示了青海农村妇女“科学意识”维度标准分的地区差异情况。“科学与非科学”“经济社会”“资源环境”3个维度均存在显著差异，

进一步 post-hoc 检验（LSD）发现在“科学与非科学”维度上，西宁市的农村妇女与果洛藏族自治州、玉树藏族自治州的农村妇女；海东市的农村妇女与果洛藏族自治州的农村妇女；海北藏族自治州的农村妇女与果洛藏族自治州、玉树藏族自治州的农村妇女；海南藏族自治州的农村妇女与果洛藏族自治州的农村妇女都差异显著（$p<0.001$）。在“经济社会”维度上，海东市的农村妇女与海南藏族自治州的农村妇女；黄南藏族自治州的农村妇女与果洛藏族自治州的农村妇女；海南藏族自治州的农村妇女与果洛藏族自治州的农村妇女都差异显著（$p<0.001$）。在“资源环境”维度上，西宁市的农村妇女与海东市、果洛藏族自治州、玉树藏族自治州的农村妇女；海东市的农村妇女与黄南藏族自治州、海南藏族自治州的农村妇女；海北藏族自治州的农村妇女与果洛藏族自治州、玉树藏族自治州的农村妇女；海南藏族自治州的农村妇女与果洛藏族自治州、玉树藏族自治州的农村妇女；黄南藏族自治州的农村妇女与果洛藏族自治州、玉树藏族自治州的农村妇女都差异显著（$p<0.001$）。

表 4-2-2　青海农村妇女“科学意识”维度地区差异表

地区	n	科学与非科学		经济社会		资源环境	
		均值	标准差	均值	标准差	均值	标准差
西宁市	400	3.360	1.378	0.850	0.639	3.413	1.202
海东市	370	3.049	1.374	0.759	0.637	2.924	1.391
海北藏族自治州	11	4.091	1.375	0.727	0.786	4.273	0.647
黄南藏族自治州	10	3.000	2.108	1.400	0.516	4.600	1.265
海南藏族自治州	158	3.247	1.665	1.025	0.658	3.430	1.499
果洛藏族自治州	48	2.167	1.277	0.563	0.580	2.479	1.072
玉树藏族自治州	29	2.241	1.431	0.690	0.471	2.207	1.544
F		8.415^{***}		6.362^{***}		13.340^{***}	

注：*** 表示均值差的显著性水平小于 0.001。

表 4-2-3 显示了青海农村妇女“科学能力”维度标准分的地区差异情况。“实际事务”“公共事务”“科学创造”3 个维度均存在显著差异，进一步 post-hoc 检验（LSD）发现在“实际事务”维度上，西宁市的农村妇

女与海东市、果洛藏族自治州、玉树藏族自治州的农村妇女；海东市的农村妇女与海南藏族自治州的农村妇女；海南藏族自治州的农村妇女与果洛藏族自治州、玉树藏族自治州的农村妇女差异显著（$p<0.001$）。在“公共事务”维度上，西宁市的农村妇女与果洛藏族自治州、玉树藏族自治州的农村妇女；海东市的农村妇女与果洛藏族自治州、玉树藏族自治州的农村妇女；海北藏族自治州的农村妇女与果洛藏族自治州、玉树藏族自治州的农村妇女；海南藏族自治州的农村妇女与果洛藏族自治州、玉树藏族自治州的农村妇女差异显著（$p<0.001$）。在“科学创造”维度上，西宁市的农村妇女与果洛藏族自治州、黄南藏族自治州的农村妇女；海东市的农村妇女与黄南藏族自治州、海南藏族自治州的农村妇女；海南藏族自治州的农村妇女与果洛藏族自治州的农村妇女；黄南藏族自治州的农村妇女与果洛藏族自治州、玉树藏族自治州的农村妇女都差异显著（$p<0.001$）。

表 4-2-3　青海农村妇女“科学能力”维度地区差异表

地区	n	实际事务		公共事务		科学创造	
		均值	标准差	均值	标准差	均值	标准差
西宁市	400	4.363	1.499	1.895	1.033	1.173	0.908
海东市	370	3.535	1.897	1.876	0.790	1.008	0.882
海北藏族自治州	11	3.636	1.027	2.545	0.688	1.273	0.905
黄南藏族自治州	10	4.700	1.252	2.300	0.483	2.200	0.919
海南藏族自治州	158	4.190	1.671	2.025	1.034	1.386	0.894
果洛藏族自治州	48	3.042	1.320	1.208	0.683	0.646	0.758
玉树藏族自治州	29	2.621	1.498	1.207	0.726	0.931	0.704
F		14.247^{***}		8.753^{***}		8.647^{***}	

注：*** 表示均值差的显著性水平小于 0.001。

表 4-2-4 显示了青海农村妇女“科学知识”维度标准分的年龄差异情况。“科学概念”“科学观点”“科学方法”3 个维度均存在显著差异，进一步 post-hoc 检验（LSD）发现在“科学概念”维度上，年龄在 51 岁以上的农村妇女与 31—50 岁的农村妇女都差异特别显著（$p<0.001$）；年龄在 26—30 岁的农村妇女与 51 岁以上的农村妇女的差异比较显著（$p<$

0.01)；年龄在21—25岁的农村妇女与年龄在51岁以上的农村妇女的差异显著（$p<0.05$）。在“科学观点”维度上，年龄在51岁以上的农村妇女与21岁以上、45岁以下的农村妇女也都差异特别显著（$p<0.001$）；年龄在51岁以上的农村妇女与20岁以下、46—50岁的农村妇女的差异显著（$p<0.01$）；年龄在31—45岁的农村妇女与46—50岁的农村妇女差异比较显著（$p<0.05$）。在“科学方法”维度上，年龄在51岁以上的农村妇女与26—30岁、41—45岁的农村妇女的差异显著（$p<0.01$）；年龄在36—40岁的农村妇女与51岁以上的农村妇女；年龄在41—45岁的农村妇女与46—50岁的农村妇女差异比较显著（$p<0.05$）。

表4-2-4 青海农村妇女“科学知识”维度年龄差异表

年龄	n	科学概念		科学观点		科学方法	
		均值	标准差	均值	标准差	均值	标准差
20岁以下	16	4.563	1.365	10.188	2.344	1.750	1.065
21—25岁	88	4.557	1.714	9.648	2.845	1.693	1.138
26—30岁	142	4.641	1.475	9.592	2.729	1.824	1.061
31—35岁	104	4.740	1.564	9.885	2.370	1.702	1.078
36—40岁	126	4.944	1.310	9.587	2.166	1.786	1.070
41—45岁	209	4.651	1.322	9.579	2.389	1.804	1.103
46—50岁	185	4.670	1.337	9.162	2.376	1.568	1.077
51岁以上	156	4.071	1.442	8.481	2.340	1.468	1.068
F		4.395***		4.742***		2.063*	

注：*** 表示均值差的显著性水平小于0.001；* 表示均值差的显著性水平小于0.05。

表4-2-5显示了青海农村妇女“科学意识”维度标准分的年龄差异情况。在3个维度中，“经济社会”“资源环境”2个维度均存在显著差异，进一步post-hoc检验（LSD）发现在“科学与非科学”维度上，年龄在21—25岁的农村妇女与31—35岁的农村妇女，年龄在36—40岁的农村妇女与51岁以上的农村妇女差异比较显著（$p<0.05$）；年龄在21—25岁的农村妇女与36—40岁、41—45岁的农村妇女差异比较显著（$p<0.01$）。在“经济社会”维度上，年龄在31—35岁的农村妇女与46岁以上的农村妇女，年龄在36—

40岁的农村妇女与46岁以上的农村妇女差异比较显著（$p<0.01$），20岁以下的农村妇女与46岁以上的农村妇女，26—30岁的农村妇女与46岁以上的农村妇女，31—35岁的农村妇女与41—45岁的农村妇女差异显著（$p<0.05$）。在“资源环境”维度上，年龄在51岁以上的农村妇女与36—40岁的农村妇女差异特别显著（$p<0.001$）；年龄在51岁以上的农村妇女与31—35岁、41—50岁的农村妇女，年龄在21—25岁的农村妇女与36—40岁的农村妇女差异显著（$p<0.01$）；年龄在26—30岁的农村妇女与36—40岁的农村妇女、51岁以上的农村妇女，年龄在36—40岁的农村妇女与46—50岁的农村妇女差异比较显著（$p<0.05$）。

表4-2-5　青海农村妇女“科学意识”维度年龄差异表

年龄	n	科学与非科学		经济社会		资源环境	
		均值	标准差	均值	标准差	均值	标准差
20岁以下	16	2.938	1.569	1.063	0.574	3.000	1.366
21—25岁	88	2.795	1.606	0.818	0.635	3.023	1.654
26—30岁	142	3.120	1.626	0.866	0.697	3.176	1.401
31—35岁	104	3.269	1.572	0.981	0.638	3.394	1.382
36—40岁	126	3.357	1.434	0.960	0.709	3.508	1.137
41—45岁	209	3.278	1.366	0.818	0.593	3.230	1.439
46—50岁	185	3.124	1.383	0.724	0.621	3.200	1.188
51岁以上	156	2.994	1.332	0.718	0.620	2.808	1.364
F		1.759		3.356**		3.345**	

注：*** 表示均值差的显著性水平小于0.001。** 表示均值差的显著性水平小于0.05。

表4-2-6显示了青海农村妇女“科学能力”维度标准分的年龄差异情况。在3个维度中，“实际事务”“公共事务”2个维度均存在显著差异，进一步post-hoc检验（LSD）发现在“实际事务”维度上，年龄在51岁以上的农村妇女与36—50岁的农村妇女差异特别显著（$p<0.001$）；年龄在51岁以上的农村妇女与26—35岁的农村妇女，年龄在26—30岁的农村妇女与41—45岁的农村妇女的差异显著（$p<0.01$）；年龄在36—40岁的农村妇女与21—30岁的农村妇女，51岁以上的农村妇女与21—25岁的农

村妇女，年龄在41—45岁的农村妇女与26—30岁的农村妇女差异比较显著（$p<0.05$）。在“公共事务”维度上，年龄在41—45岁的农村妇女与26—30岁、46—50岁的农村妇女的差异显著（$p<0.05$）。在“资源环境”维度上，年龄在51岁以上的农村妇女与21—25岁、36—40岁、46—50的农村妇女；21—25岁的农村妇女与41—45岁的农村妇女差异显著（$p<0.05$）。

表4-2-6 青海农村妇女“科学能力”维度年龄差异表

年龄	*n*	实际事务		公共事务		科学创造	
		均值	标准差	均值	标准差	均值	标准差
20岁以下	16	3.750	1.949	1.563	0.727	0.875	0.885
21—25岁	88	3.716	1.825	1.750	0.986	1.307	0.889
26—30岁	142	3.824	1.842	1.986	0.907	1.169	0.922
31—35岁	104	3.894	1.925	1.923	0.932	1.154	0.890
36—40岁	126	4.302	1.586	1.817	1.038	1.190	0.986
41—45岁	209	4.187	1.599	1.751	0.978	1.062	0.844
46—50岁	185	4.146	1.538	1.973	0.911	1.173	0.910
51岁以上	156	3.237	1.723	1.891	0.869	0.968	0.897
F		5.962^{***}		1.662^{*}		1.738	

注：*** 表示均值差的显著性水平小于0.001。* 表示均值差的显著性水平小于0.05。

表4-2-7显示了青海农村妇女“科学知识”维度标准分的群组差异情况。在3个维度中，仅有“科学概念”这个维度存在显著差异，进一步post-hoc检验（LSD）发现在“科学概念”维度上，A群组农村妇女与C群组、B群组、其他群组的农村妇女差异特别显著（$p<0.001$）。在“科学观点”维度上，B群组农村妇女与C群组、其他群组的农村妇女都差异特别显著（$p<0.001$）。在“科学方法”维度上，各群组的差异都不显著。

表4-2-7 青海农村妇女“科学知识”维度群组差异表

群组	*n*	科学概念		科学观点		科学方法	
		均值	标准差	均值	标准差	均值	标准差
A群组	189	3.984	1.531	8.847	2.157	1.714	1.103

续表

群组	n	科学概念		科学观点		科学方法	
		均值	标准差	均值	标准差	均值	标准差
B 群组	247	4.623	1.367	10.202	3.095	1.636	1.081
C 群组	558	4.776	1.398	9.186	2.181	1.704	1.095
其他群组	32	5.000	1.270	9.750	2.200	1.719	0.924
F		15.736***		13.906***		0.276	

注：*** 表示均值差的显著性水平小于 0.001。

表 4-2-8 显示了青海农村妇女“科学意识”维度标准分的群组差异情况。在 3 个维度中，“科学与非科学”“资源环境” 2 个维度存在显著差异，进一步 post-hoc 检验（LSD）发现在“科学与非科学”维度上，B 群组农村妇女与 C 群组农村妇女、其他群组的农村妇女差异特别显著（$p<0.001$），A 群组农村妇女与 B 群组农村妇女，C 群组农村妇女与其他群组的农村妇女的差异比较显著（$p<0.01$）；A 群组农村妇女与其他群组的农村妇女差异显著（$p<0.05$）。在“经济社会”维度上，各群组的差异都不显著。在“资源环境”维度上，C 群组农村妇女与 B 群组农村妇女，A 群组农村妇女与其他群组的农村妇女差异显著（$p<0.05$）；B 群组农村妇女与 A 群组的农村妇女差异比较显著（$p<0.01$），A 群组农村妇女与 C 群组农村妇女的差异特别显著（$p<0.001$）。

表 4-2-8　青海农村妇女“科学意识”维度群组差异表

群组	n	科学与非科学		经济社会		资源环境	
		均值	标准差	均值	标准差	均值	标准差
A 群组	189	3.063	1.343	0.836	0.635	2.772	1.450
B 群组	247	2.781	1.536	0.818	0.614	3.130	1.509
C 群组	558	3.296	1.435	0.835	0.655	3.335	1.244
其他群组	32	3.875	1.362	0.813	0.780	3.344	1.382
F		10.210***		0.054		8.404***	

注：*** 表示均值差的显著性水平小于 0.001。

表 4-2-9 显示了青海农村妇女“科学能力”维度标准分的群组差异情况。“实际事务”“公共事务”“科学创造”3 个维度都存在显著差异，进一步 post-hoc 检验（LSD）发现在“实际事务”维度上，A 群组农村妇女与 C 群组农村妇女、B 群组农村妇女、其他群组的农村妇女差异特别显著（$p<0.001$）；B 群组农村妇女与其他群组的农村妇女差异显著（$p<0.05$）。在“公共事务”维度上，C 群组农村妇女与 A 群组农村妇女、B 群组农村妇女差异特别显著（$p<0.001$）；而 A 群组农村妇女与其他群组的农村妇女差异显著（$p<0.01$）；B 群组农村妇女与其他群组农村妇女差异显著（$p<0.05$）。在“科学创造”维度上，C 群组农村妇女与 A 群组农村妇女差异比较显著（$p<0.01$）；A 群组农村妇女与 B 群组农村妇女、其他群组农村妇女的差异显著（$p<0.05$）。

表 4-2-9 青海农村妇女“科学能力”维度群组差异表

群组	n	实际事务		公共事务		科学创造	
		均值	标准差	均值	标准差	均值	标准差
A 群组	189	2.989	1.902	1.661	0.752	0.921	0.910
B 群组	247	3.615	1.639	1.729	0.973	1.126	0.909
C 群组	558	4.351	1.556	1.982	0.975	1.183	0.896
其他群组	32	4.313	1.655	2.156	0.808	1.344	0.827
F		36.258***		8.727***		4.647**	

注：*** 表示均值差的显著性水平小于 0.001。** 表示均值差的显著性水平小于 0.01。

二、A 群组农村妇女科学知识、科学意识和科学能力状况及差异

表 4-2-10 显示了 A 群组农村妇女“科学知识”维度标准分的年龄差异情况。在“科学概念”“科学观点”“科学方法”3 个维度中都不存在显著差异。

表 4-2-10　A 群组农村妇女“科学知识”维度年龄差异表

年龄	n	科学概念		科学观点		科学方法	
		均值	标准差	均值	标准差	均值	标准差
20 岁以下	6	4. 667	1. 366	9. 500	2. 510	2. 000	1. 549
21—25 岁	13	4. 154	2. 340	9. 769	2. 351	1. 692	1. 377
26—30 岁	32	3. 906	1. 279	9. 469	2. 514	1. 875	1. 070
31—35 岁	25	4. 040	1. 719	8. 960	1. 968	1. 680	1. 180
36—40 岁	21	4. 429	1. 630	8. 762	1. 868	1. 381	1. 161
41—45 岁	29	4. 448	1. 454	8. 759	2. 444	1. 931	1. 067
46—50 岁	20	3. 950	1. 317	8. 500	1. 539	1. 750	0. 967
51 岁以上	43	3. 349	1. 270	8. 209	1. 946	1. 581	1. 006
F		1. 970		1. 455		0. 677	

表 4-2-11 显示了 A 群组农村妇女“科学意识”维度标准分的年龄差异情况。在 3 个维度中，“科学与非科学”维度存在显著差异，进一步 post-hoc 检验（LSD）发现在“科学与非科学”维度上，年龄在 21—25 岁的农村妇女与 31—35 岁的农村妇女，51 岁以上的农村妇女与 36—40 岁、41—45 岁的农村妇女差异显著（$p<0.05$）；年龄在 21—25 岁的农村妇女与 36—40 岁、41—45 岁的农村妇女差异显著（$p<0.05$）。

表 4-2-11　A 群组农村妇女“科学意识”维度年龄差异表

年龄	n	科学与非科学		经济社会		资源环境	
		均值	标准差	均值	标准差	均值	标准差
20 岁以下	6	2. 667	1. 033	1. 167	0. 408	3. 167	1. 169
21—25 岁	13	2. 154	1. 676	0. 769	0. 725	3. 077	1. 656
26—30 岁	32	3. 000	1. 320	0. 906	0. 689	2. 750	1. 344
31—35 岁	25	3. 200	1. 528	0. 880	0. 600	3. 080	1. 498
36—40 岁	21	3. 619	1. 244	0. 857	0. 573	3. 048	1. 161
41—45 岁	29	3. 552	1. 021	1. 034	0. 680	2. 966	1. 700

续表

年龄	n	科学与非科学		经济社会		资源环境	
		均值	标准差	均值	标准差	均值	标准差
46—50 岁	20	2.900	1.334	0.750	0.639	2.700	1.380
51 岁以上	43	2.837	1.271	0.628	0.578	2.233	1.394
F		2.365*		1.469		1.366	

注：* 表示均值差的显著性水平小于 0.05。

表 4-2-12 显示了 A 群组农村妇女“科学能力”维度标准分的年龄差异情况。在“实际事务”“公共事务”“科学创造”3 个维度中都不存在显著差异。

表 4-2-12　A 群组农村妇女“科学能力”维度年龄差异表

年龄	n	实际事务		公共事务		科学创造	
		均值	标准差	均值	标准差	均值	标准差
20 岁以下	6	3.667	2.160	1.833	0.408	1.000	1.095
21—25 岁	13	3.000	2.309	1.538	0.776	1.615	0.961
26—30 岁	32	2.969	2.024	1.781	0.553	0.844	0.920
31—35 岁	25	2.800	2.179	1.560	0.768	1.080	0.909
36—40 岁	21	3.524	1.601	1.857	0.727	0.714	0.784
41—45 岁	29	3.828	1.713	1.690	0.761	0.862	0.789
46—50 岁	20	2.550	1.276	1.450	0.826	1.000	1.026
51 岁以上	43	2.395	1.814	1.628	0.874	0.767	0.895
F		2.011		0.715		1.635	

三、B 群组农村妇女科学知识、科学意识和科学能力状况及差异

表 4-2-13 显示了 B 群组农村妇女“科学知识”维度标准分的地区差异情况。“科学概念”“科学观点”“科学方法”3 个维度均存在显著

差异，进一步 post-hoc 检验（LSD）发现在“科学概念”维度上，玉树藏族自治州与西宁市、海北藏族自治州、黄南藏族自治州、海南藏族自治州差异比较显著（$p<0.01$）；黄南藏族自治州与海南藏族自治州、果洛藏族自治州，果洛藏族自治州与玉树藏族自治州差异显著（$p<0.05$）。在“科学观点”维度上，海南藏族自治州、黄南藏族自治州与西宁市，黄南藏族自治州与果洛藏族自治州、玉树藏族自治州差异特别显著（$p<0.001$）；黄南藏族自治州与海南藏族自治州差异显著（$p<0.01$）。在“科学方法”维度上，果洛藏族自治州、黄南藏族自治州与西宁市，黄南藏族自治州与果洛藏族自治州、玉树藏族自治州，海南藏族自治州与果洛藏族自治州、玉树藏族自治州差异特别显著（$p<0.001$）；西宁市与玉树藏族自治州差异显著（$p<0.01$）；黄南藏族自治州与海南藏族自治州差异显著（$p<0.05$）。

表 4-2-13　B 群组农村妇女“科学知识”维度地区差异表

地区	n	科学概念		科学观点		科学方法	
		均值	标准差	均值	标准差	均值	标准差
西宁市	65	4.831	1.206	9.138	1.999	1.723	1.125
海东市	1	6.000	0.000	13.000	0.000.	3.000	0.000
海北藏族自治州	3	6.000	0.000	11.667	1.528	1.667	1.528
黄南藏族自治州	10	5.500	0.707	14.000	0.000	2.800	0.632
海南藏族自治州	91	4.626	1.589	11.429	3.380	1.967	1.016
果洛藏族自治州	48	4.500	0.989	8.833	2.816	0.917	0.871
玉树藏族自治州	29	3.862	1.382	9.448	2.798	1.138	0.639
F		3.355^{**}		10.111^{***}		10.102^{***}	

注：*** 表示均值差的显著性水平小于 0.001，** 表示均值差的显著性水平小于 0.01。

表 4-2-14 显示了 B 群组农村妇女“科学知识”维度标准分的年龄差异情况。“科学概念”“科学观点”“科学方法” 3 个维度均不存在显著差异。

表 4-2-14　B 群组农村妇女“科学知识”维度年龄差异表

年龄	n	科学概念		科学观点		科学方法	
		均值	标准差	均值	标准差	均值	标准差
20 岁以下	5	4. 200	1. 304	11. 200	2. 683	1. 400	0. 548
21—25 岁	44	4. 488	1. 486	9. 442	3. 187	1. 721	1. 098
26—30 岁	37	4. 730	1. 427	10. 054	3. 504	1. 595	0. 896
31—35 岁	19	4. 211	1. 619	11. 421	2. 969	1. 579	0. 961
36—40 岁	24	4. 750	1. 189	10. 583	2. 903	1. 667	1. 167
41—45 岁	50	4. 580	1. 341	10. 540	2. 957	1. 720	1. 179
46—50 岁	47	4. 681	1. 235	9. 723	3. 140	1. 553	1. 176
51 岁以上	21	4. 952	1. 396	10. 381	2. 617	1. 524	1. 078
F		0. 623		1. 191		0. 200	

表 4-2-15 显示了 B 群组农村妇女“科学意识”维度标准分的地区差异情况。“科学与非科学”“经济社会”“资源环境”3 个维度均存在显著差异，进一步 post-hoc 检验（LSD）发现在“科学与非科学”维度上，西宁市与海南藏族自治州、果洛藏族自治州、玉树藏族自治州差异特别显著（$p<0.001$）。在“经济社会”维度上，黄南藏族自治州与果洛藏族自治州、玉树藏族自治州，海南藏族自治州与果洛藏族自治州差异特别显著（$p<0.001$）；西宁市与黄南藏族自治州差异显著（$p<0.01$）；西宁市与果洛藏族自治州，黄南藏族自治州与海南藏族自治州差异显著（$p<0.05$）。在“资源环境”维度上，西宁市与果洛藏族自治州、玉树藏族自治州，黄南藏族自治州与果洛藏族自治州、玉树藏族自治州差异特别显著（$p<0.001$）；海北藏族自治州与果洛藏族自治州、玉树藏族自治州，海南藏族自治州与果洛藏族自治州、玉树藏族自治州；黄南藏族自治州与海南藏族自治州差异显著（$p<0.01$）；西宁市与海南藏族自治州差异显著（$p<0.05$）。

表 4-2-15 B 群组农村妇女“科学意识”维度地区差异表

地区	n	科学与非科学		经济社会		资源环境	
		均值	标准差	均值	标准差	均值	标准差
西宁市	65	3.662	1.290	0.831	0.601	3.692	1.045
海东市	1	6.000		2.000		4.000	
海北藏族自治州	3	3.000	0.000	0.667	0.577	4.667	0.577
黄南藏族自治州	10	3.000	2.108	1.400	0.516	4.600	1.265
海南藏族自治州	91	2.582	1.521	0.912	0.626	3.143	1.697
果洛藏族自治州	48	2.167	1.277	0.563	0.580	2.479	1.072
玉树藏族自治州	29	2.241	1.431	0.690	0.471	2.207	1.544
F		7.492***		4.445***		8.181***	

注：*** 表示均值差的显著性水平小于 0.001。

表 4-2-16 显示了 B 群组农村妇女“科学意识”维度标准分的年龄差异情况。在“科学与非科学”“经济社会”“资源环境”3 个维度均不存在显著差异。

表 4-2-16 B 群组农村妇女“科学意识”维度年龄差异表

年龄	n	科学与非科学		经济社会		资源环境	
		均值	标准差	均值	标准差	均值	标准差
20 岁以下	5	2.000	1.414	0.600	0.548	2.200	1.095
21—25 岁	44	2.535	1.548	0.791	0.600	2.698	1.739
26—30 岁	37	2.486	1.895	0.919	0.682	3.027	1.518
31—35 岁	19	2.684	1.157	0.684	0.478	3.000	1.374
36—40 岁	24	2.750	1.622	1.042	0.751	3.458	1.414
41—45 岁	50	2.920	1.441	0.760	0.555	2.980	1.660
46—50 岁	47	2.979	1.359	0.809	0.576	3.511	1.196
51 岁以上	21	3.190	1.504	0.714	0.644	3.619	1.322
F		0.941		0.987		1.834	

表4-2-17显示了B群组农村妇女“科学能力”维度标准分的地区差异情况。“实际事务”“公共事务”“科学创造”3个维度均存在显著差异，进一步post-hoc检验（LSD）发现在“实际事务”维度上，西宁市与海南藏族自治州、果洛藏族自治州、玉树藏族自治州，黄南藏族自治州与玉树藏族自治州差异特别显著（$p<0.001$）；黄南藏族自治州与果洛藏族自治州，海南藏族自治州与玉树藏族自治州差异显著（$p<0.01$）。在“公共事务”维度上，果洛藏族自治州、玉树藏族自治州与西宁市，果洛藏族自治州、玉树藏族自治州与黄南藏族自治州，海北藏族自治州与果洛藏族自治州，海南藏族自治州与玉树藏族自治州差异显著（$p<0.01$）；西宁市与海南藏族自治州，海北藏族自治州与果洛藏族自治州、玉树藏族自治州差异显著（$p<0.05$）。在“科学创造”维度上，西宁市与黄南藏族自治州，黄南藏族自治州与果洛藏族自治州、玉树藏族自治州，海南藏族自治州与果洛藏族自治州差异特别显著（$p<0.001$）；西宁市与果洛藏族自治州，海南藏族自治州与黄南藏族自治州差异显著（$p<0.01$）；海北藏族自治州与果洛藏族自治州，海南藏族自治州与玉树藏族自治州差异显著（$p<0.05$）。

表4-2-17　B群组农村妇女“科学能力”维度地区差异表

地区	n	实际事务		公共事务		科学创造	
		均值	标准差	均值	标准差	均值	标准差
西宁市	65	4.385	1.400	2.108	0.773	1.138	0.827
海东市	1	6.000	0.000	3.000	0.000	0.000	0.000
海北藏族自治州	3	3.333	0.577	2.333	0.577	1.667	0.577
黄南藏族自治州	10	4.700	1.252	2.300	0.483	2.200	0.919
海南藏族自治州	91	3.549	1.747	1.802	1.147	1.308	0.951
果洛藏族自治州	48	3.042	1.320	1.208	0.683	0.646	0.758
玉树藏族自治州	29	2.621	1.498	1.207	0.726	0.931	0.704
F		7.224^{***}		7.485^{***}		6.626^{***}	

注：*** 表示均值差的显著性水平小于0.001。

表4-2-18显示了B群组农村妇女“科学能力”维度标准分的年龄差异情况。在3个维度中，“科学创造”“公共事务”2个维度均存在显著差

异，进一步 post-hoc 检验（LSD）发现在“公共事务”维度上，年龄在 41—45 岁的农村妇女与 21—35 岁的农村妇女，20 岁以下与 46 岁以上的农村妇女差异显著（$p<0.05$）；20 岁以下的农村妇女与 41—45 岁的农村妇女的差异显著（$p<0.01$）。在“科学创造”维度上，年龄在 31—35 岁的农村妇女与 46—50 岁的农村妇女的差异显著（$p<0.01$），年龄在 21—25 岁的农村妇女与 31—35 岁的农村妇女，41—45 岁的农村妇女与 46—50 岁的农村妇女差异显著（$p<0.05$）。

表 4-2-18　B 群组农村妇女“科学能力”维度年龄差异表

年龄	n	实际事务		公共事务		科学创造	
		均值	标准差	均值	标准差	均值	标准差
20 岁以下	5	3.400	1.817	0.800	0.447	0.800	0.837
21—25 岁	44	3.395	1.635	1.558	1.007	1.279	0.934
26—30 岁	37	3.351	1.874	1.568	1.119	1.297	0.939
31—35 岁	19	3.316	1.857	1.421	0.769	0.684	0.749
36—40 岁	24	3.792	1.693	1.708	0.955	1.250	1.113
41—45 岁	50	3.740	1.651	2.000	1.010	0.920	0.724
46—50 岁	47	4.000	1.367	1.915	0.855	1.340	0.867
51 岁以上	21	3.381	1.396	1.762	0.831	0.905	0.995
F		0.537		2.135*		2.151*	

注：* 表示均值差的显著性水平小于 0.05。

四、C 群组农村妇女科学知识、科学意识和科学能力状况及差异

表 4-2-19 显示了 C 群组农村妇女“科学知识”维度标准分的地区差异情况。“科学概念”“科学观点”“科学方法”3 个维度均存在显著差异，进一步 post-hoc 检验（LSD）发现在“科学概念”维度上，海南藏族自治州与海东市、西宁市差异特别显著（$p<0.001$）。西宁市与海东市差异比较显著（$p<0.01$）。在“科学观点”维度上，海南藏族自治州与海东市差异特别显著（$p<0.001$）；西宁市与海南藏族自治州差异显著（$p<0.01$）；西

宁市与海东市差异显著（$p<0.05$）。在“科学方法”维度上，各市、州差异都不显著。

表 4-2-19 C 群组农村妇女“科学知识”维度地区差异表

地区	n	科学概念		科学观点		科学方法	
		均值	标准差	均值	标准差	均值	标准差
西宁市	331	4.822	1.406	9.218	2.142	1.689	1.094
海东市	162	4.370	1.440	8.778	2.240	1.679	1.140
海北藏族自治州	1	6.000		12.000		0.000	
黄南藏族自治州	0	0		0		0	
海南藏族自治州	64	5.547	0.754	10.016	1.980	1.875	0.968
果洛藏族自治州	0	0		0		0	
玉树藏族自治州	0	0		0		0	
F		12.083***		5.699**		1.379	

注：*** 表示均值差的显著性水平小于 0.001，** 表示均值差的显著性水平小于 0.01。

表 4-2-20 显示了 C 群组农村妇女“科学知识”维度标准分的年龄差异情况。“科学概念”“科学观点”“科学方法”3 个维度均存在显著差异，进一步 post-hoc 检验（LSD）发现在“科学概念”维度上，年龄在 51 岁以上的农村妇女与 21—50 岁的农村妇女都差异显著（$p<0.05$），其中与 31—35 岁、36—40 岁的农村妇女的差异特别显著（$p<0.001$）。在“科学观点”维度上，年龄在 51 岁以上的农村妇女与 21—50 岁的农村妇女也都差异显著（$p<0.05$），其中与 26—30 岁、31—35 岁、36—40 岁、41—45 岁的农村妇女的差异特别显著（$p<0.001$）。在“科学方法”维度上，年龄在 51 岁以上的农村妇女与 26—30 岁、36—40 岁、41—45 岁的农村妇女都差异显著（$p<0.01$）；46—50 岁的农村妇女与 26—30 岁、36—40 岁、41—45 岁的农村妇女的差异显著（$p<0.05$）。20 岁以下农村妇女与其他各年龄段的妇女都无显著差异。

表 4-2-20　C 群组农村妇女“科学知识”维度年龄差异表

年龄	n	科学概念		科学观点		科学方法	
		均值	标准差	均值	标准差	均值	标准差
20 岁以下	4	4.500	1.732	9.750	2.062	1.750	0.957
21—25 岁	27	4.889	1.717	9.556	2.621	1.593	1.152
26—30 岁	69	4.913	1.473	9.377	2.408	1.913	1.147
31—35 岁	54	5.148	1.365	9.704	2.107	1.685	1.113
36—40 岁	76	5.105	1.239	9.487	1.837	1.934	0.998
41—45 岁	127	4.740	1.298	9.449	1.987	1.827	1.070
46—50 岁	113	4.779	1.368	9.044	2.123	1.549	1.077
51 岁以上	88	4.182	1.402	8.125	2.233	1.409	1.110
F		3.694**		4.350***		2.387*	

注：*** 表示均值差的显著性水平小于 0.001，** 表示均值差的显著性水平小于 0.01，* 表示均值差的显著性水平小于 0.05。

表 4-2-21 显示了 C 群组农村妇女“科学意识”维度标准分的地区差异情况。“科学与非科学”“经济社会”“资源环境”3 个维度均存在显著差异，进一步 post-hoc 检验（LSD）发现在“科学与非科学”维度上，海南藏族自治州与海东市、西宁市差异特别显著（$p<0.001$）；西宁市与海东市差异显著（$p<0.05$）。在“经济社会”维度上，海南藏族自治州与海东市、西宁市差异特别显著（$p<0.001$）；西宁市与海东市差异比较显著（$p<0.01$）。在“资源环境”维度上，海南藏族自治州与海东市差异特别显著（$p<0.001$）；西宁市与海南藏族自治州差异比较显著（$p<0.01$）；西宁市与海东市差异显著（$p<0.05$）。

表 4-2-21　C 群组农村妇女“科学意识”维度地区差异表

地区	n	科学与非科学		经济社会		资源环境	
		均值	标准差	均值	标准差	均值	标准差
西宁市	331	3.287	1.381	0.852	0.641	3.353	1.223
海东市	162	2.963	1.396	0.667	0.621	3.099	1.286
海北藏族自治州	1	6.000		6.000		5.000	

续表

地区	n	科学与非科学		经济社会		资源环境	
		均值	标准差	均值	标准差	均值	标准差
黄南藏族自治州	0	0		0		0	
海南藏族自治州	64	4.141	1.446	1.172	0.680	3.813	1.097
果洛藏族自治州	0	0		0		0	
玉树藏族自治州	0	0		0		0	
F		12.188***		9.749***		5.859**	

注:*** 表示均值差的显著性水平小于 0.001, ** 表示均值差的显著性水平小于 0.01。

表 4-2-22 显示了 C 群组农村妇女“科学意识”维度标准分的年龄差异情况。在 3 个维度中,“经济社会”“资源环境”2 个维度均存在显著差异,进一步 post-hoc 检验(LSD)发现在“科学与非科学”维度上,年龄在 51 岁以上的农村妇女与 26—30 岁、36—40 岁的农村妇女差异显著($p<0.05$)。在“经济社会”维度上,年龄在 26—30 岁的农村妇女与 30—35 岁的农村妇女差异显著($p<0.05$);31—35 岁的农村妇女与 41—45 岁、51 岁以上的农村妇女,36—40 岁的农村妇女与 46—50 岁的农村妇女的差异比较显著($p<0.01$);31—35 岁的农村妇女与 46—50 岁的农村妇女的差异特别显著($p<0.001$)。在“资源环境”维度上,年龄在 51 岁以上的农村妇女与 20—45 岁的农村妇女差异显著($p<0.05$),其中与 31—35 岁、36—40 岁的农村妇女的差异特别显著($p<0.001$)。年龄在 31—35 岁、36—40 岁的农村妇女与 46—50 岁的农村妇女的差异显著($p<0.05$)。

表 4-2-22 C 群组农村妇女“科学意识”维度年龄差异表

年龄	n	科学与非科学		经济社会		资源环境	
		均值	标准差	均值	标准差	均值	标准差
20 岁以下	4	3.750	1.500	1.250	0.500	3.250	1.708
21—25 岁	27	3.333	1.468	0.815	0.622	3.519	1.397
26—30 岁	69	3.478	1.540	0.826	0.727	3.420	1.333
31—35 岁	54	3.426	1.689	1.111	0.664	3.685	1.241

续表

年龄	n	科学与非科学		经济社会		资源环境	
		均值	标准差	均值	标准差	均值	标准差
36—40岁	76	3.421	1.388	0.961	0.720	3.632	1.018
41—45岁	127	3.339	1.393	0.803	0.578	3.386	1.279
46—50岁	113	3.221	1.400	0.690	0.628	3.159	1.130
51岁以上	88	2.966	1.299	0.784	0.633	2.898	1.260
F		1.091		2.987**		3.363***	

注：*** 表示均值差的显著性水平小于0.001，** 表示均值差的显著性水平小于0.01。

表4-2-23显示了C群组农村妇女“科学能力”维度标准分的地区差异情况。“实际事务”“公共事务”“科学创造”3个维度均存在显著差异，进一步post-hoc检验（LSD）发现在“实际事务”维度上，海南藏族自治州与海东市差异特别显著（$p<0.001$）；西宁市与海南藏族自治州差异显著（$p<0.01$）；西宁市与海东市差异显著（$p<0.05$）。在“公共事务”维度上，海南藏族自治州与西宁市差异特别显著（$p<0.001$）；西宁市与海东市差异显著（$p<0.001$）。在“科学创造”维度上，海东市与海南藏族自治州差异显著（$p<0.01$）；西宁市与海南藏族自治州差异显著（$p<0.05$）。

表4-2-23　C群组农村妇女“科学能力”维度地区差异表

地区	n	实际事务		公共事务		科学创造	
		均值	标准差	均值	标准差	均值	标准差
西宁市	331	4.369	1.513	2.500	0.625	0.973	0.906
海东市	162	4.025	1.712	2.345	0.799	1.218	0.956
海北藏族自治州	1	5.000		3.000		1.000	
黄南藏族自治州	0	0		0		0	
海南藏族自治州	64	5.078	1.059	2.313	0.774	1.484	0.816
果洛藏族自治州	0	0		0		0	
玉树藏族自治州	0	0		0		0	
F		7.345***		6.270***		3.360*	

注：*** 表示均值差的显著性水平小于0.001，* 表示均值差的显著性水平小于0.05。

表 4-2-24 显示了 C 群组农村妇女“科学能力”维度标准分的年龄差异情况。在 3 个维度中，“实际事务”“公共事务”、2 个维度均存在显著差异，进一步 post-hoc 检验（LSD）发现在“实际事务”维度上，年龄在 51 岁以上的农村妇女与 21—50 岁的农村妇女都差异显著（$p<0.05$）；其中与 26—30 岁、31—35 岁、36—40 岁、41—45 岁、46—50 岁的农村妇女的差异显著（$p<0.001$）；而 51 岁以上的农村妇女与 21—25 岁的差异显著（$p<0.05$）。在“公共事务”维度上，年龄在 41—45 岁的农村妇女与 26—30 岁、46—50 岁的农村妇女的差异特别显著（$p<0.001$）；而年龄在 41—46 岁的农村妇女与 31—35 岁、51 岁以上的农村妇女，26—30 岁的农村妇女与 36—40 岁的农村妇女的差异显著（$p<0.05$）；年龄在 21—25 岁的农村妇女与 41—45 岁的农村妇女，36—40 岁的农村妇女与 31—35 岁、46—50 岁的农村妇女的差异显著（$p<0.01$）。在“科学创造”维度上，各个年龄段的农村妇女都没有显著差异。

表 4-2-24 C 群组农村妇女“科学能力”维度年龄差异表

年龄	n	实际事务		公共事务		科学创造	
		均值	标准差	均值	标准差	均值	标准差
20 岁以下	4	4.000	2.449	1.750	0.500	0.500	0.577
21—25 岁	27	4.333	1.664	2.074	0.917	1.259	0.813
26—30 岁	69	4.449	1.500	2.304	0.828	1.217	0.889
31—35 岁	54	4.556	1.574	2.185	0.953	1.315	0.865
36—40 岁	76	4.645	1.467	1.789	1.147	1.303	0.952
41—45 岁	127	4.480	1.479	1.654	1.003	1.165	0.889
46—50 岁	113	4.487	1.465	2.097	0.925	1.124	0.917
51 岁以上	88	3.557	1.618	2.080	0.847	1.080	0.887
F		4.280***		4.5000**		0.979	

注：*** 表示均值差的显著性水平小于 0.001，** 表示均值差的显著性水平小于 0.01。

五、青海农村妇女科学素质二阶维度的状况及差异

表4-2-25显示了青海农村妇女“科学素质”二阶维度标准分的群组差异情况。“科学知识”“科学意识”“科学能力”以及总体“科学素质”得分都存在显著差异。进一步post-hoc检验（LSD）发现在“科学知识”维度上，A群组农村妇女与B群组农村妇女、C群组农村妇女差异特别显著（$p<0.001$）；C群组农村妇女与B群组农村妇女差异显著（$p<0.01$）。在“科学意识”维度上，C群组农村妇女与A群组农村妇女、B群组农村妇女差异特别显著（$p<0.001$）；其他群组农村妇女与B群组农村妇女、A群组农村妇女差异显著（$p<0.05$）。在“科学能力”维度上，A群组农村妇女与C群组农村妇女、B群组农村妇女、其他群组农村妇女，C群组农村妇女与B群组农村妇女的差异特别显著（$p<0.001$），其他群组农村妇女与B群组农村妇女的差异显著（$p<0.01$）。在“科学素质”总体上，A群组农村妇女与C群组农村妇女、B群组农村妇女、其他群组农村妇女的差异特别显著（$p<0.001$）。

表4-2-25　青海农村妇女科学素质群组差异表

群组	n	科学知识		科学意识		科学能力		科学素质	
		均值	标准差	均值	标准差	均值	标准差	均值	标准差
A群组	189	14.545	3.657	6.672	2.629	5.571	2.634	26.788	7.657
B群组	247	16.462	4.307	6.729	2.885	6.470	2.774	29.660	8.456
C群组	558	15.667	3.613	7.466	2.423	7.516	2.424	30.649	7.008
其他群组	32	16.469	3.398	8.031	2.753	7.813	2.361	32.313	7.177
F		9.597^{**}		8.329^{***}		31.666^{***}		13.733^{***}	

注：***表示均值差的显著性水平小于0.001，**表示均值差的显著性水平小于0.01。

表4-2-26显示了青海农村妇女“科学素质”二阶维度标准分的年龄差异情况。“科学知识”“科学意识”“科学能力”以及总体“科学素质”得分都存在显著差异。进一步post-hoc检验（LSD）发现在“科学知识”维度上，年龄在46—50岁的农村妇女与31—40岁的农村妇女，年龄在51

岁以上的农村妇女与20岁以下的农村妇女差异显著（$p<0.05$）；年龄在51岁以上的农村妇女与21—50岁的农村妇女的差异特别显著（$p<0.001$）。在“科学意识”维度上，年龄在51岁以上的农村妇女与31—40岁的农村妇女，年龄在21—25岁的农村妇女与41—45岁的农村妇女差异特别显著（$p<0.001$）；年龄在46—50岁的农村妇女与36—40岁的农村妇女，年龄在21—25岁的农村妇女与31—35岁的农村妇女，年龄在41—45岁的农村妇女与51岁以上的农村妇女的差异显著（$p<0.01$），年龄在26—30岁的农村妇女与年龄在36—40岁、51岁以上的农村妇女的差异显著（$p<0.05$）。在“科学能力”维度上，年龄在51岁以上的农村妇女与年龄在36—50岁的农村妇女差异特别显著（$p<0.001$）；年龄在51岁以上的农村妇女与26—35岁的农村妇女的差异显著（$p<0.01$）。在“科学素质”上，年龄在51岁以上的农村妇女与年龄在26—50岁的农村妇女差异特别显著（$p<0.001$）；年龄在51岁以上的农村妇女与年龄在21—25岁的农村妇女差异显著（$p<0.01$）；年龄在36—40岁的农村妇女与年龄在21—25岁、46—50岁的农村妇女差异显著（$p<0.05$）。

表4-2-26　青海农村妇女科学素质年龄差异表

年龄	n	科学知识		科学意识		科学能力		科学素质	
		均值	标准差	均值	标准差	均值	标准差	均值	标准差
20岁以下	16	16.500	3.830	7.000	2.966	6.188	2.664	29.688	7.821
21—25岁	88	15.898	4.259	6.636	3.063	6.773	2.795	29.307	8.963
26—30岁	142	16.056	4.168	7.162	2.875	6.979	2.830	30.197	8.587
31—35岁	104	16.327	3.608	7.644	2.896	6.971	2.934	30.942	8.130
36—40岁	126	16.317	3.468	7.825	2.370	7.310	2.723	31.452	7.046
41—45岁	209	16.033	3.720	7.325	2.449	7.000	2.426	30.359	7.171
46—50岁	185	15.400	3.726	7.049	2.301	7.292	2.375	29.741	6.779
51岁以上	156	14.019	3.589	6.519	2.461	6.096	2.673	26.635	6.848
F		6.015***		3.758***		3.343**		5.416***	

注：*** 表示均值差的显著性水平小于0.001；** 表示均值差的显著性水平小于0.01。

表4-2-27显示了青海农村妇女“科学素质”二阶维度标准分的地区

差异情况。“科学知识”“科学意识”“科学能力”以及总体“科学素质”得分都存在显著差异。进一步 post-hoc 检验（LSD）发现在“科学知识”维度上，西宁市与海东市、黄南藏族自治州、海南藏族自治州；海东市与海北藏族自治州、海南藏族自治州、黄南藏族自治州；海北藏族自治州与玉树藏族自治州、果洛藏族自治州；黄南藏族自治州与玉树藏族自治州、果洛藏族自治州、海南藏族自治州；海南藏族自治州与玉树藏族自治州、果洛藏族自治州差异特别显著（$p<0.001$）。在“科学意识”维度上，西宁市与海东市、玉树藏族自治州、果洛藏族自治州，海东市与海南藏族自治州、玉树藏族自治州、果洛藏族自治州，海北藏族自治州与玉树藏族自治州、果洛藏族自治州，黄南藏族自治州与玉树藏族自治州、果洛藏族自治州，海南藏族自治州与玉树藏族自治州、果洛藏族自治州差异特别显著（$p<0.001$）。在“科学能力”维度上，西宁市与海东市、玉树藏族自治州、果洛藏族自治州，海东市与海南藏族自治州、黄南藏族自治州、玉树藏族自治州、果洛藏族自治州，黄南藏族自治州与玉树藏族自治州、果洛藏族自治州，海南藏族自治州与玉树藏族自治州、果洛藏族自治州差异特别显著（$p<0.001$）。在“科学素质”维度上，西宁市与海东市、黄南藏族自治州、海南藏族自治州、玉树藏族自治州、果洛藏族自治州，海东市与海北藏族自治州、海南藏族自治州、黄南藏族自治州，海北藏族自治州与玉树藏族自治州、果洛藏族自治州，黄南藏族自治州与玉树藏族自治州、果洛藏族自治州、海南藏族自治州，海南藏族自治州与玉树藏族自治州、果洛藏族自治州差异特别显著（$p<0.001$）。

表 4-2-27　青海农村妇女科学素质地区差异表

地区	n	科学知识		科学意识		科学能力		科学素质	
		均值	标准差	均值	标准差	均值	标准差	均值	标准差
西宁市	400	15.725	3.533	7.623	2.378	7.430	2.414	30.778	6.774
海东市	370	14.719	3.712	6.732	2.461	6.419	2.665	27.870	7.448
海北藏族自治州	11	19.091	1.814	9.091	2.256	7.455	1.753	35.636	4.273
黄南藏族自治州	10	22.300	1.059	9.000	3.197	9.200	2.201	40.500	5.380

续表

地区	n	科学知识		科学意识		科学能力		科学素质	
		均值	标准差	均值	标准差	均值	标准差	均值	标准差
海南藏族自治州	158	17.797	3.795	7.703	3.040	7.601	2.882	33.101	8.266
果洛藏族自治州	48	14.250	3.756	5.208	1.750	4.896	2.096	24.354	5.763
玉树藏族自治州	29	14.448	3.429	5.138	2.761	4.759	1.618	24.345	6.229
F		22.360***		15.185***		16.909***		23.524***	

注：*** 表示均值差的显著性水平小于 0.001。

第三节　青海农村妇女科学素质各维度的相关关系

如表 4-3-1 所示，将本次调查的所有被试作为一个整体得出 9 个一阶维度上的相关关系。结果显示科学知识维度、科学意识维度、科学能力维度的所有一阶维度都表现出 0.01 水平的显著相关。

表 4-3-1　青海农村妇女一阶维度相关表

	科学概念	科学观点	科学方法	科学与非科学	经济社会	资源环境	实际事务	公共事务	科学创造
科学概念	1								
科学观点	0.327**	1							
科学方法	0.385**	0.339**	1						
科学与非科学	0.339**	0.215**	0.255**	1					
经济社会	0.269**	0.253**	0.315**	0.209**	1				
资源环境	0.485**	0.381**	0.436**	0.367**	0.317**	1			
实际事务	0.496**	0.336**	0.415**	0.375**	0.270**	0.556**	1		

续表

	科学概念	科学观点	科学方法	科学与非科学	经济社会	资源环境	实际事务	公共事务	科学创造
公共事务	0.248**	0.206**	0.208**	0.217**	0.139**	0.260**	0.327**	1	
科学创造	0.219**	0.125**	0.263**	0.148**	0.199**	0.226**	0.314**	0.194**	1

注：** 表示在 0.01 水平（双侧）上显著相关，* 表示在 0.05 水平（双侧）上显著相关。

如表 4-3-2 所示，青海农村妇女科学素质的二阶各维度之间以及与总体得分的相关关系。二阶所有维度之间均在 0.01 水平显著相关；且各二阶维度与总体得分也表现出 0.01 水平相关显著。

表 4-3-2　青海农村妇女二阶维度相关表

	科学素质	科学知识	科学意识	科学能力
科学素质	1			
科学知识	0.877**	1		
科学意识	0.820**	0.564**	1	
科学能力	0.800**	0.520**	0.557**	1

注：** 表示在 0.01 水平（双侧）上显著相关，* 表示在 0.05 水平（双侧）上显著相关。

第四节　青海农村妇女科学素质的结构方程模型

一、理论模型的建立

在建立结构方程模型之前对数据进行正态性检验，所有打包后的观察变量的偏态系数（Skewness）绝对值为 0.061—1.346，峰态系数（Kurtosis）绝对值为 0.189—2.001，均接近正态分布。有研究者（West Finch & Curran，1995；Finney & Di Stefano，2006）基于以往研究经验指出，偏态和峰态系数的绝对值分别小于 2 和 7 时，采用极大似然估计方法（Maximum Likelihood Estimate）是可以接受的。因此，所有打包后的观察变量满足用极大似然估计方法建立结构方程模型的前提假设。

在对数据进行打包后，建立一阶结构方程模型，如图 4-4-1。模型拟合度相关指标如表 4-4-1。考虑到模型的建议程度，决定建立二阶模型。

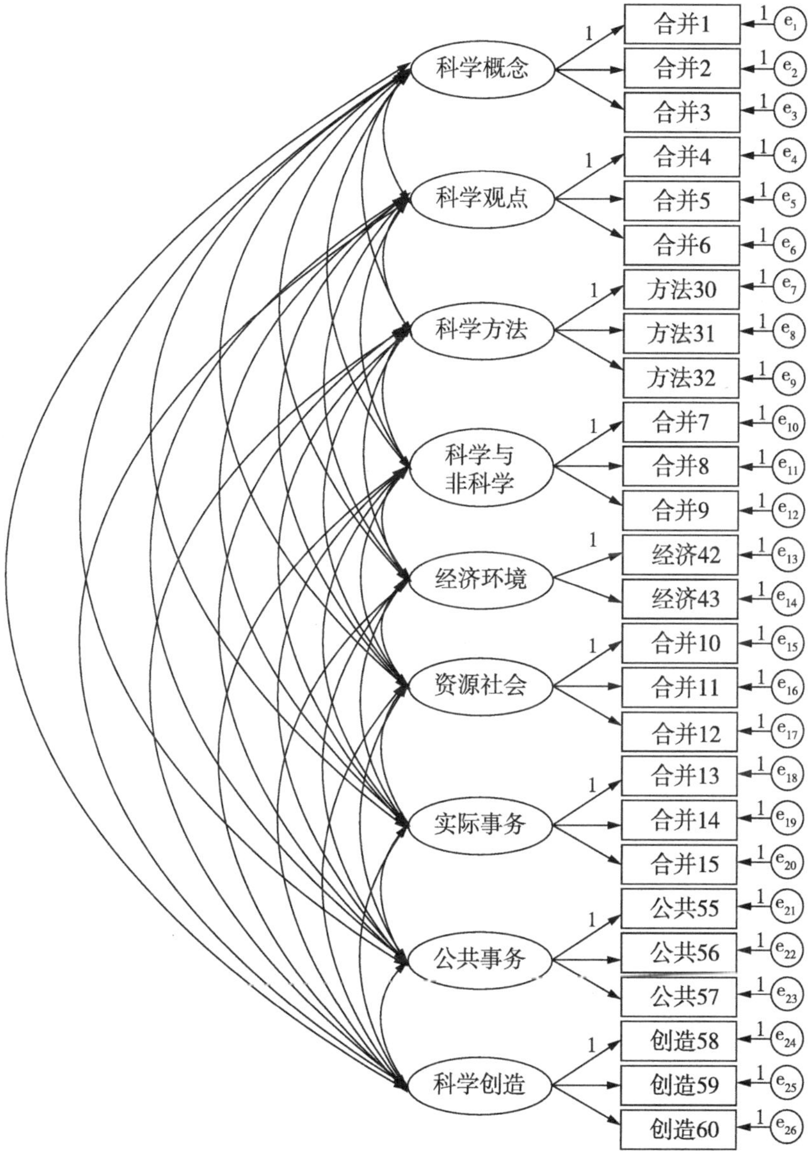

图 4-4-1　一阶模型路径图

表 4-4-1　一阶理论模型拟合度表

统计检验量	适配的标准或临界值	检验结果数据	模型适配度判断
χ^2/df	<3.000	2.886	很好
RMSEA	<0.08	0.043	很好
RMR	<0.05	0.006	很好
GFI	>0.90	0.944	很好
AGFI	>0.90	0.926	很好
NFI	>0.90	0.823	可以接受
RFI	>0.90	0.781	可以接受
CFI	>0.90	0.875	可以接受
IFI	>0.90	0.877	可以接受
TLI	>0.90	0.845	可以接受
AIC	理论模型值<独立模型值	702.000<4336.861	很好
	理论模型值<饱和模型值	702.000<935.0147	

二、二阶理论模型的建立

根据问卷结构和理论构想，构建科学知识、科学意识和科学能力的二阶结构方程模型。模型包括 9 个潜变量：科学概念、科学观点、科学方法、科学与非科学、经济社会、资源环境、实际事务、公共事务、科学创造，其中科学概念包括 3 个指示变量（合并 1、合并 2、合并 3）；科学观点包括 3 个指示变量（合并 4、合并 5、合并 6）；科学方法包括 3 个指示变量（方法 30、方法 31、方法 32）；科学与非科学包括 3 个指示变量（合并 7、合并 8、合并 9）；经济社会包括 2 指示变量（经济 42、经济 43）；资源环境包括 3 个指示变量（合并 10、合并 11、合并 12）；实际事务包括 3 个指示变量（合并 13、合并 14、合并 15）；公共事务包括 3 个指标变量（公共 55、公共 56、公共 57）；科学创造包括 3 个指标变量（创造 58、创造 59、创造 60）。科学知识、科学意识、科学能力是二阶因子，路径图见图 4-4-2。

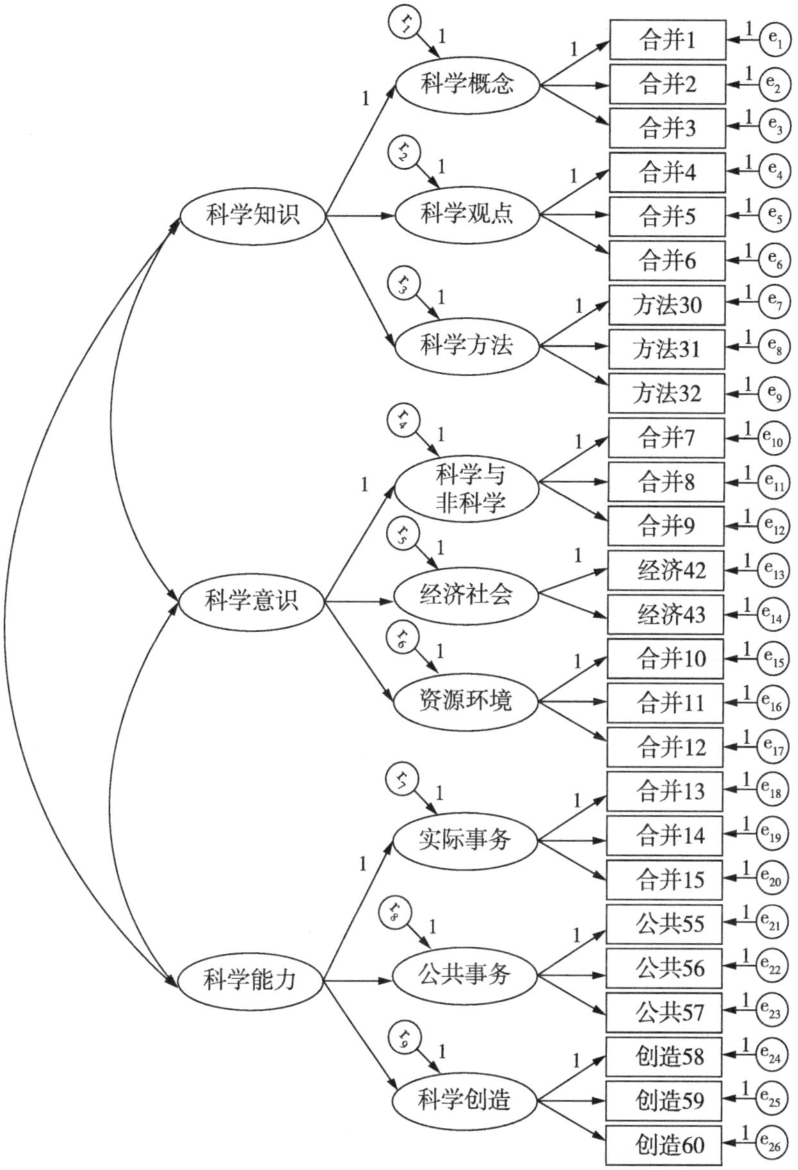

图 4-4-2　二阶理论模型路径图

表 4-4-2　理论模型拟合度表

统计检验量	适配的标准或临界值	检验结果数据	模型适配度判断
χ^2/df	<3.000	2.830	很好
RMSEA	<0.08	0.042	很好
RMR	<0.05	0.007	很好
GFI	>0.90	0.941	很好
AGFI	>0.90	0.928	很好
NFI	>0.90	0.810	可以接受
RFI	>0.90	0.785	可以接受
CFI	>0.90	0.867	可以接受
IFI	>0.90	0.869	可以接受
TLI	>0.90	0.850	可以接受
AIC	理论模型值<独立模型值	702.000<4336.861	很好
	理论模型值<饱和模型值	702.000<940.222	

在 AMOS22.0 执行分析，模型对数据的拟合较好，结果如表 4-4-2。一阶模型的自由度 $df=263$，卡方值 = 759.017，模型较复杂；二阶模型自由度 $df=287$，卡方值 = 812.222，二阶模型较一阶模型简易。二阶模型简化很多，但 χ^2 增加不多（模型拟合恶化不严重），所以本研究选取二阶模型。

第五章

青海不同群组农村妇女科学素质研究结果

第一节　A群组农村妇女科学素质研究结果

科学素质是指当代人在日常生活中参与科学活动时应该具备的基本条件，也是公民素质的必要组成条件。科学素质具体包括的方面很多，一般指了解基本的科学技术知识，掌握必要的科学方法，树立科学思想，崇尚科学精神，并具有一定的应用科学参与公共事务、处理实际问题的能力。

2018年9月17日，世界公众科学素质促进大会于京召开，① 大会指出，目前我国公民科学文化素养水平已经进入全新快速发展阶段。民族强则国强，我国党和政府一直致力于增强国民的科学意识与能力，打造一个科学强国。中国积极同世界各国开展科普交流，分享增强人民科学素质的经验做法。经过国家的大力推行，科学知识的学习活动也进行得十分顺畅，公民科学意识得到显著提高，与发达国家之间的科学知识水平差距不断缩小。然而，地区之间形成两极化，城市与农村的科学素质水平依旧相差甚远。

国家的兴旺、发达就在于科学技术的发展水平，而国家的科技水平与国民的科学素质高低有直接的关系。因此，许多国家都把提高全民族科学素质作为国家的大事来抓。科学素质在农民素质的构成要素中占有

① 世界公众科学素质促进大会. http://www.wcsl.org.cn/.

较重的分量，而农民的素质高低势必影响国民素质的整体提升进程。

在A群组农村妇女科学素质形成过程中，伊斯兰教起了决定性作用，伊斯兰教在很大程度上支配和影响A群组农村妇女的心理状态和生活习俗。青海主要有门源、化隆两个回族自治县和民和、大通两个回族土族自治县。青海A群组农村妇女科学素质水平究竟处于什么高度，对于拥有自己独特信仰与文化的A群组农村妇女又是什么状况，是什么原因导致了她们现如今的发展水平，又应该做出哪些改变，采取何种措施，需要进行具体的调查。

一、研究方法

（一）研究对象的选择

随机抽取青海省A群组聚集区农村妇女，采用纸质问卷形式发放问卷，填写完毕以后进行回收，收回有效问卷189份。

（二）研究工具的选择

1. 文献法

文献法也称历史文献法，就是搜集和分析研究各种现存的有关文献资料，从中选取信息，以达到某种调查研究目的的方法。通过文献的查阅，可以了解以往的研究成果与理论，并能发现以往研究的不足与空白，从而提出研究问题和假设来补充现有理论。对于文献的分析，可以发现以后的研究方向，有针对性的调整所要进行的研究的目的和意义，指导研究的进行。在本研究中，通过对中外文献研究的查找与总结，在理论上科学素质的基本构成，为后续关于科学素质下属的几个维度的结构方程模型的建立寻找扎实的理论基础。

2. 定量分析法

定量分析法是指结合测量学和统计学的知识，对研究中的被试进行数据采集、规整、分析、预测和报告。通过规范化和统一的测量收集大量样本，利用描述性统计，了解研究对象的整体状况和分布特征，对于研究的变量有一个整体的把握。然后采用推论统计，了解预测变量与变量之间的关系，通过假设检验推论出一般的规律和特征。

在本研究中，根据文献法得出的科学素质 3 个二阶维度关系的理论基础是通过建立三者的结构方程模型得以检验的，量化具体的影响程度。

（三）测试

对青海某大学的本地大学生进行生源地调查，在测试之前问卷编制者对施测者进行培训，包括对问卷的熟悉以及人口学必要信息的填写说明。测试开始后，首先填写人口学信息，然后向被试者说明问卷相关问题，如根据自己真实感受填写，正误计分的计分规则等。另外，如遇到被试不识字或者识字较少的情况，测试者向被试进行口头问卷题目讲解，并帮助被试者填写真实的答案。测试时间由测试者自行掌握，但尽量控制在 20 分钟内。测试时，问卷相关研究人员远程社交软件在线，根据需要及时帮助测试者解决相关问题。由于测量工具全部是汉文版本，所以 A 群组农村妇女科学素质情况由 A 群组的学生进行测试，并且任何测试者对理解问卷题目有困难的被试都会进行试题讲解，保证被试理解准确。测试结束后问卷研究人员第一时间收回问卷。

（四）数据分析

收回问卷后使用 Excel 进行数据的录入。然后将数据转录到 SPSS22.0 中进行异常数据筛查和缺失值的替换，并进行描述统计，相关回归分析，采用 AMOS22.0 进行验证性因素分析，建立结构方程模型。

二、描述与统计

（一）调查对象基本特征

被调查 A 群组农村妇女基本情况详细数据见表 5-1-1：

表 5-1-1　A 群组农村妇女基本特征表

	类别	频数（人）	比例（%）
年龄	20 岁以下	6	3. 175
	21—25 岁	13	6. 878
	26—30 岁	32	16. 931
	31—35 岁	25	13. 228
	36—40 岁	21	11. 111
	41—45 岁	29	15. 344
	46—50 岁	20	10. 582
	51 岁以上	43	22. 751
父母家与自己家的距离	同村	27	14. 286
	同乡不同村	20	10. 582
	同县不同乡	115	60. 846
	同州不同县	3	1. 587
	同省不同州市	19	10. 053
	不在同一省	5	2. 646
多久回父母家一次	住在父母家	13	6. 878
	1 个星期	29	15. 344
	1 个月	45	23. 810
	2—6 个月	57	30. 159
	半年	24	12. 698
	1 年及以上	21	11. 111
与父母的关系	亲密无间	19	10. 053
	正常相处	169	89. 418
	疏远有隔阂	1	0. 529
赡养责任	全在儿子	40	21. 164
	不全在儿子	149	78. 836

续表

	类别	频数（人）	比例（%）
个人文化水平	不识字或基本不识字	82	43.386
	小学	61	32.275
	初中	28	14.815
	高中（职高、中专、技校）及以上	18	9.524
婚姻状况	未婚	1	0.529
	已婚	186	98.413
	离婚或丧偶	2	1.058
初婚年龄	18岁以下	67	35.450
	19—20岁	72	38.095
	21岁以上	49	25.926
	未回答	1	0.529
理想生育年龄	15—20岁	26	13.757
	21—24岁	133	70.370
	25—28岁	30	15.873
家庭成员数	2—3	32	16.931
	4	38	20.106
	5及以上	119	62.963
生活满意度	满意	53	28.043
	比较满意	63	33.333
	一般	63	33.333
	不满意	10	5.291
子女个数	1	34	17.989
	2	78	41.270
	3及以上	66	34.921
	0	11	5.820

续表

	类别	频数（人）	比例（%）
理想子女数	1—2	128	67.725
	3及以上	61	32.275
性别态度	不回答	11	5.820
	生男孩更高兴	38	20.106
	男女一样	140	74.074
子女文化水平	不回答	11	5.820
	不识字或基本不识字	16	8.466
	小学	69	36.507
	初中	38	20.106
	高中（职高、中专、技校）	25	13.228
	大专及以上	30	15.873
对子女毕业后的期望	不回答	11	5.820
	希望继续读大学	150	79.365
	希望外出打工	17	8.995
	希望务农	11	5.820
子女目前的就业情况	在校就读	100	52.910
	待业	9	4.762
	务工	50	26.455
	务农	13	6.878
	个体经营	6	3.175
	不回答	11	5.820
伴侣文化水平	不识字或基本不识字	48	25.397
	小学	60	31.746
	初中	56	29.630
	高中（职高、中专、技校）及以上	14	7.407
	不回答	11	5.820

续表

	类别	频数（人）	比例（%）
伴侣目前的就业情况	待业	20	10. 582
	务工	99	48. 149
	务农	43	22. 751
	个体经营	24	12. 698
	不回答	3	5. 820
个人职业	待业	42	22. 222
	务工	50	26. 455
	务农	68	35. 979
	个体经营	29	15. 344
个人月收入	650 元以下	88	46. 560
	651—1200 元	36	19. 048
	1201—1800 元	27	14. 286
	1801—2500 元	21	11. 111
	2501—3000 元	11	5. 820
	3001 元以上	6	3. 175
家庭年收入	7000 元以下	8	4. 233
	7001—10000 元	20	10. 582
	10001—30000 元	60	31. 745
	30001—50000 元	59	31. 217
	50001—80000 元	27	14. 286
	80001—100000 元	10	5. 291
	100001 元以上	5	2. 646

续表

	类别	频数（人）	比例（%）
心里不舒服时的处理方式	自己闷着慢慢调整	55	29.101
	找朋友聊天排解	40	21.164
	寻求父母的安慰	21	11.111
	寻求伴侣的安慰	32	16.931
	向子女述说苦闷	41	21.693
权益遭受侵害时的处置方法	利用法律维护权益	41	21.693
	自己忍一忍算了	60	31.746
	找亲友帮忙处理	67	35.450
	相信命运的安排	21	11.111
对违法行为的处置方法	向有关部门检举揭发	25	13.228
	跟自己无关就不管	79	41.799
	劝其自首	81	42.857
	帮其隐瞒或索要部分利益	4	2.116

（二）A群组农村妇女科学知识、科学意识和科学能力状况及差异

A群组农村妇女“科学知识”维度标准分的年龄差异情况，详见表4-2-10。在“科学概念”“科学观点”“科学方法”3个维度中都不存在显著差异。

A群组农村妇女“科学意识”维度标准分的年龄差异情况，详见表4-2-11。在3个维度中，“科学与非科学”维度存在显著差异，进一步post-hoc检验（LSD）发现在“科学与非科学”维度上，年龄在21—25岁的农村妇女与31—35岁的农村妇女，51岁以上的农村妇女与36—40岁、41—45岁的农村妇女差异显著（$p<0.05$）；年龄在21—25岁的农村妇女与36—40岁、41—45岁的农村妇女差异显著（$p<0.01$）。

A群组农村妇女“科学能力”维度标准分的年龄差异情况，详见表4-2-12。在“实际事务”“公共事务”“科学创造”3个维度中都不存

在显著差异。

表 5-1-2 显示了 A 群组农村妇女“科学知识”维度标准分的居住差异情况。在 3 个维度中，“科学概念”维度存在显著差异，进一步 post-hoc 检验（LSD）发现在“科学概念”维度上，父母家与自己家不在同一省的农村妇女与父母家与自己家同乡不同村或同县不同乡的农村妇女差异比较显著；父母家与自己家同村的农村妇女与父母家与自己家同县不同乡的农村妇女具有显著差异；父母家与自己家同县不同乡的农村妇女与同省不同州市的农村妇女具有显著差异。

表 5-1-2 A 群组农村妇女“科学知识”维度居住情况差异表

父母家与自己家	n	科学概念		科学观点		科学方法	
		均值	标准差	均值	标准差	均值	标准差
同村	27	4.520	1.451	9.220	2.562	1.890	1.219
同乡不同村	20	3.900	1.119	8.050	1.986	1.700	0.979
同县不同乡	115	3.700	1.574	8.750	2.089	1.720	1.105
同州不同县	3	3.670	1.528	8.000	2.646	1.330	0.577
同省不同州市	19	4.680	1.293	9.320	1.857	1.530	1.219
不在同一省	5	5.600	1.140	11.00	1.414	1.600	0.894
F		3.661**		2.085		0.324	

注：** 表示均值差的显著性水平小于 0.01。

表 5-1-3 显示了 A 群组农村妇女“科学意识”维度标准分的居住差异情况。在 3 个维度中，“科学与非科学”维度存在显著差异，进一步 post-hoc 检验（LSD）发现在“科学与非科学”维度上，父母家与自己家不在同一省的农村妇女与同乡不同村、同县不同乡、同州不同县或同省不同州市的农村妇女具有显著差异；父母家与自己家同村的农村妇女与同县不同乡或同省不同州市的农村妇女具有显著差异；父母家与自己家同乡不同村的农村妇女与同县不同乡的农村妇女具有显著差异。

表 5-1-3　A 群组农村妇女“科学意识”维度居住情况差异表

父母家与自己家的距离	n	科学与非科学		经济社会		资源环境	
		均值	标准差	均值	标准差	均值	标准差
同村	27	3.890	0.847	0.960	0.706	3.260	1.289
同乡不同村	20	3.550	1.605	0.850	0.671	2.650	1.424
同县不同乡	115	2.750	1.255	0.810	0.647	2.660	1.468
同州不同县	3	2.670	1.528	0.670	0.577	1.000	0.000
同省不同州市	19	2.890	1.370	0.790	0.419	3.000	1.528
不在同一省	5	4.800	0.837	1.000	0.707	3.400	1.140
F		6.428***		0.383		2.003	

注：*** 表示均值差的显著性水平小于 0.001。

表 5-1-4 显示了 A 群组农村妇女“科学能力”维度标准分的居住差异情况。在 3 个维度中，“实际事务”“科学创造”2 个维度存在显著差异，进一步 post-hoc 检验（LSD）发现，在“实际事务”维度上，父母家与自己家同州不同县的农村妇女与同村、同乡不同村、同省不同州市或不同省的农村妇女具有显著差异；父母家与自己家同村的农村妇女与同县不同乡或同州不同县的农村妇女具有显著差异；父母家与自己家同乡不同村的农村妇女与同州不同县的农村妇女具有显著差异。在“科学创造”维度上，父母家与自己家同省不同州市的农村妇女与同乡不同村或同县不同乡的农村妇女具有显著差异。

表 5-1-4　A 群组农村妇女“科学能力”维度居住情况差异表

父母家与自己家的距离	n	实际事务		公共事务		科学创造	
		均值	标准差	均值	标准差	均值	标准差
同村	27	4.040	1.786	1.740	0.859	1.040	0.940
同乡不同村	20	3.050	2.164	1.700	0.865	0.950	0.999
同县不同乡	115	2.660	1.711	1.630	0.719	0.770	0.869
同州不同县	3	0.670	0.577	1.000	1.000	1.000	1.000
同省不同州市	19	3.370	2.166	1.680	0.582	1.530	0.905

续表

父母家与自己家的距离	n	实际事务		公共事务		科学创造	
		均值	标准差	均值	标准差	均值	标准差
不在同一省	5	4.600	1.949	2.200	0.837	1.200	0.447
F		4.470***		1.105		2.574*	

注：*** 表示均值差的显著性水平小于 0.001，* 表示均值差的显著性水平小于 0.05。

表 5-1-5 显示了 A 群组农村妇女“科学知识”维度标准分的多久回父母家一次的差异情况。“科学概念”“科学观点”“科学方法”3 个维度均存在显著差异，进一步 post-hoc 检验（LSD）发现在“科学概念”维度上，住在父母家的农村妇女与回父母家频率为 1 天以上一次的农村妇女差异特别显著（$p<0.001$），回父母家频率为 1 个月一次的农村妇女与回父母家频率为 2—6 个月一次的农村妇女具有显著差异。在“科学观点”维度上，住在父母家的农村妇女与回父母家频率为 1 天以上的农村妇女差异显著。在“科学方法”维度上，住在父母家的农村妇女与回父母家频率为 1 天以上的农村妇女差异显著。

表 5-1-5　A 群组农村妇女“科学知识”维度多久回父母家一次差异表

多久回父母家一次	n	科学概念		科学观点		科学方法	
		均值	标准差	均值	标准差	均值	标准差
住在父母家	13	5.850	0.899	10.690	2.213	2.620	0.768
1 个星期	29	4.000	1.521	8.970	2.044	1.720	1.162
1 个月	45	3.400	1.498	8.530	2.117	1.470	0.991
2—6 个月	57	3.980	1.420	8.580	2.104	1.770	1.118
半年	24	4.080	1.412	8.710	2.116	1.580	1.213
1 年及以上	21	3.950	1.564	9.100	2.189	1.670	1.065
F		5.842***		2.454*		2.382*	

注：*** 表示均值差的显著性水平小于 0.001，* 表示均值差的显著性水平小于 0.05。

表 5-1-6 显示了 A 群组农村妇女“科学意识”维度标准分的多久回父母家一次差异情况。在 3 个维度中，“经济社会”“资源环境”2 个维度存在显著差异，进一步 post-hoc 检验（LSD）发现在“经济社会”维度上，住在父母家的农村妇女与回父母家频率为 1 天以上的农村妇女差异显

著。在“资源环境”维度上，住在父母家的农村妇女与回父母家频率为1天以上的农村妇女差异显著。

表5-1-6　A群组农村妇女“科学意识”维度多久回父母家一次情况差异表

多久回父母家一次	n	科学与非科学		经济社会		资源环境	
		均值	标准差	均值	标准差	均值	标准差
住在父母家	13	3.540	1.266	1.310	0.480	4.080	1.188
1个星期	29	2.690	1.491	0.690	0.604	2.410	1.500
1个月	45	3.020	1.288	0.730	0.720	2.560	1.407
2—6个月	57	3.250	1.286	0.910	0.606	2.930	1.361
半年	24	2.880	1.329	0.750	0.676	2.540	1.474
1年及以上	21	3.100	1.446	0.860	0.478	2.760	1.480
F		1.092		2.310*		3.078*	

注：*表示均值差的显著性水平小于0.05。

表5-1-7显示了A群组农村妇女“科学能力”维度标准分的多久回父母家一次差异情况。“实际事务”“公共事务”“科学创造”3个维度均不存在显著差异。

表5-1-7　A群组农村妇女“科学能力”维度多久回父母家一次差异表

多久回父母家一次	n	实际事务		公共事务		科学创造	
		均值	标准差	均值	标准差	均值	标准差
住在父母家	13	4.380	1.660	1.850	0.801	1.080	0.954
1个星期	29	2.410	1.991	1.690	0.761	1.070	0.998
1个月	45	2.730	1.935	1.580	0.753	0.800	0.919
2—6个月	57	3.110	1.739	1.670	0.715	0.840	0.841
半年	24	3.170	2.160	1.670	0.816	0.880	0.900
1年及以上	21	2.950	1.658	1.670	0.796	1.140	0.964
F		2.252		0.272		0.731	

表5-1-8显示了A群组农村妇女“科学知识”维度标准分的个人文化水平差异情况。“科学概念”“科学观点”“科学方法”3个维度均存在显著差异，进一步post-hoc检验（LSD）发现在“科学概念”维度上，文

化水平为不识字或基本不识字的农村妇女与文化水平为小学及以上的农村妇女差异显著（$p<0.05$）；而文化水平为高中（职高、中专、技校）及以上的农村妇女与文化水平为高中（职高、中专、技校）以下的农村妇女差异显著（$p<0.05$）。在“科学观点”维度上，文化水平为高中（职高、中专、技校）及以上的农村妇女与文化水平为高中（职高、中专、技校）以下的农村妇女差异显著（$p<0.05$）。在“科学方法”维度上，文化水平为高中（职高、中专、技校）及以上的农村妇女与文化水平为小学及以下的农村妇女差异显著（$p<0.05$）。

表 5-1-8　A 群组农村妇女“科学知识”维度个人文化水平差异表

个人文化水平	n	科学概念		科学观点		科学方法	
		均值	标准差	均值	标准差	均值	标准差
不识字或基本不识字	82	3.490	1.372	8.370	1.816	1.650	1.011
小学	61	3.970	1.612	8.870	1.902	1.510	1.090
初中	28	4.500	1.171	8.860	2.838	1.930	1.184
高中（职高、中专、技校）及以上	18	5.500	1.249	10.940	2.100	2.390	1.195
F		11.446^{***}		7.800^{**}		3.551^{*}	

注：*** 表示均值差的显著性水平小于 0.001，** 表示均值差的显著性水平小于 0.01，* 表示均值差的显著性水平小于 0.05。

表 5-1-9 显示了 A 群组农村妇女“科学意识”维度标准分的个人文化水平差异情况。“科学与非科学”“经济社会”“资源环境”3 个维度存在显著差异，进一步 post-hoc 检验（LSD）发现，在“科学与非科学”维度上，不识字或基本不识字的农村妇女与文化水平为高中（职高、中专、技校）及以上的农村妇女具有显著差异。在“经济社会”维度上，文化水平为高中（职高、中专、技校）及以上的农村妇女与文化水平为高中（职高、中专、技校）以下的农村妇女差异非常显著。在“资源环境”维度上，不识字或基本不识字的农村妇女与文化水平为小学及以上的农村妇女具有显著差异；文化水平为小学的农村妇女与文化水平为初中及以上的农村妇女具有十分显著差异。

表 5-1-9　A 群组农村妇女"科学意识"维度个人文化水平差异表

个人文化水平	n	科学与非科学		经济社会		资源环境	
		均值	标准差	均值	标准差	均值	标准差
不识字或基本不识字	82	2.830	1.341	0.680	0.585	2.290	1.365
小学	61	3.160	1.393	0.850	0.573	2.770	1.499
初中	28	3.070	1.152	0.930	0.716	3.390	1.031
高中（职高、中专、技校）及以上	18	3.780	1.263	1.330	0.686	4.000	1.188
F		2.714*		5.901***		10.345***	

注：*** 表示均值差的显著性水平小于 0.001，* 表示均值差的显著性水平小于 0.05。

表 5-1-10 显示了 A 群组农村妇女"科学能力"维度标准分的个人文化水平差异情况。在 3 个维度中，"实际事务""公共事务"2 个维度存在显著差异，进一步 post-hoc 检验（LSD）发现在"实际事务"维度上，不识字或基本不识字的农村妇女与文化水平为小学及以上的农村妇女具有显著差异；文化水平为小学的农村妇女与文化水平为初中及以上的农村妇女具有十分显著差异。在"公共事务"维度上，文化水平为高中（职高、中专、技校）及以上的农村妇女与文化水平为小学及以下的农村妇女具有显著差异。

表 5-1-10　A 群组农村妇女"科学能力"维度个人文化水平差异表

个人文化水平	n	实际事务		公共事务		科学创造	
		均值	标准差	均值	标准差	均值	标准差
不识字或基本不识字	82	2.210	1.585	1.6300	0.762	0.780	0.903
小学	61	2.870	1.839	1.49	0.744	0.950	0.921
初中	28	4.210	1.686	1.860	0.591	0.960	0.838
高中（职高、中专、技校）及以上	18	5.060	1.259	2.060	0.802	1.390	0.916
F		20.539***		3.483*		2.327	

注：*** 表示均值差的显著性水平小于 0.001，* 表示均值差的显著性水平小于 0.05。

表 5-1-11 显示了 A 群组农村妇女“科学知识”维度标准分的初婚年龄差异情况。“科学概念”“科学观点”“科学方法”3 个维度均不存在显著差异。

表 5-1-11 A 群组农村妇女“科学知识”维度初婚年龄差异表

初婚年龄	n	科学概念		科学观点		科学方法	
		均值	标准差	均值	标准差	均值	标准差
18 岁及以下	67	4. 040	1. 429	8. 840	1. 652	1. 840	1. 039
19—20 岁	72	3. 930	1. 610	9. 110	2. 295	1. 700	1. 151
21 岁及以上	49	3. 980	1. 574	8. 470	2. 509	1. 570	1. 118
F		0. 095		1. 297		0. 824	

表 5-1-12 显示了 A 群组农村妇女“科学意识”维度标准分的初婚年龄差异情况。“科学与非科学”“经济社会”“资源环境”3 个维度均不存在显著差异。

表 5-1-12 A 群组农村妇女“科学意识”维度初婚年龄差异表

初婚年龄	n	科学与非科学		经济社会		资源环境	
		均值	标准差	均值	标准差	均值	标准差
18 岁及以下	67	3. 190	1. 184	0. 870	0. 519	2. 900	1. 416
19—20 岁	72	3. 100	1. 238	0. 810	0. 659	2. 770	1. 419
21 岁及以上	49	2. 840	1. 663	0. 840	0. 746	2. 610	1. 552
F		1. 036		0. 142		0. 538	

表 5-1-13 显示了 A 群组农村妇女“科学能力”维度标准分的初婚年龄差异情况。在 3 个维度中，“公共事务”维度存在显著差异，进一步 post-hoc 检验（LSD）发现在“公共事务”维度上，初婚年龄为 18 岁及以下的农村妇女与初婚年龄为 21 岁及以上的农村妇女具有比较显著的差异。

表 5-1-13 A 群组农村妇女“科学能力”维度初婚年龄情况差异表

初婚年龄	n	实际事务		公共事务		科学创造	
		均值	标准差	均值	标准差	均值	标准差
18 岁及以下	67	2.910	1.747	1.480	0.725	1.000	0.937
19—20 岁	72	3.070	1.988	1.660	0.692	0.780	0.901
21 岁及以上	49	2.980	2.005	1.920	0.812	1.020	0.878
F		0.120		5.073**		1.416	

注：** 表示均值差的显著性水平小于 0.01。

表 5-1-14 显示了 A 群组农村妇女“科学知识”维度标准分的理想生育年龄差异情况。“科学概念”“科学观点”和“科学方法”3 个维度均不存在显著差异。

表 5-1-14 A 群组农村妇女“科学知识”维度理想生育年龄差异表

理想生育年龄	n	科学概念		科学观点		科学方法	
		均值	标准差	均值	标准差	均值	标准差
15—20 岁	26	3.880	1.395	8.620	1.856	1.650	1.093
21—24 岁	133	3.890	1.558	8.710	2.116	1.670	1.099
25—28 岁	30	4.470	1.479	9.630	2.456	1.970	.129
F		1.785		2.432		0.936	

表 5-1-15 显示了 A 群组农村妇女“科学意识”维度标准分的理想生育年龄差异情况。“科学与非科学”“经济社会”“资源环境”3 个维度均不存在显著差异。

表 5-1-15 A 群组农村妇女“科学意识”维度理想生育年龄差异表

理想生育年龄	n	科学与非科学		经济社会		资源环境	
		均值	标准差	均值	标准差	均值	标准差
15—20 岁	26	3.150	1.084	0.920	0.484	2.810	1.297
21—24 岁	133	3.040	1.311	0.810	0.641	2.740	1.486
25—28 岁	30	3.100	1.689	0.870	0.730	2.870	1.456
F		0.094		0.371		0.095	

表 5-1-16 显示了 A 群组农村妇女“科学能力”维度标准分的理想生育年龄差异情况。“实际事务”“公共事务”“科学创造” 3 个维度均不存在显著差异。

表 5-1-16　A 群组农村妇女“科学能力”维度理想生育年龄差异表

理想生育年龄	*n*	实际事务		公共事务		科学创造	
		均值	标准差	均值	标准差	均值	标准差
15—20 岁	26	3. 08	1. 853	1. 540	0. 761	1. 120	0. 909
21—24 岁	133	2. 820	1. 866	1. 630	0. 733	0. 850	0. 917
25—28 岁	30	3. 670	2. 006	1. 900	0. 803	1. 070	0. 868
F		2. 499		1. 982		1. 391	

表 5-1-17 显示了 A 群组农村妇女“科学知识”维度标准分的家庭成员数差异情况。“科学概念”“科学观点”“科学方法” 3 个维度均不存在显著差异。

表 5-1-17　A 群组农村妇女“科学知识”维度家庭成员数差异表

家庭成员数	*n*	科学概念		科学观点		科学方法	
		均值	标准差	均值	标准差	均值	标准差
2—3	32	3. 840	1. 439	8. 880	2. 106	1. 410	1. 160
4	38	4. 030	1. 219	8. 340	2. 408	1. 680	1. 016
5 及以上	119	4. 010	1. 649	9. 000	2. 079	1. 810	1. 107
F		0. 162		1. 348		1. 693	

表 5-1-18 显示了 A 群组农村妇女“科学意识”维度标准分的家庭成员数差异情况。“科学与非科学”“经济社会”“资源环境” 3 个维度均不存在显著差异。

表 5-1-18　A 群组农村妇女“科学意识”维度家庭成员数差异表

家庭成员数	*n*	科学与非科学		经济社会		资源环境	
		均值	标准差	均值	标准差	均值	标准差
2—3	32	2. 880	1. 362	0. 780	0. 659	2. 780	1. 385

续表

家庭成员数	n	科学与非科学		经济社会		资源环境	
		均值	标准差	均值	标准差	均值	标准差
4	38	3.290	1.487	0.840	0.754	2.790	1.473
5 及以上	119	3.040	1.291	0.850	0.591	2.760	1.471
F		0.867		0.143		0.005	

表 5-1-19 显示了 A 群组农村妇女“科学能力”维度标准分的家庭成员数差异情况。在 3 个维度中，只在“公共事务”1 个维度存在显著差异，进一步 post-hoc 检验（LSD）发现在“公共事务”维度上，家庭成员为 4 人的农村妇女与家庭成员为 5 人及以上的农村妇女具有显著差异。“科学能力”的其余 2 个维度不存在显著差异。

表 5-1-19　A 群组农村妇女“科学能力”维度家庭成员数差异表

家庭成员数	n	实际事务		公共事务		科学创造	
		均值	标准差	均值	标准差	均值	标准差
2—3	32	2.780	1.862	1.660	0.701	1.090	0.818
4	38	3.050	1.986	1.950	0.733	1.110	0.894
5 及以上	119	3.030	1.898	1.570	0.754	0.820	0.929
F		0.232		3.703*		2.187	

注：* 表示均值差的显著性水平小于 0.05。

表 5-1-20 显示了 A 群组农村妇女“科学知识”维度标准分的生活满意度差异情况。在 3 个维度中，“科学概念”“科学方法”2 个维度均存在显著差异，进一步 post-hoc 检验（LSD）发现，在“科学概念”维度上，满意目前生活状况的农村妇女与比较满意目前生活状况和不满意目前生活状况的农村妇女具有比较显著的差异。在“科学方法”维度上，比较满意目前生活状况的农村妇女与不满意目前生活状况和感觉目前生活一般的农村妇女具有较显著差异。

表 5-1-20　A 群组农村妇女“科学知识”维度生活满意度差异表

生活满意度	n	科学概念		科学观点		科学方法	
		均值	标准差	均值	标准差	均值	标准差
满意	53	4.550	1.514	9.510	2.025	1.790	1.215
比较满意	63	3.540	1.457	8.540	2.320	1.380	1.038
一般	63	3.970	1.513	8.680	1.933	2.020	1.008
不满意	10	3.900	1.449	8.300	2.627	1.500	0.972
F		4.395**		2.487		3.875**	

注：** 表示均值差的显著性水平小于 0.01。

表 5-1-21 显示了 A 群组农村妇女“科学意识”维度标准分的生活满意度差异情况。在 3 个维度中，“科学与非科学”“资源环境”2 个维度均存在显著差异，进一步 post-hoc 检验（LSD）发现，在“科学与非科学”维度上，比较满意目前生活状况的农村妇女与感觉目前生活一般的农村妇女存在显著差异。在“资源环境”维度上，满意目前生活状况的农村妇女与比较满意目前生活状况和不满意目前生活状况的农村妇女之间差异特别显著。

表 5-1-21　A 群组农村妇女“科学意识”维度生活满意度差异表

生活满意度	n	科学与非科学		经济社会		资源环境	
		均值	标准差	均值	标准差	均值	标准差
满意	53	3.170	1.105	0.890	0.670	3.250	1.314
比较满意	63	2.700	1.444	0.790	0.676	2.080	1.336
一般	63	3.400	1.386	0.870	0.582	3.220	1.313
不满意	10	2.700	1.059	0.600	0.516	1.800	1.619
F		3.317*		0.734		11.985***	

注：*** 表示均值差的显著性水平小于 0.001，* 表示均值差的显著性水平小于 0.05。

表 5-1-22 显示了 A 群组农村妇女“科学能力”维度标准分的生活满意度差异情况。在 3 个维度中，只在“实际事务”1 个维度存在显著差异，进一步 post-hoc 检验（LSD）发现在“实际事务”维度上，满意目前生活状况的农村妇女与比较满意目前生活状况和不满意目前生活状况的农村妇

女之间差异特别显著；感觉目前生活一般的农村妇女与比较满意目前生活状况和不满意目前生活状况的农村妇女具有显著差异。

表 5-1-22　A 群组农村妇女“科学能力”维度生活满意度差异表

生活满意度	*n*	实际事务		公共事务		科学创造	
		均值	标准差	均值	标准差	均值	标准差
满意	53	3.600	2.088	1.680	0.701	0.980	0.909
比较满意	63	2.320	1.776	1.620	0.812	0.830	0.890
一般	63	3.300	1.681	1.700	0.710	0.900	0.911
不满意	10	2.000	1.414	1.600	0.966	1.300	1.059
F		6.449***		0.148		0.892	

注：*** 表示均值差的显著性水平小于 0.001。

表 5-1-23 显示了 A 群组农村妇女“科学知识”维度标准分的孩子个数差异情况。在 3 个维度中，只在“科学观点”1 个维度存在显著差异，进一步 post-hoc 检验（LSD）发现在“科学观点”维度上，孩子个数为 1 的农村妇女与孩子个数为 2 及以上的农村妇女具有显著差异。

表 5-1-23　A 群组农村妇女“科学知识”维度子女个数差异表

孩子个数	*n*	科学概念		科学观点		科学方法	
		均值	标准差	均值	标准差	均值	标准差
1	34	4.240	1.892	9.710	2.431	1.850	1.258
2	78	4.040	1.400	8.770	2.174	1.590	1.074
3 及以上	66	3.860	1.518	8.420	1.823	1.790	1.015
0	11	3.550	1.293	9.270	2.453	1.730	1.348
F		0.772		2.905*		0.606	

注：* 表示均值差的显著性水平小于 0.05。

表 5-1-24 显示了 A 群组农村妇女“科学意识”维度标准分的孩子个数差异情况。在 3 个维度中，只在“科学与非科学”1 个维度存在显著差异，进一步 post-hoc 检验（LSD）发现在“科学与非科学”维度上，没有孩子的农村妇女与孩子个数为 1—2 的农村妇女具有显著差异。

表 5-1-24　A 群组农村妇女“科学意识”维度子女个数差异表

孩子个数	n	科学与非科学		经济社会		资源环境	
		均值	标准差	均值	标准差	均值	标准差
1	34	3.090	1.505	1.060	0.694	2.850	1.520
2	78	3.290	1.330	0.780	0.638	2.940	1.361
3 及以上	66	2.940	1.201	0.790	0.595	2.580	1.530
无	11	2.090	1.375	0.820	0.603	2.550	1.368
F		2.976*		1.730		0.858	

注：* 表示均值差的显著性水平小于 0.05。

表 5-1-25 显示了 A 群组农村妇女“科学能力”维度标准分的孩子个数差异情况。在 3 个维度中，只在“实际事务” 1 个维度存在显著差异，进一步 post-hoc 检验（LSD）发现在“实际事务”维度上，孩子个数为 2 的农村妇女与孩子个数为 3 及以上的农村妇女具有显著差异。

表 5-1-25　A 群组农村妇女“科学能力”维度子女个数差异表

孩子个数	n	实际事务		公共事务		科学创造	
		均值	标准差	均值	标准差	均值	标准差
1	34	3.060	2.215	1.880	0.686	1.060	0.952
2	78	3.400	1.950	1.690	0.744	0.970	0.897
3 及以上	66	2.500	1.542	1.550	0.807	0.730	0.887
0	11	2.820	2.040	1.450	0.522	1.270	0.905
F		2.775*		1.847		1.920	

注：* 表示均值差的显著性水平小于 0.05。

表 5-1-26 显示了 A 群组农村妇女“科学知识”维度标准分的子女文化差异情况。“科学概念”“科学观点”“科学方法” 3 个维度均不存在显著差异。

表 5-1-26　A 群组农村妇女“科学知识”维度子女文化水平差异表

子女文化水平	n	科学概念		科学观点		科学方法	
		均值	标准差	均值	标准差	均值	标准差
不识字或基本不识字	16	4. 150	1. 725	9. 410	2. 422	1. 780	1. 340
小学	69	3. 940	1. 617	8. 780	2. 189	1. 720	1. 110
初中	38	4. 030	1. 262	9. 080	1. 937	1. 890	1. 034
高中（职高、中专、技校）	25	3. 920	1. 498	8. 280	1. 926	1. 480	1. 046
大专及以上	30	3. 930	1. 574	8. 670	2. 264	1. 600	1. 003
F		0. 115		1. 067		0. 636	

表 5-1-27 显示了 A 群组农村妇女“科学意识”维度标准分的生活满意度子女文化差异情况。“科学与非科学”“经济社会”“资源环境”3 个维度均不存在显著差异。

表 5-1-27　A 群组农村妇女“科学意识”维度子女文化水平差异表

子女文化水平	n	科学与非科学		经济社会		资源环境	
		均值	标准差	均值	标准差	均值	标准差
不识字或基本不识字	16	2. 740	1. 375	0. 960	0. 706	2. 810	1. 545
小学	69	3. 090	1. 493	0. 860	0. 576	2. 810	1. 448
初中	38	3. 470	0. 979	0. 840	0. 594	3. 130	1. 359
高中（职高、中专、技校）	25	2. 720	1. 242	0. 760	0. 663	2. 520	1. 447
大专及以上	30	3. 070	1. 363	0. 730	0. 740	2. 400	1. 453
F		1. 715		0. 566		1. 294	

表 5-1-28 显示了 A 群组农村妇女“科学能力”维度标准分的子女文化差异情况。“实际事务”“公共事务”“科学创造”3 个维度均不存在显著差异。

表 5-1-28　A 群组农村妇女“科学能力”维度子女文化水平差异表

子女文化水平	n	实际事务		公共事务		科学创造	
		均值	标准差	均值	标准差	均值	标准差
不识字或基本不识字	16	2.890	2.172	1.810	0.681	1.190	1.145
小学	69	3.000	2.000	1.640	0.685	0.870	0.839
初中	38	3.370	1.514	1.580	0.793	1.000	0.930
高中（职高、中专、技校）	25	2.760	1.715	1.640	0.860	0.720	0.891
大专及以上	30	2.770	2.046	1.700	0.837	0.870	0.819
F		0.585		0.432		1.027	

表 5-1-29 显示了 A 群组农村妇女“科学知识”维度标准分的子女毕业后的期望差异情况。在 3 个维度中，“科学概念”“科学观点”2 个维度存在显著差异，进一步 post-hoc 检验（LSD）发现，在“科学概念”维度上，希望子女高中毕业后继续读大学的农村妇女与希望孩子高中毕业后结婚生子的农村妇女存在显著差异。在“科学观点”维度上，希望孩子继续读大学的农村妇女与希望孩子外出打工和务农的农村妇女具有显著差异。

表 5-1-29　A 群组农村妇女“科学知识”维度对子女毕业后的期望差异表

对子女毕业后的期望	n	科学概念		科学观点		科学方法	
		均值	标准差	均值	标准差	均值	标准差
希望继续读大学	150	4.110	1.541	8.980	2.209	1.760	1.106
希望外出打工	17	3.410	1.228	8.760	1.522	1.350	1.169
希望务农	11	3.000	1.342	7.000	1.265	1.640	0.924
F		4.152*		4.521*		1.066	

注：* 表示均值差的显著性水平小于 0.05。

表 5-1-30 显示了 A 群组农村妇女“科学意识”维度标准分的子女毕业后的期望差异情况。在 3 个维度中，只在“资源环境”1 个维度存在显著差异，进一步 post-hoc 检验（LSD）发现在“资源环境”维度上，希望

孩子继续读大学的农村妇女与希望孩子外出打工和结婚生子的农村妇女具有显著差异。

表 5-1-30　A 群组农村妇女“科学意识”维度对子女毕业后的期望差异表

对子女毕业后的期望	n	科学与非科学		经济社会		资源环境	
		均值	标准差	均值	标准差	均值	标准差
希望继续读大学	150	3.130	1.347	0.860	0.660	2.830	1.456
希望外出打工	17	2.650	1.320	0.650	0.493	3.000	1.414
希望务农	11	2.730	1.272	0.820	0.405	1.640	0.924
F		1.367		0.843		3.807*	

注：*表示均值差的显著性水平小于 0.05。

表 5-1-31 显示了 A 群组农村妇女“科学能力”维度标准分的子女毕业后的期望差异情况。“实际事务”“公共事务”“科学改造”3 个维度均不存在显著差异。

表 5-1-31　A 群组农村妇女“科学能力”维度对子女毕业后的期望差异表

对子女毕业后的期望	n	实际事务		公共事务		科学创造	
		均值	标准差	均值	标准差	均值	标准差
希望继续读大学	150	3.090	1.955	1.670	0.740	0.960	0.904
希望外出打工	17	2.760	1.480	1.470	0.800	0.710	0.920
希望务农	11	1.820	1.250	1.820	0.874	0.730	1.009
F		2.483		0.797		0.845	

表 5-1-32 显示了 A 群组农村妇女“科学知识”维度标准分的子女目前的就业差异情况。在 3 个维度中，“科学概念”“科学观点”2 个维度存在显著差异，进一步 post-hoc 检验（LSD）发现，在“科学概念”维度上，子女待业的农村妇女与子女务工、务农和个体经营的农村妇女具有显著差异；子女在学校就读的农村妇女和子女务工的农村妇女表现出显著差异。在“科学观点”维度上，子女个体经营的农村妇女与子女在学校就读、待业、务工的农村妇女具有显著差异。

表 5-1-32 A 群组农村妇女“科学知识”维度子女目前的就业情况差异表

子女目前的就业情况	n	科学概念		科学观点		科学方法	
		均值	标准差	均值	标准差	均值	标准差
学校就读	100	4. 230	1. 594	9. 190	2. 286	1. 770	1. 118
待业	9	4. 780	1. 563	9. 890	2. 369	2. 330	1. 323
务工	50	3. 540	1. 249	8. 300	1. 542	1. 580	0. 992
务农	13	3. 460	1. 561	8. 380	2. 142	1. 540	1. 198
个体经营	6	3. 170	1. 169	6. 500	1. 378	1. 170	0. 983
F		3. 303*		4. 224**		1. 444	

注：** 表示均值差的显著性水平小于 0. 01，* 表示均值差的显著性水平小于 0. 05。

表 5-1-33 显示了 A 群组农村妇女“科学意识”维度标准分的子女就业差异情况。在 3 个维度中，“经济社会”“资源环境”2 个维度存在显著差异，进一步 post-hoc 检验（LSD）发现，在“经济社会”维度上，子女务工的农村妇女与子女在学校就读、待业的农村妇女具有显著差异。在“资源环境”维度上，子女待业的农村妇女与子女在学校就读、务工、务农和个体经营的农村妇女具有特别显著的差异。

表 5-1-33 A 群组农村妇女“科学意识”维度子女目前的就业情况差异表

子女目前的就业情况	n	科学与非科学		经济社会		资源环境	
		均值	标准差	均值	标准差	均值	标准差
学校就读	100	3. 200	1. 381	0. 910	0. 668	2. 870	1. 453
待业	9	3. 330	1. 581	1. 220	0. 667	4. 220	0. 972
务工	50	2. 940	1. 185	0. 600	0. 495	2. 520	1. 344
务农	13	2. 540	1. 391	0. 850	0. 555	2. 540	1. 450
个体经营	6	2. 330	1. 211	0. 830	0. 753	1. 330	1. 033
F		1. 428		3. 060*		4. 664***	

注：*** 表示均值差的显著性水平小于 0. 001，* 表示均值差的显著性水平小于 0. 05。

表 5-1-34 显示了 A 群组农村妇女“科学能力”维度标准分的子女就业差异情况。在 3 个维度中，只在“科学创造”1 个维度存在显著差异，进一步 post-hoc 检验（LSD）发现在“科学创造”维度上，子女务农的农

村妇女与子女待业和务工的农村妇女具有显著差异。子女在学校就读的农村妇女和子女待业的农村妇女具有显著差异。

表 5-1-34　A 群组农村妇女“科学能力”维度子女目前的就业情况差异表

子女目前的就业情况	*n*	实际事务		公共事务		科学创造	
		均值	标准差	均值	标准差	均值	标准差
学校就读	100	3.140	2.011	1.720	0.677	0.870	0.865
待业	9	4.330	2.062	1.890	1.054	1.670	1.225
务工	50	2.560	1.668	1.540	0.788	1.040	0.925
务农	13	3.230	1.013	1.770	0.927	0.380	0.768
个体经营	6	1.330	1.211	1.000	0.632	0.830	0.753
F		3.2638		1.971		3.069*	

注：*表示均值差的显著性水平小于 0.05。

表 5-1-35 显示了 A 群组农村妇女“科学知识”维度标准分的伴侣文化水平差异情况。在 3 个维度中，“科学观点”维度存在显著差异，进一步 post-hoc 检验（LSD）发现，在“科学观点”维度上，伴侣个人文化水平为高中（职高、中专、技校）及以上的农村妇女与伴侣文化水平为初中及以下的农村妇女具有显著差异。

表 5-1-35　A 群组农村妇女“科学知识”维度伴侣文化水平差异表

伴侣文化水平	*n*	科学概念		科学观点		科学方法	
		均值	标准差	均值	标准差	均值	标准差
不识字或基本不识字	48	3.650	1.436	8.380	1.886	1.600	0.962
小学	60	4.030	1.390	8.770	1.854	1.750	1.188
初中	56	4.000	1.569	8.890	2.34	1.820	1.080
高中（职高、中专、技校）及以上	14	4.800	1.971	10.470	2.588	1.470	1.302
F		2.268		3.785*		0.624	

注：*表示均值差的显著性水平小于 0.05。

表 5-1-36 显示了 A 群组农村妇女“科学意识”维度标准分的伴侣文化水平差异情况。在 3 个维度中，“科学与非科学”维度存在显著差异，进一步 post-hoc 检验（LSD）发现，在“科学与非科学”维度上，伴侣文化水平为不识字或基本不识字的农村妇女与伴侣文化水平为小学的农村妇女具有显著差异。

表 5-1-36 A 群组农村妇女“科学意识”维度伴侣文化水平差异表

伴侣文化水平	n	科学与非科学		经济社会		资源环境	
		均值	标准差	均值	标准差	均值	标准差
不识字或基本不识字	48	2.770	1.292	0.750	0.526	2.440	1.428
小学	60	3.380	1.151	0.820	0.624	2.870	1.420
初中	56	2.880	1.452	0.860	0.677	2.820	1.498
高中（职高、中专、技校）及以上	14	3.530	1.457	1.070	0.799	3.270	1.335
F		3.015*		1.012		1.555	

注：* 表示均值差的显著性水平小于 0.05。

表 5-1-37 显示了 A 群组农村妇女“科学能力”维度标准分的伴侣文化水平差异情况。在 3 个维度中，“实际事务”维度存在显著差异，进一步 post-hoc 检验（LSD）发现，在“实际事务”维度上，伴侣文化水平为高中（职高、中专、技校）及以上的农村妇女与伴侣文化水平为初中及以下的农村妇女具有显著差异。

表 5-1-37 A 群组农村妇女“科学能力”维度子女目前的就业情况差异表

伴侣文化水平	n	实际事务		公共事务		科学创造	
		均值	标准差	均值	标准差	均值	标准差
不识字或基本不识字	48	2.600	1.364	1.520	0.799	0.790	0.967
小学	60	2.850	1.812	1.770	0.722	0.780	0.904
初中	56	3.110	2.099	1.590	0.679	1.050	0.867

续表

伴侣文化水平	n	实际事务		公共事务		科学创造	
		均值	标准差	均值	标准差	均值	标准差
高中（职高、中专、技校）及以上	14	4.270	2.374	2.000	0.926	1.330	0.816
F		3.211*		2.199		2.262	

注：* 表示均值差的显著性水平小于 0.05。

表 5-1-38 显示了 A 群组农村妇女“科学知识”维度标准分的伴侣职业差异情况。在 3 个维度中，“科学观点”维度存在显著差异，进一步 post-hoc 检验（LSD）发现，在“科学观点”维度上，伴侣职业为务工的的农村妇女与伴侣职业为待业和务农的农村妇女具有比较显著的差异；伴侣职业为个体经营的农村妇女与伴侣职业为待业和务农的农村妇女差异比较显著。

表 5-1-38　A 群组农村妇女“科学知识”维度伴侣职业情况差异表

伴侣职业	n	科学概念		科学观点		科学方法	
		均值	标准差	均值	标准差	均值	标准差
待业	20	3.430	1.376	8.220	2.779	1.910	1.041
务工	99	4.190	1.633	9.230	1.999	1.770	1.141
务农	43	3.930	1.352	7.950	1.799	1.700	1.103
个体经营	24	3.750	1.452	9.460	2.187	1.330	0.963
F		1.822		5.126**		1.291	

注：** 表示均值差的显著性水平小于 0.01。

表 5-1-39 显示了 A 群组农村妇女“科学意识”维度标准分的伴侣文化差异情况。“科学与非科学”“经济社会”“资源环境” 3 个维度均不存在显著差异。

表 5-1-39 A 群组农村妇女“科学意识”维度伴侣职业情况差异表

伴侣职业	*n*	科学与非科学		经济社会		资源环境	
		均值	标准差	均值	标准差	均值	标准差
待业	20	3.000	1.279	0.610	0.656	2.480	1.410
务工	99	3.030	1.344	0.890	0.637	2.990	1.411
务农	43	3.210	1.337	0.910	0.526	2.740	1.529
个体经营	24	3.000	1.474	0.710	0.751	2.210	1.382
F		0.221		1.731		2.322	

表 5-1-40 显示了 A 群组农村妇女“科学能力”维度标准分的伴侣文化差异情况。“实际事务”“公共事务”“科学创造”3 个维度均不存在显著差异。

表 5-1-40 A 群组农村妇女“科学能力”维度伴侣目前的就业情况差异表

伴侣目前的就业情况	*n*	实际事务		公共事务		科学创造	
		均值	标准差	均值	标准差	均值	标准差
待业	20	3.170	2.289	1.520	0.730	1.170	0.887
务工	99	3.000	2.000	1.700	0.692	1.020	0.937
务农	43	3.020	1.354	1.700	0.803	0.720	0.854
个体经营	24	2.710	2.010	1.580	0.929	0.630	0.824
F		0.249		0.454		2.585	

表 5-1-41 显示了 A 群组农村妇女“科学知识”维度标准分的个人职业差异情况。“科学概念”“科学观点”“科学方法”3 个维度均不存在显著差异。

表 5-1-41 A 群组农村妇女“科学知识”维度个人职业情况差异表

个人职业	*n*	科学概念		科学观点		科学方法	
		均值	标准差	均值	标准差	均值	标准差
待业	42	3.740	1.578	8.600	2.528	1.670	1.141
务工	50	4.100	1.657	9.240	2.370	1.760	0.938

续表

个人职业	n	科学概念		科学观点		科学方法	
		均值	标准差	均值	标准差	均值	标准差
务农	68	3.940	1.392	8.620	1.787	1.780	1.131
个体经营	29	4.240	1.573	9.070	1.963	1.550	1.270
F		0.744		1.105		0.340	

表5-1-42显示了A群组农村妇女“科学意识”维度标准分的个人职业差异情况。在3个维度中，“科学与非科学”维度存在显著差异，进一步post-hoc检验（LSD）发现，在“科学与非科学”维度上，待业的农村妇女与职业为务工和务农的农村妇女具有显著差异。

表5-1-42　A群组农村妇女“科学意识”维度个人职业差异表

个人职业	n	科学与非科学		经济社会		资源环境	
		均值	标准差	均值	标准差	均值	标准差
待业	42	2.550	1.292	0.880	0.670	2.450	1.292
务工	50	3.440	1.387	0.940	0.652	2.920	1.275
务农	68	3.130	1.315	0.760	0.576	2.810	1.557
个体经营	29	3.000	1.225	0.760	0.689	2.900	1.676
F		3.599*		0.944		0.939	

注：*表示均值差的显著性水平小于0.05。

表5-1-43显示了A群组农村妇女“科学能力”维度标准分的个人职业差异情况。“实际事务”“公共事务”“科学创造”3个维度均不存在显著差异。

表5-1-43　A群组农村妇女“科学能力”维度个人职业差异表

个人职业	n	实际事务		公共事务		科学创造	
		均值	标准差	均值	标准差	均值	标准差
待业	42	2.690	2.030	1.670	0.650	1.020	1.000
务工	50	3.020	2.104	1.760	0.744	1.100	0.886
务农	68	2.900	1.658	1.600	0.775	0.690	0.851

续表

个人职业	n	实际事务		公共事务		科学创造	
		均值	标准差	均值	标准差	均值	标准差
个体经营	29	3.590	1.842	1.620	0.862	1.000	0.886
F		1.363		0.448		2.392	

表 5-1-44 显示了 A 群组农村妇女“科学知识”维度标准分的个人月收入差异情况。在 3 个维度中，“科学观点”维度存在显著差异，进一步 post-hoc 检验（LSD）发现，在“科学观点”维度上，个人月收入为 3001 元以上的农村妇女与个人月收入为 3000 元及以下的农村妇女具有非常显著的差异；个人月收入为 651—1800 元的农村妇女与个人月收入为 1801 元以上的农村妇女表现出特别显著的差异。

表 5-1-44　A 群组农村妇女“科学知识”维度个人月收入差异表

个人月收入	n	科学概念		科学观点		科学方法	
		均值	标准差	均值	标准差	均值	标准差
650 元以下	88	3.820	1.565	8.730	2.010	1.760	1.114
651—1200 元	36	4.060	1.530	8.310	1.939	1.780	1.245
1201—1800 元	27	4.220	1.121	8.260	2.194	1.370	0.884
1801—2500 元	21	4.100	1.546	9.760	2.047	1.710	0.956
2501—3000 元	11	3.550	1.864	9.730	2.533	1.730	1.191
3001 元以上	6	5.330	1.633	11.670	2.160	2.170	1.329
F		1.507		4.457***		0.779	

注：*** 表示均值差的显著性水平小于 0.001。

表 5-1-45 显示了 A 群组农村妇女“科学意识”维度标准分个人月收入情况。在 3 个维度中，“科学与非科学”维度存在显著差异，进一步 post-hoc 检验（LSD）发现，在“科学与非科学”维度上，个人月收入为 3001 元以上的农村妇女与个人月收入为 1800 元以下的农村妇女具有显著差异。

表 5-1-45　A 群组农村妇女“科学意识”维度个人月收入差异表

个人月收入	n	科学与非科学		经济社会		资源环境	
		均值	标准差	均值	标准差	均值	标准差
650 元以下	88	2.920	1.224	0.740	0.536	2.680	1.474
651—1200 元	36	3.030	1.362	0.970	0.696	2.780	1.476
1201—1800 元	27	2.810	1.642	0.780	0.698	2.560	1.450
1801—2500 元	21	3.430	1.363	0.900	0.625	3.240	1.300
2501—3000 元	11	3.450	1.036	0.910	0.701	2.820	1.537
3001 元以上	6	4.500	1.049	1.330	1.033	3.330	1.366
F		2.339*		1.630		0.800	

注：* 表示均值差的显著性水平小于 0.05。

表 5-1-46 显示了 A 群组农村妇女“科学能力”维度标准分的个人月收入差异情况。“实际事务”“公共事务”“科学创造”3 个维度均不具有显著差异。

表 5-1-46　A 群组农村妇女“科学能力”维度个人月收入差异表

个人月收入	n	实际事务		公共事务		科学创造	
		均值	标准差	均值	标准差	均值	标准差
650 元以下	88	2.720	1.742	1.550	0.757	0.820	0.904
651—1200 元	36	3.220	1.884	1.830	0.737	0.890	0.979
1201—1800 元	27	2.930	1.960	1.780	0.698	1.000	0920
1801—2500 元	21	3.140	2.104	1.480	0.602	1.190	0.928
2501—3000 元	11	3.270	2.453	1.730	0.905	1.000	0.775
3001 元以上	6	4.830	1.602	2.330	0.816	1.170	0.753
F		1.714		2.224		0.741	

表 5-1-47 显示了 A 群组农村妇女“科学知识”维度标准分的家庭年收入差异情况。在 3 个维度中，“科学观点”“科学方法”2 个维度存在显著差异，进一步 post-hoc 检验（LSD）发现，在“科学观点”维度上家庭年收入为 10001—30000 元的农村妇女与家庭年收入为 30001—50000 元的农村妇女具有显著差异；家庭年收入为 80001—100000 元的农村妇女与家

庭年收入为10001—30000元和100001元以上的农村妇女具有显著差异；家庭年收入为10001—30000元的农村妇女与家庭年收入为80001—100000元的农村妇女存在显著差异。

表5-1-47 A群组农村妇女“科学知识”维度家庭年收入差异表

家庭年收入	n	科学概念		科学观点		科学方法	
		均值	标准差	均值	标准差	均值	标准差
7000元以下	8	4.250	1.389	9.000	2.777	0.880	1.246
7001—10000元	20	4.250	1.410	9.150	1.814	1.850	1.089
10001—30000元	60	3.900	1.581	8.180	2.038	1.950	1.096
30001—50000元	59	4.340	1.422	9.240	1.897	1.780	1.052
50001—80000元	27	3.440	1.601	9.070	2.526	1.520	1.051
80001—100000元	10	3.700	1.889	10.000	2.582	1.500	0.972
100001元以上	5	2.800	0.447	7.200	1.789	0.400	0.894
F		1.863		2.463*		2.864*	

注：*表示均值差的显著性水平小于0.05。

表5-1-48显示了A群组农村妇女“科学意识”维度标准分的家庭年收入差异情况。在3个维度中，“资源环境”维度存在显著差异，进一步post-hoc检验（LSD）发现，在“资源环境”维度上，家庭年收入为100001元以上的农村妇女与家庭年收入为50000元以下的农村妇女具有非常显著的差异；家庭年收入为50001—80000元的农村妇女与家庭年收入为10001—50000元和7000元以下的农村妇女表现出非常明显的差异。

表5-1-48 A群组农村妇女“科学意识”维度家庭年收入差异表

家庭年收入	n	科学与非科学		经济社会		资源环境	
		均值	标准差	均值	标准差	均值	标准差
7000元以下	8	2.500	1.309	0.500	0.535	3.250	1.282
7001—10000元	20	2.850	1.226	0.850	0.671	2.600	1.465
10001—30000元	60	3.200	1.375	0.880	0.555	3.120	1.427
30001—50000元	59	3.200	1.200	0.810	0.601	3.000	1.390
50001—80000元	27	2.850	1.406	0.850	0.770	2.070	1.385

续表

家庭年收入	n	科学与非科学		经济社会		资源环境	
		均值	标准差	均值	标准差	均值	标准差
80001—100000 元	10	3.200	1.989	1.100	0.876	2.200	1.135
100001 元以上	5	2.400	1.342	0.400	0.548	0.800	0.447
F		0.857		1.130		4.241***	

注：*** 表示均值差的显著性水平小于 0.001。

表 5-1-49 显示了 A 群组农村妇女“科学能力”维度标准分的家庭年收入差异情况。在 3 个维度中，“实际事务”维度存在显著差异，进一步 post-hoc 检验（LSD）发现，在“实际事务”维度上，家庭年收入为 100001 元以上的农村妇女与家庭年收入为 50000 元以下的农村妇女具有显著差异；家庭年收入为 50001—80000 元的农村妇女与家庭年收入为 7001 至 30000 元的农村妇女具有显著差异。

表 5-1-49　A 群组农村妇女“科学能力”维度家庭年收入差异表

家庭年收入	n	实际事务		公共事务		科学创造	
		均值	标准差	均值	标准差	均值	标准差
7000 元以下	8	3.630	1.768	1.880	0.835	1.000	0.756
7001—10000 元	20	3.550	1.504	1.700	0.733	1.200	1.056
10001—30000 元	60	3.380	1.776	1.730	0.686	0.930	0.918
30001—50000 元	59	2.880	2.052	1.540	0.795	0.950	0.879
50001—80000 元	27	2.220	1.805	1.520	0.802	0.590	0.797
80001—100000 元	10	2.700	2.111	2.100	0.738	1.000	1.054
100001 元以上	5	1.000	1.000	1.600	0.548	0.800	1.095
F		2.724*		1.196		0.946	

注：* 表示均值差的显著性水平小于 0.05。

表 5-1-50 显示了 A 群组农村妇女“科学知识”维度标准分的心理不舒服时的处理方式差异情况。在 3 个维度中，“科学方法”维度存在显著差异，进一步 post-hoc 检验（LSD）发现，在“科学方法”维度上，自己闷着慢慢调整的农村妇女与找朋友聊天排解、寻求父母和伴侣安慰的农村妇女存在显著差异。

表 5-1-50 A 群组农村妇女“科学知识”维度心理不舒服时的处理方式差异表

心里不舒服时的处理方式	n	科学概念		科学观点		科学方法	
		均值	标准差	均值	标准差	均值	标准差
自己闷着慢慢调整	55	4.180	1.611	8.850	2.318	1.450	1.152
找朋友聊天排解	40	4.250	1.629	9.340	2.427	1.950	1.108
寻求父母的安慰	21	3.860	1.558	9.050	2.202	2.050	1.161
寻求伴侣的安慰	32	3.910	1.489	8.660	2.223	1.940	0.982
向子女述说苦闷	41	3.590	1.303	8.320	1.738	1.490	1.003
F		1.290		1.459		2.541*	

注：* 表示均值差的显著性水平小于 0.05。

表 5-1-51 显示了 A 群组农村妇女“科学意识”维度标准分的心理不舒服时的处理方式差异情况。“科学与非科学”“经济社会”“资源环境”3 个维度均不具有显著差异。

表 5-1-51 A 群组农村妇女“科学意识”维度心里不舒服时的处理方式差异表

心里不舒服时的处理方式	n	科学与非科学		经济社会		资源环境	
		均值	标准差	均值	标准差	均值	标准差
自己闷着慢慢调整	55	2.890	1.083	0.780	0.599	2.620	1.367
找朋友聊天排解	40	3.380	1.531	1.000	0.679	3.050	1.197
寻求父母的安慰	21	3.330	1.560	0.900	0.539	3.140	1.590
寻求伴侣的安慰	32	3.000	1.320	0.880	0.660	2.690	1.575
向子女述说苦闷	41	2.900	1.357	0.680	0.650	2.590	1.596
F		1.145		1.467		1.064	

表 5-1-52 显示了 A 群组农村妇女“科学能力”维度标准分的心里不舒服时的处理方式差异情况。在 3 个维度中，“实际事务”维度存在显著差异，进一步 post-hoc 检验（LSD）发现，在“实际事务”维度上，找朋友聊天排解的农村妇女与自己闷着慢慢调整、寻求伴侣安慰和向子女诉说苦闷的农村妇女具有差异。

表 5-1-52 A 群组农村妇女“科学能力”维度心里不舒服时的处理方式差异表

心里不舒服时的处理方式	n	实际事务		公共事务		科学创造	
		均值	标准差	均值	标准差	均值	标准差
自己闷着慢慢调整	55	2.890	1.843	1.510	0.717	0.820	0.841
找朋友聊天排解	40	3.830	1.880	1.880	0.822	1.100	0.900
寻求父母的安慰	21	3.100	1.729	1.670	0.577	1.140	0.964
寻求伴侣的安慰	32	2.750	2.140	1.660	0.545	0.780	0.941
向子女述说苦闷	41	2.440	1.689	1.660	0.911	0.880	0.954
F		3.102*		1.383		1.087	

注：*表示均值差的显著性水平小于 0.05。

表 5-1-53 显示了 A 群组农村妇女“科学知识”维度标准分的权益遭受侵害时的处置方法差异情况。“科学概念”“科学观点”“科学方法”3 个维度均存在显著差异，进一步 post-hoc 检验（LSD）发现，在“科学概念”维度上，利用法律维护权益的农村妇女与自己忍一忍就算了、找亲友帮忙处理和相信命运的安排的农村妇女具有特别显著的差异。在“科学观点”维度上，利用法律维护权益的农村妇女与自己忍一忍就算了、找亲友帮忙处理和相信命运的安排的农村妇女具有特别显著的差异；找亲友帮忙处理的农村妇女与相信命运安排的农村妇女具有十分显著的差异。在“科学方法”维度上，利用法律维护权益的农村妇女与自己忍一忍就算了、找亲友帮忙处理和相信命运的安排的农村妇女具有特别显著的差异；找亲友帮忙处理的农村妇女与相信命运安排的农村妇女具有特别显著的差异。

表 5-1-53 A 群组农村妇女“科学知识”维度权益遭受侵害的处置方法差异表

权益遭受侵害时的处置方法	n	科学概念		科学观点		科学方法	
		均值	标准差	均值	标准差	均值	标准差
利用法律维护权益	41	5.070	1.456	9.850	2.660	2.240	1.019
自己忍一忍就算了	60	3.830	1.416	8.530	2.167	1.520	1.097
找亲友帮忙处理	67	3.720	1.346	8.870	1.714	1.780	1.027

续表

权益遭受侵害时的处置方法	n	科学概念		科学观点		科学方法	
		均值	标准差	均值	标准差	均值	标准差
相信命运的安排	21	3.140	1.558	7.710	1.521	1.050	1.071
F		11.569***		5.735***		7.044***	

注：*** 表示均值差的显著性水平小于 0.001。

表 5-1-54 显示了 A 群组农村妇女“科学意识”维度标准分的权益遭受侵害时的处置方法差异情况。“科学与非科学”“经济社会”“资源环境”3 个维度均存在显著差异，进一步 post-hoc 检验（LSD）发现，在“科学与非科学”维度上，利用法律维护权益的农村妇女与自己忍一忍就算了、找亲友帮忙处理和相信命运的安排的农村妇女具有比较显著的差异；找亲友帮忙处理的农村妇女与相信命运的安排的农村妇女具有比较显著的差异。在“经济社会”维度上，利用法律维护权益的农村妇女与自己忍一忍就算了、找亲友帮忙处理和相信命运的安排的农村妇女具有比较显著的差异；找亲友帮忙处理的农村妇女与相信命运安排的农村妇女具有比较显著的差异；自己忍一忍就算了的农村妇女与找亲友帮忙处理的农村妇女具有比较明显的差异。在“资源环境”维度上，利用法律维护权益的农村妇女与自己忍一忍就算了、找亲友帮忙处理和相信命运的安排的农村妇女具有非常显著的差异；相信命运的安排的农村妇女与自己忍一忍就算了和找亲友帮忙处理的农村妇女具有十分显著的差异。

表 5-1-54　A 群组农村妇女“科学意识”维度权益遭受侵害时的处置方法差异表

权益遭受侵害时的处置方法	n	科学与非科学		经济社会		资源环境	
		均值	标准差	均值	标准差	均值	标准差
利用法律维护权益	41	3.630	1.299	1.120	0.640	3.710	0.981
自己忍一忍就算了	60	2.830	1.342	0.720	0.666	2.300	1.430
找亲友帮忙处理	67	3.120	1.274	0.840	0.510	2.910	1.379
相信命运的安排	21	2.430	1.287	0.620	0.740	1.860	1.459
F		4.949**		4.530**		12.837***	

注：*** 表示均值差的显著性水平小于 0.001；** 表示均值差的显著性水平小于 0.01。

表 5-1-55 显示了 A 群组农村妇女“科学能力”维度标准分的权益遭受侵害时的处置方法差异情况。“实际事务”“公共事务”“科学创造”3 个维度均存在显著差异，进一步 post-hoc 检验（LSD）发现，在“实际事务”维度上，利用法律维护权益的农村妇女与自己忍一忍就算了、找亲友帮忙处理和相信命运的安排的农村妇女具有非常显著的差异；相信命运的安排的农村妇女与自己忍一忍就算了和找亲友帮忙处理的农村妇女具有非常显著的差异。在“公共事务”维度上，利用法律维护权益的农村妇女与自己忍一忍就算了、找亲友帮忙处理和相信命运的安排的农村妇女具有比较显著的差异。在“科学创造”维度上，利用法律维护权益的农村妇女与自己忍一忍就算了、找亲友帮忙处理和相信命运的安排的农村妇女具有非常显著的差异；自己忍一忍就算了的农村妇女与找亲友帮忙处理的农村妇女具有十分显著的差异。

表 5-1-55　A 群组农村妇女“科学能力”维度权益遭受侵害时的处置方法差异表

权益遭受侵害时的处置方法	n	实际事务		公共事务		科学创造	
		均值	标准差	均值	标准差	均值	标准差
利用法律维护权益	41	4.680	1.312	2.050	0.669	1.490	0.711
自己忍一忍就算了	60	2.550	1.789	1.550	0.811	0.520	0.725
找亲友帮忙处理	67	2.790	1.665	1.600	0.719	0.990	0.945
相信命运的安排	21	1.570	1.805	1.430	0.598	0.760	1.044
F		21.212***		5.230**		11.111***	

注：*** 表示均值差的显著性水平小于 0.001，** 表示均值差的显著性水平小于 0.01。

表 5-1-56 显示了 A 群组农村妇女“科学知识”维度标准分的对违法行为的处置方法差异情况。“科学概念”“科学观点”“科学方法”3 个维度均存在显著差异，进一步 post-hoc 检验（LSD）发现，在“科学概念”维度上，向有关部门检举揭发的农村妇女与认为跟自己无关就不管、劝其自首和帮其隐瞒或索要部分利益的农村妇女具有非常显著的差异；认为跟自己无关就不管的农村妇女与劝其自首的农村妇女具有非常明显的差异。在“科学观点”维度上，向有关部门检举揭发的农村妇女与认为跟自己无关就不管、劝其自首和帮其隐瞒或索要部分利益的农村

妇女具有比较显著的差异。在“科学方法”维度上，认为跟自己无关就不管的农村妇女与向有关部门检举揭发和劝其自首的农村妇女具有十分显著的差异。

表 5-1-56 A 群组农村妇女“科学知识”维度对违法行为的处置方法差异表

对违法行为的处置方法	n	科学概念		科学观点		科学方法	
		均值	标准差	均值	标准差	均值	标准差
向有关部门检举揭发	25	5.320	1.520	10.160	2.075	2.120	1.166
跟自己无关就不管	79	3.380	1.470	8.540	2.062	1.320	0.994
劝其自首	81	4.200	1.269	8.790	2.143	2.000	1.072
帮其隐瞒或索要部分利益	4	3.250	1.708	7.750	2.363	1.250	0.957
F		13.525***		4.172**		7.266***	

注：*** 表示均值差的显著性水平小于 0.001，** 表示均值差的显著性水平小于 0.01。

表 5-1-57 显示了 A 群组农村妇女“科学意识”维度标准分的对违法行为的处置方法差异情况。在 3 个维度中，“科学与非科学”“资源环境”2 个维度均存在显著差异，进一步 post-hoc 检验（LSD）发现，在“科学与非科学”维度上，认为跟自己无关就不管的农村妇女与劝其自首的农村妇女具有比较显著的差异。在“资源环境”维度上认为跟自己无关就不管的农村妇女与向有关部门检举揭发和劝说其自首的农村妇女具有十分显著的差异。

表 5-1-57 A 群组农村妇女“科学意识”维度对违法行为的处置方法差异

对违法行为的处置方法	n	科学与非科学		经济社会		资源环境	
		均值	标准差	均值	标准差	均值	标准差
向有关部门检举揭发	25	3.000	1.258	0.920	0.640	3.640	1.287
跟自己无关就不管	79	2.720	1.339	0.750	0.688	1.960	1.275
劝其自首	81	3.440	1.265	0.900	0.583	3.310	1.251

续表

对违法行为的处置方法	n	科学与非科学		经济社会		资源环境	
		均值	标准差	均值	标准差	均值	标准差
帮其隐瞒或索要部分利益	4	2.500	1.915	0.750	0.500	2.500	1.732
F		4.352**		0.973		19.321***	

注：*** 表示均值差的显著性水平小于 0.001，** 表示均值差的显著性水平小于 0.01。

表 5-1-58 显示了 A 群组农村妇女“科学能力”维度标准分的对违法行为的处置方法差异情况。在 3 个维度中，“实际事务”“公共事务” 2 个维度均存在显著差异，进一步 post-hoc 检验（LSD）发现，在“实际事务”维度上，向有关部门检举揭发的农村妇女与认为跟自己无关就不管、劝其自首和帮其隐瞒或索要部分利益的农村妇女具有非常显著的差异；劝其自首的农村妇女与跟自己无关就不管和帮其隐瞒或索要部分利益的农村妇女具有十分显著的差异。在“公共事务”维度上，向有关部门检举揭发的农村妇女与认为跟自己无关就不管和劝其自首的农村妇女具有比较显著的差异。

表 5-1-58　A 群组农村妇女“科学能力”维度对违法行为的处置方法差异表

对违法行为的处置方法	n	实际事务		公共事务		科学创造	
		均值	标准差	均值	标准差	均值	标准差
向有关部门检举揭发	25	4.760	1.363	2.080	0.702	1.320	0.748
跟自己无关就不管	79	1.990	1.736	1.520	0.749	0.770	0.933
劝其自首	81	3.530	1.574	1.670	0.707	0.940	0.913
帮其隐瞒或索要部分利益	4	0.750	0.500	1.750	1.258	1.000	0.816
F		25.971***		3.699*		2.376	

注：*** 表示均值差的显著性水平小于 0.001，* 表示均值差的显著性水平小于 0.05。

表 5-1-59 显示了 A 群组农村妇女在科学素质的“科学知识”“科学意识”和“科学能力” 3 个维度标准分的赡养父母差异情况。“科学知识”

维度中的“科学概念”具有显著的赡养观念差异，“科学意识”维度中的“资源环境”具有显著的赡养观念差异，“科学能力”维度中的“实际事务”具有显著的赡养观念差异。

表 5-1-59 赡养父母观念在科学素质各维度上的差异表（M±SD）

	全归儿子	不全归儿子	*t*	*P*
科学概念	4. 75±0. 927	3. 78±1. 597	3. 679	0. 000
科学观点	8. 85±2. 259	8. 85±2. 136	0. 011	0. 977
科学方法	2. 25±1. 006	1. 57±1. 086	3. 567	0. 254
科学与非科学	3. 65±1. 231	2. 91±1. 332	3. 185	0. 208
经济社会	0. 88±0. 563	0. 83±0. 655	0. 436	0. 073
资源环境	3. 73±0. 987	2. 52±1. 450	4. 965	0. 000
实际事务	4. 15±1. 167	2. 68±1. 943	4. 571	0. 000
公共事务	1. 83±0. 675	1. 62±0. 768	1. 556	0. 079
科学创造	1. 05±0. 846	0. 89±0. 927	1. 012	0. 245

（三）青海 A 群组农村妇女科学素质各维度的相关关系

如表 5-1-60 所示，将本次调查的所有被试作为一个整体得出 A 群组农村妇女在 9 个一阶维度上的相关关系。结果显示“科学知识”的一阶维度科学观点与“科学能力”的一阶维度公共事务和科学创造不存在显著相关。“科学能力”的一阶维度科学创造与“科学意识”的一阶维度科学与非科学和公共事务不存在显著相关。“科学意识”的一阶维度科学与非科学与“科学能力”的一阶维度公共事务表现出 0. 05 水平的显著相关；“科学意识”的一阶维度资源环境与“科学能力”的一阶维度公共事务表现出 0. 05 水平的显著相关，剩余“科学知识”“科学意识”和“科学能力”的各一阶维度都相互存在 0. 01 水平的显著相关。

表 5-1-60　A 群组农村妇女一阶维度相关表

	科学概念	科学观点	科学方法	科学与非科学	经济社会	资源环境	实际事务	公共事务	科学创造
科学概念	1								
科学观点	0.342**	1							
科学方法	0.419**	0.312**	1						
科学与非科学	0.362**	0.246**	0.353**	1					
经济社会	0.325**	0.191**	0.282**	0.268**	1				
资源环境	0.557**	0.414**	0.521**	0.376**	0.369**	1			
实际事务	0.562**	0.367**	0.407**	0.358**	0.307**	0.638**	1		
公共事务	0.309**	0.122	0.261**	0.174*	0.262**	0.173*	0.262**	1	
科学创造	0.209**	0.118	0.163*	0.109	0.161*	0.280**	0.301**	0.100	1

注：** 表示在 0.01 水平（双侧）上显著相关，* 表示在 0.05 水平（双侧）上显著相关。

如表 5-1-61 所示，A 群组农村妇女科学素质的二阶各维度之间以及与总体得分的相关关系。二阶所有维度之间均在 0.01 水平显著相关；且各二阶维度与总体得分也表现出 0.01 水平显著相关。

表 5-1-61　A 群组农村妇女二阶维度相关表

	科学知识	科学意识	科学能力	科学素质
科学知识	1			
科学意识	0.673**	1		
科学能力	0.566**	0.596**	1	
科学素质	0.891**	0.853**	0.819**	1

注：** 表示在 0.01 水平（双侧）上显著相关，* 表示在 0.05 水平（双侧）上显著相关。

三、讨论与分析

（一）A 群组农村妇女科学素质基本情况分析

A 群组农村妇女在“科学知识”维度上的得分是：科学概念的平均分

为3.984分，科学观点的平均分为8.847分，科学方法的平均分为1.714分；在“科学意识”维度上的得分是：科学与非科学的平均分是3.063分，经济社会的平均分是0.836分，资源环境的平均分是2.772分；在“科学能力”维度上的得分是：实际事务的平均分为2.989分，公共事务的平均分为1.661分，科学创造的平均分为0.921分。说明A群组农村妇女总体科学素质得分比较低，应采取合适的方法提高青海A群组农村妇女的科学素质。

（二）A群组农村妇女科学素质各维度上的差异分析

在年龄维度上，年龄为四五十岁及以上的农村妇女在科学素质的“科学知识”“科学意识”和“科学能力”3个维度上的得分都处于较低水平。分析原因，可能处于此年龄段的A群组农村妇女，受当时相对落后的文化环境所影响，没能接触到先进的科学文化知识的熏陶。但20岁左右的年轻A群组农村妇女因为素质义务教育而接受了最新的科学文化知识，掌握了事物发展的规律与方向，大胆创新，拥有前卫的科学知识与技术，具备正确的科学能力。处于中间年龄的A群组农村妇女在总结生活经验的同时，也受益于网络传媒的进步与发展，多途径接触新的科学文化知识，获取更多的生活常识，运用于生活，从而具有较高的科学文化素养。

在科学素质的“科学知识”“科学意识”和“科学能力”3个维度上，父母家与自己家若不同省的A群组农村妇女科学素质各维度得分高。若同省，则具体情况稍显复杂。分析原因，排除数据样本误差，父母家与自己家的距离不同省的农村妇女处于不同的生活环境，必然要接触不同地域的文化与风俗，新的事物促进农村妇女进行新一轮的学习与适应，为了方便日常的生活与劳作，妇女需要经历新的生活经验，尝试新的劳作方法。而父母家与自己家在同村的农村妇女，从小接触当地的传统文化，继承老一辈流传下来的劳作耕种的方法与经验，缺乏创新，接受的也是有局限性的科学方法与知识，限制了自身科学能力的大范围发展。

在科学素质的“科学知识”“科学意识”和“科学能力”3个维度上，回父母家频繁的A群组农村妇女科学素质各维度得分高。分析原因，回父母家是否频繁取决于各方面的因素。一是与父母家距离的远近，二是可自由支配的时间长短，三是出行工具是否便利。所以回父母家越频繁，越具有回父母家的距离近或交通工具便利的优势，且拥有较多自由支配的闲暇时间，因此，这样的农村妇女有时间去接触一些新鲜事物，有足够的时间学习新的科学文化知识以提高自身科学素养。若父母家远还能经常回父母家，说明拥有高级交通工具，则表明其经济条件占据优势，经济基础决定上层建筑。良好的经济基础为提高科学文化素质提供多种接触途径，电视、广播和网络都促进了科学知识的传播与推广。

在科学素质的“科学知识”“科学意识”和“科学能力”3个维度上，认为赡养父母全是儿子责任的农村妇女科学素质得分高于不认为全是儿子责任的农村妇女。封建思想的残余在农村还是一种普遍存在，潜移默化的小农思想在农民生活中占据着主要地位，牵领着人们的日常生活。① 这并不影响他们对于科学知识的正常接受与学习。

在科学素质的“科学知识”“科学意识”和“科学能力”3个维度上，个人文化水平越高，科学素质各维度得分也越高。个人文化水平越高，接触的科学文化知识也越多，更能够用科学的精神与方法去解释生活现象，面对生活问题并科学高效解决，从而提升自身科学能力。接触到越多科学知识，越强化自身的科学信念，越发崇尚科学，在日常生活中也会主动接触科学知识从而丰富自身。个人文化水平越高，越懂得创造途径与方法接触更多的生活知识，同时，拥有一定科学知识储备的人更能轻松理解科学知识的信息，吸收其精华并为自身所使用。个人文化水平较低的人，首先，对于科学知识不具备积极主动的态度甚至表示怀疑，容易错过知识获取的机会。其次，个人文化水平低的妇女在接触到科学知识时，可能由于自身文化储备有限，不能理解，对于知识的吸收也就力不从心，从而形成恶性循环，容易排斥学习。最终得不到科学能力的进一步提高。所以，为了加强民众的科学素质现状，加大文化教育的推广力度很有必要，确保民众接触到基础义务教育与培养。②

在科学素质的“科学知识”“科学意识”和“科学能力”3个维度上，初婚年龄的影响效果不大，但在“公共事务”维度得分情况上，初婚年龄在21岁以上的农村妇女比18岁以下的农村妇女得分高。③ 结婚早的A群组

---

① 马来平. 提高农村妇女科学素质的思考［J］. 海峡科学，2015（12）：39-43.

② 张婧. 对提升农民科学素质的思考［C］//中国科普研究所，辽宁省科学技术协会. 中国科普理论与实践探索——2009《全民科学素质行动计划纲要》论坛暨第十六届全国科普理论研讨会文集. 北京：科学普及出版社，2010.

③ 李肖仪. 城镇劳动人口科学素质影响因素的研究［D］. 广州：华南理工大学，2009.

农村妇女，在年龄小的时候就要去面对一个原生家庭的繁琐事务，尤其从一个旧环境转移到一个新环境，妇女需要时间和精力去适应，去改变。然后每天奔波于新家庭中的各项大大小小的事务，形成规律，很难再单独拿出时间去学习科学文化知识。结婚较晚的A群组农村妇女，相对较早结婚的妇女拥有更多的婚前时光，而这些时间更能为自己所支配，不会被束缚于家庭事务，可自主决定用途，这样多了一份学习科学文化知识的机会与时间，了解更多处理公共事务的科学方法与手段，从而促进自身科学素质的培养与发展。

A群组农村妇女不同的理想生育年龄在科学文化素质各维度得分上并没有表现出明显的差异。农村妇女易遭受传统文化的禁锢与束缚，尽早形成一个家庭并完成延续后代的任务是传统封建文化对于后辈们的历史期待，腐朽的农村文化背景对于A群组农村妇女的影响还是根深蒂固的。所以，农村妇女在理想生育年龄问题上，年龄的跨度不大且偏小，但这并不能阻挡妇女追求科学文化知识的脚步。一方面，她们接受先辈们对自身的寄托，传承历史文化，另一方面又努力汲取先进的科学文化知识。最终，形成两种思想观念的相对平衡。

A群组农村妇女在科学素质的“科学知识”“科学意识”和“科学能力”3个维度上，对生活满意度越高的农村妇女在科学素质各维度得分上也越高。对于生活状态的认知既是一种意识形态也是一种生活方式。A群组农村妇女中，生活满意度高的人，知足常乐，在有限的经济条件下，更倾向于观察生活、发现生活，面对问题不会怨天尤人，而是积极寻找解决问题的方法与途径。为了改变生活，在探索的过程中，需要学习新的科学知识，接触新的文化环境背景，完善认知，提高自身素质与能力。每解决一个困难，就会多一份自豪与荣誉感，增强自我效能感，促进面对生活的自信与热情，最终还会增强对于生活满意度的正向认识，起到良性循环的作用。而生活满意度不高的人，很大可能受困于各种生活的麻烦，大部分时间忙于生计，没有心情与精力去接触新的事物，新的知识，日复一日从事于日常琐事，无暇顾及科学创新，也就得不到自身科学能力的提高与自身科学素质的提升。

孩子个数越少的农村妇女，分别在“科学知识”的科学观点，“科学意识”的科学与非科学和“科学能力”的实际事务上得分越高。众所周知，抚养孩子本身是一件极其伟大的事情，很大程度上是因为，养育一个孩子需要花费大量的时间、精力、金钱，劳心劳力。养育的孩子越多，需要付出的也就越多。妇女一旦困于养育孩子，或多或少会失去一定的人身自由，一切以孩子的需求优先，留给自己的时间与精力就有限。孩子多的妇女即便有学习科学知识的欲望，也有心无力，缺乏时间去探索了解和接纳。没有时间去通过电视、广播、杂志、报纸等传播媒体获取新知识。不仅与科学的发展脱轨，同时部分原有知识也因为得不到巩固和强化而被淡忘与丢弃，最终产生较低文化素质水准的结果。相较之下，孩子较少的农村妇女拥有更多的时间与机会去巩固原有知识和接触新鲜事物，积极投身于其他方面的社会建设，了解更多科学文化知识。

“科学知识”“科学意识”和“科学能力”3 个维度在子女文化水平变量上并没有表现出明显的差异性。说明子女文化水平的高低对于母亲的科学文化素养的形成与提高并不具备明显的作用。

在科学素质的“科学知识”“科学意识”和“科学能力”3 个维度上，希望子女继续读大学的农村妇女得分相对高于希望子女外出打工和务农的农村妇女。农村妇女对于子女毕业之后去向的打算反映了其对于科学文化素质的认可度。希望子女继续上学深造的妇女必然意识到文化教育的重要性，对于科学文化知识表示信任的态度，那么其自身也一定愿意接受科学文化知识的传授，对于提高科学文化素质的各种活动和机会也会采取积极主动的态度。而希望孩子毕业之后外出打工或者希望务农的农村妇女在一定程度上表达了对于科学知识的怀疑。否认了科学文化知识的学习所带来的积极意义，对于科学知识的抵触造成其无法提高科学文化素质的行为与结果。没有意识到高层次的学习便于创新，更有利于个人与社会的发展，而正确意识的缺乏也会耽误自身科学素质的提升。

在科学素质的“科学知识”“科学意识”和“科学能力”3 个维度上，子女待业的农村妇女得分高于子女务工、务农和个体经营的农村妇女。分析原因，待业的子女为了找到一份好工作，就需要不断完善自己，以适应社会的需要，从改革开放政策实行以来，农业经济迅速发展，农村经济稳步提升，经济社会越来越需要技术人才而非劳动苦力，这就要求工作人员具备一定的专业科学知识与科技创新能力。在子女择业过程中，农村妇女一定也会费心费力，多方打听，希望子女找到一份合适的工作，在寻找的过程中，可能会通过许多传媒途径，例如广播、报纸、杂志、广告等，接触得多了，也会受到相应的影响，了解到部分信息，提升自身科学文化素养。有稳定工作的人则致力于完成自己的工作，大多数时间只需要自己的经验就已足够，没有必要加强学习，所以务工务农和个体经营的人就缺乏主动学习的契机。

伴侣文化水平越高的农村妇女，分别在“科学知识”的“科学观点”和“科学能力”的“实际事务”2个维度上得分越高。夫妻之间朝夕相处，处处需要进行交流与沟通，思想碰撞的同时也在进行信息的传递。如果丈夫文化水平高，在日常生活的交往中，妇女一定会受到丈夫的影响，并以丈夫作为一种知识获取的渠道。无论生活现象还是农业操作，抑或是人文地理，高个人文化水平的丈夫对妇女言传身教，无形之中增加了妇女的科学文化知识储备，培养了解决问题的科学能力，树立起正确的科学文化理念，提高科学综合素质。

在“科学知识”的“科学观点”维度上，丈夫务工和丈夫职业为个体经营的农村妇女得分高于丈夫待业与务农的农村妇女。分析原因，现如今农业生产主要是以家庭为单位的分散经营模式，收入少，所以越来越多青壮年选择务工谋取更高收入。而在男性劳动力待业和务农的家庭里，谋生的重担就或多或少压在了女性的肩膀上。一旦遭遇经济的重压，人们会自然的放弃教育的投资来维持生产与生计。所以承担家庭经济重担的妇女没有时间、金钱与精力去接受科学教育，导致较低的科学素质水平。若家庭中的男性劳动力具备承担家庭经济需求的能力，则农村妇女便有机会与精力去探寻科学知识的奥妙，提升自身科学文化素质。对于个体经营的家庭，客流量的多少决定了经济收入的多少，所以与顾客的交流也很重要。人，本身就是一个巨大的信息载体，在与顾客沟通的过程中，包括顾客之间的对话，都能有意无意传递大量信息，获取各方面的一线消息。而个体经营一般夫妻共同经营，所以在良好的信息背景下，农村妇女具有获取科学知识的独特优势。

在“科学意识”的“科学与非科学”维度上，待业的农村妇女得分低于务工、务农和个体经营的农村妇女。待业的农村妇女可能受传统思想的束缚，整日忙于伺候长辈，照顾孩子，整理家务，无暇顾及自身的知识文化培养。逐渐与社会脱节，失去很多与外界交流的机会，没有获取的渠道，丧失收获科学知识的机会，有工作的妇女无论是打工还是忙于农活，都会在工作中接触到形形色色的科学文化知识，在这一方面，有工作的妇女就比待业的妇女具备优势。①

在“科学知识”的科学概念维度和“科学意识”的经济社会维度上，总体呈现个人月收入越高，得分越高的趋势。分析原因，若妇女不具有经济压力的问题，便有机会将部分收入用于自身的教育与培训。同时，若妇女不用担心生计，也就具有可自由控制的闲暇时间，能够用来学习科学文化知识，选取自己感兴趣的和有利用价值的进行学习。有更多的时间进行与他人的交往，外出等活动，这也有利于科学素质的提升。②

在“科学知识”的“科学观念”和“科学方法”维度，“科学意识”的“资源环境”和“科学能力”的“实际事务”维度上，家庭年收入为100001元以上的农村妇女得分最低。分析其原因，不愁于生计的农村妇女容易安于现状，认为没有必要额外获取知识，不需要通过科学知识的学习进行创新来赚取更多资金。封建传统思想的残余在农村比较普遍存在，根深蒂固的小农思想还占据着主体地位，大多数农民思想单一，恪守传统文化要求，缺乏创新，排斥开拓性。

在“科学知识”的“科学方法”维度和“科学能力”的“公共事务”维度上，农村妇女在心里不舒服时的处理方式的科学素质得分呈现出倒“U”形的趋势，自己闷着慢慢调整的农村妇女忽视了身边人的支持作用，也许是因为担心给他人造成麻烦，但是同时也失去了与亲朋好友和家人的沟通机会，无法及时获取外界知识。随着科技的发展，人们越来越意识到心理状态对人的影响力，鼓励人们进行咨询，情感的宣泄以维持精神状态的平衡。被试中无人选“找专业人士咨询”这个选项，这也侧方面体现出农村妇女心理健康知识的缺乏。而自己慢慢闷着调整的农村妇女更是体现出相关意识的淡薄，需要更多科学知识的传授。

在科学素质的“科学知识”“科学意识”和“科学能力”3个维度上，在权益遭受侵害时的处置方法和对违法行为的处置方法中选择“利用法律维护权益”“向有关部门检举揭发”的农村妇女，科学素质得分也就越高。懂得用法律来维护自身权益并且知法守法的人具备一定的文化素养，法律知识本身属于科学知识的一部分，与科学素质具有正向相关关系。③

衡量一个人科学文化素质的指标其中之一就是其法律知识的储备力，

① 马金萍. 提高农村留守妇女素质研究［D］. 太原：山西财经大学，2010.
② 朱晓敏. 新疆农村劳动妇女素质与发展问题研究［D］. 乌鲁木齐：新疆农业大学，2009.
③ 秦丹丹. 中原经济区农民科学素质问题研究［D］. 新乡：河南师范大学，2014.

只有知法对违法行为的处置方法懂法的人，才具有科学严谨的思维与风格，只有在法律允许的范围内活动才是科学的行为活动。为了个人蝇头小利选择隐瞒的人，一方面是其爱贪小便宜的性格，另一方面就是法律知识的欠缺，这样的人在日常活动中容易因小失大，造成不良后果，得不偿失。这也说明其没有采取科学的做法，缺乏正确的思维和科学意识。

四、结论

（一）A 群组农村妇女的科学素质水平具有地区、年龄的差异性。

（二）A 群组农村妇女的年龄、父母家与自己家的距离，个人文化水平、与父母的关系、伴侣文化水平、个人职业，个人月收入及家庭年收入等因素对其科学素质得分具有影响。

（三）A 群组农村妇女科学素质得分及其各维度得分具有相关性。

五、措施

（一）加大对 A 群组农村妇女的科普力度。A 群组农村妇女受文化水平的限制，不识字或基本不识字、小学文化水平的多于初中和高中（职高、中专、技校）及以上文化水平的。大部分 A 群组农村妇女经常与家庭、土地紧紧地捆绑在一起，较少出过远门，生活范围较为狭窄，注意力主要在家庭、儿女及土地上，视野较小，对生活没有较大的追求，每天的劳动量较大。在科学素质教育中利用现代媒体的互动性、及时性和个性化特点，来提升 A 群组农村妇女的科学素质。[①] 调动伴侣、子女的力量，引导 A 群组农村妇女接受新的科学文化知识。

（二）改变 A 群组农村妇女的认知观念。A 群组农村妇女视男性为“主体”，忽视自己在家庭中所扮演的重要角色及所创造的财富。要提高 A 群组农村妇女的科学素质，首先要帮助 A 群组农村妇女改变错误的认知，教会妇女以优势视角看待自己的长处和所具备的资源，重视自己的生活经验。在关注传统文化的基础上，创新 A 群组农村妇女科学素质教育的方式。与 A 群组农村妇女双向互动，增强学习乐趣，营造学习氛围。鼓励 A

① 马来平. 提高农村妇女科学素质的思考［J］. 海峡科学，2015（12）：39-43.

群组农村妇女主动发现，主动探索，主动解决，主动学习，确保知识传递工作的切实完成。

（三）提高 A 群组农村妇女的科学知识、科学意识，培养科学能力。破除男女不平等的思想，加强 A 群组农村妇女的科学教育，努力保证 A 群组农村女孩完成九年义务教育，并力争使她们接受高等教育，在教育的过程中不断加强科学素质教育。加强 A 群组农村妇女的科学素质教育，抛弃封建陈旧观念，树立先进的平等理念。

（四）大力发展 A 群组农村妇女科学素质教育。提高 A 群组农村妇女的社会地位，以成人教育为主，提高 A 群组农村妇女在劳动技能上的科学素养。针对不同的农村背景，有选择性的选取合适、必要的知识进行传播与教育。针对特异性的劳动技能需求，提升 A 群组农村妇女的科学能力。

第二节　B 群组农村妇女科学素质研究结果

2018 年 9 月 17 日，世界公众科学素质促进大会于京召开，[①] 大会指出，目前我国公民科学文化素养水平已经进入全新快速发展阶段。科学素质是人的全面发展的内在要求，是国家创新能力和可持续发展的社会基础，也是增进人类理解包容、理性平和的思想基础。科学素质不仅包括对科学知识、科学方法的掌握，更体现对科学精神和科学思想的尊崇。提升科学素质，关乎个人前途、国家命运，赋予人类应对风险挑战、共建繁荣世界的智慧与能力。

坚持不懈促进普惠公平。各国应重视不同地域、各种群体科学素质提升，让广大公众普遍享受现代文明成果。应当尽最大努力帮助最贫困的群体缩小科学素质差距，以获得摆脱贫穷的希望与机会；让女性充分享有科学素质提升带来的尊严。

B 群组农村妇女大部分信奉藏传佛教。对于拥有自己独特信仰与文化的 B 群组农村妇女的科学素质是什么状况，是什么原因导致了她们现如今的发展水平，又应该做出哪些改变，采取何种措施。需要针对以上几个问题进行调查与分析。

---

① 世界公众科学素质促进大会. http：//www. wcsl. org. cn/.

一、研究方法

（一）研究对象的选择

随机抽取青海省各州县共 252 名 B 群组农村妇女，采用纸质问卷形式发放问卷，填写完毕以后进行回收，回收到有效问卷 247 份。

（二）研究工具的选择

1. 文献法

在本研究中，查找科学素质的中外文献研究，在理论上明确科学素质的基本构成，查找影响 B 群组农村妇女科学素质发展的因素，为调查做准备。

2. 定量分析法

结合测量学和统计学的知识，对研究中的 B 群组农村妇女进行数据采集、规整、分析、预测和报告。通过规范化和统一的测量收集大量样本，利用描述性统计，了解研究 B 群组农村妇女的整体状况和分布特征。采用推论统计，通过假设检验推论出一般的规律和特征。

（三）测试

对青海某大学的本地大学生进行生源地调查，在测试之前问卷编制者对施测者进行培训，包括对问卷的熟悉以及人口学必要信息的填写说明。测试开始后，首先填写人口学信息，然后测试者说明问卷相关问题，如根据自己真实感受填写，正误计分的计分规则等。另外，如遇到被试不识字或者识字较少的情况，测试者向被试口头进行问卷题目讲解，并帮助 B 群组农村妇女填写被试的真实答案。测试时间由测试者自行掌握，但尽量控制在 20 分钟内。测试时，问卷相关研究人员远程社交软件在线，根据需要及时帮助测试者解决相关问题。由于测量工具全部是汉文版本，所以由熟悉语言的学生进行测试，并且任何测试者对理解问卷题目有困难的被试都会进行试题讲解，保证被试理解准确。测试结束后问卷研究人员第一时间收回问卷。

（四）数据分析

收回问卷后使用 Excel 进行数据的录入。然后将数据转录到 SPSS22.0 中进行异常数据筛查和缺失值的替换，并进行统计分析。

二、描述与统计

（一）调查对象基本特征

被调查 B 群组农村妇女基本情况详细数据见表 5-2-1。

表 5-2-1　B 群组农村妇女基本特征

	类别	频数（人）	比例（%）
年龄	20 岁以下	5	2.024
	21—25 岁	44	17.814
	26—30 岁	37	14.980
	31—35 岁	19	7.692
	36—40 岁	24	9.717
	41—45 岁	50	20.243
	46—50 岁	47	19.028
	51 岁以上	21	8.502
父母家与自己家的距离	同村	150	60.728
	同乡不同村	58	23.482
	同县不同乡	24	9.717
	同州不同县	3	1.215
	同省不同州市	11	4.453
	不在同一省	1	0.405

续表

	类别	频数（人）	比例（%）
多久回父母家一次	住在父母家	44	17.813
	1个星期	20	8.097
	1个月	49	19.838
	2—6个月	58	23.482
	半年	38	15.385
	1年及以上	38	15.385
与父母的关系	亲密无间	54	21.862
	正常相处	191	77.328
	疏远有隔阂	2	0.810
赡养责任	全在儿子	80	32.389
	不全在儿子	167	67.611
个人文化水平	不识字或基本不识字	116	46.964
	小学	49	19.838
	初中	42	17.004
	高中（职高、中专、技校）及以上	40	16.194
婚姻状况	未婚	27	10.931
	已婚	207	83.806
	离婚或丧偶	13	5.263
初婚年龄	15—18岁	22	8.907
	19—20岁	70	28.340
	21—25岁	77	31.174
	26岁以上	51	20.648
	未回答	27	10.931

续表

	类别	频数（人）	比例（%）
理想生育年龄	20 岁及以下	58	23.482
	21—24 岁	100	40.486
	25—28 岁	56	22.672
	29 岁及以上	33	13.360
家庭成员数	1—2	23	9.312
	3	38	15.385
	4	72	29.150
	5 及以上	114	46.153
生活满意度	满意	100	40.486
	比较满意	94	38.057
	一般或不满意	53	21.457
孩子个数	1	42	17.004
	2	106	42.915
	3 及以上	66	26.721
	0	33	13.360
理想孩子数	1	8	3.239
	2	178	72.065
	3 及以上	55	22.267
	0	6	2.429
性别态度	生男孩更高兴	58	23.482
	男女一样	189	76.518

续表

	类别	频数（人）	比例（%）
子女文化水平	不回答	33	13.360
	不识字或基本不识字	33	13.360
	小学	47	19.028
	初中	54	21.863
	高中（职高、中专、技校）	49	19.838
	大专	22	8.907
	大学本科及以上	9	3.644
对子女毕业后的期望	不回答	33	13.360
	希望继续读大学	201	81.377
	希望外出打工	12	4.858
	希望务农	1	0.405
子女目前的就业情况	不回答	33	13.360
	在校就读	137	55.466
	待业	15	6.073
	务工	41	16.599
	务农	17	6.883
	个体经营	4	1.619
伴侣文化水平	不回答	40	16.194
	不识字或基本不识字	71	28.746
	小学	56	22.672
	初中	62	25.101
	高中（职高、中专、技校）及以上	18	7.287

续表

	类别	频数（人）	比例（%）
伴侣目前的就业情况	不回答	40	16. 194
	待业	25	10. 121
	务工	86	34. 818
	务农	89	36. 033
	个体经营	7	2. 834
个人职业	待业	30	12. 146
	务工	45	18. 219
	务农	163	65. 991
	个体经营	9	3. 644
个人月收入	650 元以下	111	44. 938
	651—1200 元	62	25. 101
	1201—1800 元	30	12. 146
	1801—2500 元	17	6. 883
	2501—3000 元	17	6. 883
	3001 元以上	10	4. 049
家庭年收入	7000 元以下	64	25. 911
	7001—10000 元	62	25. 101
	10001—30000 元	64	25. 911
	30001—50000 元	38	15. 385
	50001 元以上	19	7. 692
心里不舒服时的处理方式	自己闷着慢慢调整	79	31. 983
	找朋友聊天排解	94	38. 057
	寻求父母的安慰	15	6. 073
	寻求伴侣的安慰	27	10. 931
	向子女述说苦闷	31	12. 551
	找专业人士咨询	1	0. 405

续表

	类别	频数（人）	比例（%）
权益遭受侵害时的处置方法	利用法律维护权益	108	43.726
	自己忍一忍算了	60	24.291
	找亲友帮忙处理	53	21.457
	相信命运的安排	26	10.526
对违法行为的处置方法	向有关部门检举揭发	56	22.673
	跟自己无关就不管	68	27.530
	劝其自首	111	44.939
	帮其隐瞒或索要部分利益	12	4.858

（二）B 群组农村妇女科学知识、科学意识和科学能力状况及差异

B 群组农村妇女“科学知识”维度标准分的年龄差异情况，详见表 4-2-14。在“科学概念”“科学观点”“科学方法”3 个维度中均不存在显著差异。

B 群组农村妇女“科学意识”维度标准分的年龄差异情况，详见表 4-2-16。在“科学与非科学”“经济社会”“资源环境”3 个维度中均不存在显著差异。

B 群组农村妇女“科学能力”维度标准分的年龄差异情况，详见表 4-2-18。“公共事务”“科学创造”2 个维度存在显著差异。

表 5-2-2 显示了 B 群组农村妇女“科学知识”维度标准分的居住差异情况。“科学概念”“科学观点”和“科学方法”3 个维度都存在显著差异，因为父母家与自己家不在同一省组人数不足 2，因此无法进行进一步 post-hoc 检验（LSD）。

表 5-2-2　B 群组农村妇女"科学知识"维度父母家与自己家的距离差异表

父母家与自己家	n	科学概念		科学观点		科学方法	
		均值	标准差	均值	标准差	均值	标准差
同村	150	9.810	13.019	9.370	3.086	1.600	0.995
同乡不同村	58	19.280	17.306	20.580	2.924	2.080	1.013
同县不同乡	24	23.250	16.700	9.580	3.229	1.880	0.947
同州不同县	3	5.800	1.304	12.200	1.789	2.400	1.342
同省不同州市	11	24.270	17.094	7.730	2.832	1.7000	1.059
不在同一省	1	34.000		6.000		1.0000	
F		7.746***		3.278**		2.642*	

注：*** 表示均值差的显著性水平小于 0.001，** 表示均值差的显著性水平小于 0.01，* 表示均值差的显著性水平小于 0.05。

表 5-2-3 显示了 B 群组农村妇女"科学意识"维度标准分的居住差异情况。"科学与非科学""经济社会"和"资源环境"3 个维度均存在显著差异，因为父母家与自己家不在同一省组人数不足 2，因此无法进行进一步 post-hoc 检验（LSD）。

表 5-2-3　B 群组农村妇女"科学意识"维度父母家与自己家的距离差异表

父母家与自己家	n	科学与非科学		经济社会		资源环境	
		均值	标准差	均值	标准差	均值	标准差
同村	150	3.020	2.015	0.880	0.682	3.350	2.182
同乡不同村	58	4.120	2.607	1.300	0.591	4.850	2.328
同县不同乡	24	4.630	3.173	1.130	0.680	4.710	2.156
同州不同县	3	4.400	2.074	1.600	0.548	4.000	2.236
同省不同州市	11	4.910	2.948	1.180	0.751	4.910	2.256
不在同一省	1	7.000		2.000		8.000	
F		4.561***		4.907***		5.808***	

注：*** 表示均值差的显著性水平小于 0.001。

表 5-2-4 显示了 B 群组农村妇女"科学能力"维度标准分的居住差异情况。在 3 个维度中，"实际事务""科学创造"2 个维度存在显著差异，因为父母家与自己家不在同一省组人数不足 2，因此无法进行进一步 post-hoc 检验（LSD）。

表 5-2-4 B 群组农村妇女"科学能力"维度父母家与自己家的距离差异表

父母家与自己家	n	实际事务		公共事务		科学创造	
		均值	标准差	均值	标准差	均值	标准差
同村	150	3.930	2.485	1.800	1.200	1.090	1.013
同乡不同村	58	5.530	2.867	2.430	1.170	2.030	1.288
同县不同乡	24	5.670	2.745	2.540	1.587	1.420	1.283
同州不同县	3	5.400	0.894	2.600	0.548	2.200	1.095
同省不同州市	11	6.640	2.976	2.640	1.362	2.180	1.601
不在同一省	1	9.000		4.000		2.000	
F		4.470***		1.105		2.574*	

注：*** 表示均值差的显著性水平小于 0.001，* 表示均值差的显著性水平小于 0.05。

表 5-2-5 显示了 B 群组农村妇女"科学知识"维度标准分的多久回父母家一次差异情况。在 3 个维度中，"科学概念"维度存在显著差异，进一步 post—hoc 检验（LSD）发现在"科学概念"维度上，住在父母家的农村妇女与回父母家频率为 1 个星期一次的农村妇女差异特别显著；回父母家频率为 1 个星期一次的农村妇女与回父母家频率为 2—12 月一次的农村妇女具有显著差异。

表 5-2-5 B 群组农村妇女"科学知识"维度多久回父母家一次差异表

多久回父母家一次	n	科学概念		科学观点		科学方法	
		均值	标准差	均值	标准差	均值	标准差
住在父母家	44	8.410	12.546	9.520	3.313	1.650	0.991
1 个星期	20	22.800	18.455	9.450	2.665	2.000	0.918
1 个月	49	16.140	17.504	9.840	3.071	1.560	0.920
2—6 个月	58	12.970	14.478	9.600	3.003	1.780	1.155
半年	38	13.950	14.729	9.530	3.126	1.760	0.971
1 年及以上	38	15.500	15.233	9.870	3.379	1.970	1.052
F		2.965*		0.119		1.025	

注：* 表示均值差的显著性水平小于 0.05。

表5-2-6显示了B群组农村妇女“科学意识”维度标准分的多久回父母家一次差异情况。在3个维度中，“经济社会”维度存在显著差异，进一步post-hoc检验（LSD）发现在“经济社会”维度上，住在父母家的农村妇女与回父母家频率为2个月以上一次的农村妇女差异显著。

表5-2-6　B群组农村妇女“科学意识”维度多久回父母家一次差异表

多久回父母家一次	n	科学与非科学		经济社会		资源环境	
		均值	标准差	均值	标准差	均值	标准差
住在父母家	44	2.710	2.041	0.760	0.662	3.122	2.455
1个星期	20	4.100	2.827	1.000	0.562	4.250	2.552
1个月	49	3.470	2.493	1.000	0.764	4.020	2.554
2—6个月	58	3.710	2.317	1.090	0.683	3.931	2.051
半年	38	3.750	2.116	1.180	0.652	4.342	2.184
1年及以上	38	4.080	2.813	1.240	0.634	4.316	2.119
F		1.877		2.837*		1.749	

注：* 表示均值差的显著性水平小于0.05。

表5-2-7显示了B群组农村妇女“科学能力”维度标准分的多久回父母家一次差异情况。在3个维度中，“公共事务”和“科学创造”2个维度均存在显著差异。进一步pos-hoc检验（LSD）发现，在“公共事务”维度上，住在父母家的农村妇女与回父母家频率为1个星期以上一次的农村妇女具有显著差异；回父母家1个星期一次的农村妇女与回父母家频率为1—6个月一次的农村妇女存在显著差异。在“科学创造”维度上，回父母家频率为1个星期一次的农村妇女与住在父母家及1个月以上农村妇女具有显著差异。

表5-2-7　B群组农村妇女“科学能力”维度多久回父母家一次差异表

多久回父母家一次	n	实际事务		公共事务		科学创造	
		均值	标准差	均值	标准差	均值	标准差
住在父母家	44	3.590	2.309	1.510	1.277	1.330	0.944
1个星期	20	5.350	3.297	2.750	1.650	2.350	1.599
1个月	49	4.840	3.105	2.000	1.208	1.240	1.182

续表

多久回父母家一次	n	实际事务		公共事务		科学创造	
		均值	标准差	均值	标准差	均值	标准差
2—6 个月	58	4.710	2.392	2.070	1.024	1.330	1.145
半年	38	4.820	2.670	2.110	1.269	1.370	1.403
1 年及以上	38	5.110	2.855	2.580	1.200	1.450	1.083
F		2.044		4.581***		2.795*	

注：*** 表示均值差的显著性水平小于 0.001，* 表示均值差的显著性水平小于 0.05。

表 5-2-8 显示了 B 群组农村妇女“科学知识”维度标准分的个人文化水平差异情况。在 3 个维度中，“科学概念”“科学方法”2 个维度均存在显著差异，进一步 post-hoc 检验（LSD）发现，在“科学概念”维度上，个人文化水平初中的农村妇女与个人文化水平为初中以下和高中（职高、中专、技校）及以上的农村妇女存在显著差异。在“科学方法”维度上，个人文化水平为初中及以上的农村妇女与个人文化水平为小学及以下的农村妇女存在显著差异。

表 5-2-8　B 群组农村妇女“科学知识”维度个人文化水平差异表

个人文化水平	n	科学概念		科学观点		科学方法	
		均值	标准差	均值	标准差	均值	标准差
不识字或基本不识字	116	8.360	10.319	9.290	3.195	1.550	1.051
小学	49	15.960	15.406	9.800	3.234	1.780	0.954
初中	42	31.140	15.940	9.980	2.580	2.140	0.977
高中（职高、中专、技校）及以上	40	10.340	15.150	10.200	3.140	1.930	0.932
F		31.742***		1.162		4.417**	

注：*** 表示均值差的显著性水平小于 0.001，** 表示均值差的显著性水平小于 0.01。

表 5-2-9 显示了 B 群组农村妇女“科学意识”维度标准分的个人文化水平差异情况。“科学与非科学”“经济社会”“资源环境”3 个维度均存在显著差异，进一步 post-hoc 检验（LSD）发现，在“科学与非科学”

维度上，个人文化水平为初中的农村妇女与个人文化水平为初中以下和高中（职高、中专、技校）及以上的农村妇女具有显著差异。在“经济社会”维度上，不识字或基本不识字的农村妇女与个人文化水平为小学、初中的农村妇女差异非常显著。个人文化水平为初中的农村妇女与个人文化水平为高中（职高、中专、技校）及以上的农村妇女存在显著差异。在“资源环境”维度上，个人文化水平为初中的农村妇女与个人文化水平为初中以下和高中（职高、中专、技校）及以上的农村妇女具有显著差异。

表 5-2-9　B 群组农村妇女“科学意识”维度个人文化水平差异表

个人文化水平	*n*	科学与非科学		经济社会		资源环境	
		均值	标准差	均值	标准差	均值	标准差
不识字或基本不识字	116	3.030	2.008	0.920	0.671	3.370	1.899
小学	49	3.420	2.374	1.160	0.738	4.040	2.294
初中	42	5.020	3.000	1.360	0.577	5.760	2.458
高中（职高、中专、技校）及以上	40	3.730	2.356	0.900	0.664	3.590	2.449
F		7.649***		5.613***		12.970***	

注：*** 表示均值差的显著性水平小于 0.001。

表 5-2-10 显示了 B 群组农村妇女“科学能力”维度标准分的个人文化水平差异情况。“实际事务”“公共事务”和“科学创造”3 个维度均存在显著差异，进一步 post-hoc 检验（LSD）发现，在“实际事务”维度上，文化水平为初中的农村妇女与文化水平为初中以下和高中（职高、中专、技校）及以上的农村妇女具有显著差异。在“公共事务”维度上，文化水平为初中的农村妇女与文化水平为初中以下和高中（职高、中专、技校）及以上的农村妇女具有显著差异；不识字或基本不识字的和大专及以上的农村妇女与文化水平为小学的农村妇女具有显著差异。在“科学创造”维度上，文化水平为初中的农村妇女与不识字或基本不识字和文化水平为高中（职高、中专、技校）及以上的农村妇女具有十分显著的差异。

表 5-2-10 B 群组农村妇女“科学能力”维度个人文化水平差异表

个人文化水平	n	实际事务		公共事务		科学创造	
		均值	标准差	均值	标准差	均值	标准差
不识字或基本不识字	116	3.370	1.899	3.810	2.06	1.720	1.049
小学	49	4.040	2.294	4.780	2.65	2.300	1.282
初中	42	5.760	2.458	7.210	2.75	3.110	1.329
高中（职高、中专、技校）及以上	40	3.590	2.449	4.270	3.03	1.800	1.209
F		19.937***		16.005***		5.671***	

注：*** 表示均值差的显著性水平小于 0.001。

表 5-2-11 显示了 B 群组农村妇女“科学知识”维度标准分的初婚年龄差异情况。在 3 个维度中，“科学概念”维度存在显著差异。进一步 post-hoc 检验（LSD）发现，初婚年龄在 21—25 岁的农村家庭妇女与初婚年龄在 20 岁以下和 26 岁以上的农村妇女具有显著差异。

表 5-2-11 B 群组农村妇女“科学知识”维度初婚年龄情况差异表

初婚年龄	n	科学概念		科学观点		科学方法	
		均值	标准差	均值	标准差	均值	标准差
15—18 岁	22	8.910	10.867	10.520	3.027	2.050	1.046
19—20 岁	70	13.780	14.659	9.580	3.145	1.780	1.076
21—25 岁	77	18.700	17.686	9.490	3.274	1.780	0.989
26 岁以上	51	8.490	12.091	9.890	2.336	1.340	0.938
F		5.291**		0.729		2.538	

注：** 表示均值差的显著性水平小于 0.01。

表 5-2-12 显示了 B 群组农村妇女“科学意识”维度标准分的初婚年龄差异情况。在 3 个维度中，“经济社会”和“资源环境”2 个维度存在显著差异。进一步 post-hoc 检验（LSD）发现，在“经济社会”维度上，初婚年龄为 19—25 岁的农村妇女与初婚年龄为 26 岁以上的农村妇女具有

显著差异。在“资源环境”维度上，初婚年龄为19—25岁的农村妇女与初婚年龄为26岁以上的农村妇女具有显著差异。

表5-2-12 B群组农村妇女“科学意识”维度初婚年龄差异表

初婚年龄	n	科学与非科学		经济社会		资源环境	
		均值	标准差	均值	标准差	均值	标准差
15—18岁	22	2.910	2.266	0.910	0.426	3.770	1.660
19—20岁	70	3.670	2.444	1.140	0.709	4.110	2.078
21—25岁	77	3.970	2.610	1.130	0.711	4.420	2.484
26岁以上	51	2.740	1.975	0.710	0.667	2.740	2.381
F		2.836		4.407**		4.865**	

注：** 表示均值差的显著性水平小于0.01。

表5-2-13显示了B群组农村妇女“科学能力”维度标准分的初婚年龄差异情况。“实际事务”“公共事务”和“科学创造”3个维度均不存在显著差异。

表5-2-13 B群组农村妇女“科学能力”维度初婚年龄差异表

初婚年龄	n	实际事务		公共事务		科学创造	
		均值	标准差	均值	标准差	均值	标准差
15—18岁	22	4.450	1.438	2.140	1.037	1.360	0.848
19—20岁	70	4.760	2.688	2.220	1.253	1.460	1.295
21—25岁	77	5.150	3.081	2.270	1.353	1.510	1.344
26岁以上	51	3.630	2.438	1.690	1.051	1.030	0.857
F		2.764		1.982		1.450	

表5-2-14显示了B群组农村妇女“科学知识”维度标准分的理想生育年龄差异情况。在3个维度中，“科学概念”“科学方法”2个维度存在显著差异。进一步post-hoc检验（LSD）发现，在“科学概念”维度上，认为女孩子理想生育年龄在29岁以上的农村妇女与认为女孩子理想生育年龄在21—28岁的农村妇女具有显著差异。在“科学方法”维度上，认为女孩子理想生育年龄在29岁以上的农村妇女与认为女孩子理想生育年龄在

21—28 岁的农村妇女具有显著差异。

表 5-2-14 B 群组农村妇女“科学知识”维度理想生育年龄差异表

理想生育年龄	n	科学概念		科学观点		科学方法	
		均值	标准差	均值	标准差	均值	标准差
20 岁及以下	58	14.280	15.987	9.880	3.218	1.970	1.059
21—24 岁	100	14.780	15.775	9.620	3.224	1.780	1.052
25—28 岁	56	17.950	16.758	9.070	2.973	1.830	0.939
29 岁以上	33	3.650	1.582	10.420	2.592	1.160	0.779
F		6.265***		1.430		4.633**	

注：*** 表示均值差的显著性水平小于 0.001，** 表示均值差的显著性水平小于 0.01。

表 5-2-15 显示了 B 群组农村妇女“科学意识”维度标准分的理想生育年龄差异情况。在 3 个维度中，“经济社会”和“资源环境”2 个维度存在显著差异。进一步 post-hoc 检验（LSD）发现，在“经济社会”维度上，认为女孩子理想生育年龄在 29 岁以上的农村妇女与认为女孩子理想生育年龄在 20—28 岁的农村妇女具有显著差异。在“资源环境”维度上，认为女孩子理想生育年龄在 29 岁以上的农村妇女与认为女孩子理想生育年龄在 21—28 岁的农村妇女具有显著差异。

表 5-2-15 B 群组农村妇女“科学意识”维度理想生育年龄差异表

理想生育年龄	n	科学与非科学		经济社会		资源环境	
		均值	标准差	均值	标准差	均值	标准差
20 岁及以下	58	3.790	2.144	0.950	0.633	4.120	2.248
21—24 岁	100	3.490	2.577	1.150	0.690	4.230	2.276
25—28 岁	56	4.140	2.625	1.140	0.736	4.220	2.414
29 岁以上	33	2.290	1.321	0.610	0.495	2.060	1.548
F		4.308		5.992***		8.354***	

注：*** 表示均值差的显著性水平小于 0.001。

表 5-2-16 显示了 B 群组农村妇女“科学能力”维度标准分的理想生育年龄差异情况。在 3 个维度中，“实际事务”维度存在显著差异。进一

步 post-loc 检验（LSD）发现，在“实际事务”维度上，认为女孩子理想生育年龄在 29 岁以上的农村妇女与认为女孩子理想生育年龄在 21—28 岁的农村妇女具有显著差异。

表 5-2-16　B 群组农村妇女“科学能力”维度理想生育年龄差异表

理想生育年龄	n	实际事务		公共事务		科学创造	
		均值	标准差	均值	标准差	均值	标准差
20 岁及以下	58	4. 970	2. 816	2. 170	1. 172	1. 290	1. 108
21—24 岁	100	4. 790	2. 709	2. 100	1. 330	1. 660	1. 307
25—28 岁	56	4. 880	3. 032	2. 220	1. 298	1. 280	1. 211
29 岁以上	33	3. 100	1. 491	1. 580	1. 148	1. 100	0. 944
F		3. 921**		1. 973		2. 605	

注：*** 表示均值差的显著性水平小于 0. 001。

表 5-2-17 显示了 B 群组农村妇女“科学知识”维度标准分的家庭成员数差异情况。“科学概念”“科学观点”“科学方法”三个维度均不存在显著差异。

表 5-2-17　B 群组农村妇女“科学知识”维度家庭成员数差异表

家庭成员数	n	科学概念		科学观点		科学方法	
		均值	标准差	均值	标准差	均值	标准差
1—2	23	9. 780	13. 761	9. 180	2. 839	1. 590	0. 796
3	38	15. 280	16. 199	10. 410	2. 712	1. 870	1. 056
4	72	15. 250	15. 932	9. 880	3. 128	1. 790	1. 004
5 及以上	114	13. 610	15. 458	9. 330	3. 233	1. 730	1. 062
F		0. 836		1. 500		0. 403	

表 5-2-18 显示了 B 群组农村妇女“科学意识”维度标准分的家庭成员数差异情况。“科学与非科学”“经济社会”“资源环境”3 个维度均不存在显著差异。

表 5-2-18　B 群组农村妇女“科学意识”维度家庭成员数差异表

家庭成员数	n	科学与非科学		经济社会		资源环境	
		均值	标准差	均值	标准差	均值	标准差
1—2	23	2. 950	2. 439	1. 000	0. 603	2. 740	2. 027
3	38	3. 640	2. 690	1. 030	0. 668	3. 870	2. 483
4	72	3. 810	2. 276	1. 120	0. 716	4. 470	2. 440
5 及以上	114	3. 480	2. 421	0. 990	0. 695	3. 850	2. 165
F		0. 784		0. 556		3. 500*	

注：*表示均值差的显著性水平小于 0. 05。

表 5-2-19 显示了 B 群组农村妇女“科学能力”维度标准分的家庭成员数差异情况。在 3 个维度中，“实际事务”和“公共事务”2 个维度存在显著差异，进一步 post-hoc 检验（LSD）发现，在“实际事务”维度上，家庭成员为 1—2 人的农村妇女与家庭成员为 3 人及以上的农村妇女具有显著差异。在“公共事务”维度上，家庭成员为 1—2 人的农村妇女与家庭成员为 3 人及以上的农村妇女具有显著差异。

表 5-2-19　B 群组农村妇女“科学能力”维度家庭成员数差异表

家庭成员数	n	实际事务		公共事务		科学创造	
		均值	标准差	均值	标准差	均值	标准差
1—2	23	3. 170	2. 309	1. 350	1. 191	1. 000	1. 044
3	38	4. 690	2. 353	2. 180	1. 189	1. 440	1. 142
4	72	5. 110	2. 966	2. 110	1. 258	1. 350	1. 133
5 及以上	114	4. 620	2. 726	2. 180	1. 295	1. 540	1. 306
F		2. 985*		2. 938*		1. 389	

注：*表示均值差的显著性水平小于 0. 05。

表 5-2-20 显示了 B 群组农村妇女“科学知识”维度标准分的生活满意度差异情况。“科学概念”“科学观点”和“科学方法”3 个维度均存在显著差异，进一步 post-hoc 检验（LSD）发现，在“科学概念”维度上，满意目前生活状况的农村妇女与比较满意目前生活状况和不满意目前生活状况的农村妇女具有比较显著的差异。在“科学观点”维度上，满意目前

生活状况的农村妇女与比较满意目前生活状况和一般或不满意目前生活状况的农村妇女具有比较显著的差异。在“科学方法”维度上，满意目前生活状况的农村妇女与比较满意目前生活状况和一般或不满意目前生活状况的农村妇女具有比较显著的差异。

表 5-2-20　B 群组农村妇女“科学知识”维度生活满意度差异表

生活满意度	n	科学概念		科学观点		科学方法	
		均值	标准差	均值	标准差	均值	标准差
满意	100	9.100	11.998	9.090	2.962	1.510	1.035
比较满意	94	16.210	17.043	10.020	3.331	1.950	0.971
一般或不满意	53	19.920	16.417	10.110	2.819	1.920	0.987
F		10.682***		3.043*		5.610**	

注：*** 表示均值差的显著性水平小于 0.001，** 表示均值差的显著性水平小于 0.01，* 表示均值差的显著性水平小于 0.05。

表 5-2-21 显示了 B 群组农村妇女“科学意识”维度标准分的生活满意度差异情况。在 3 个维度中，“经济社会”“资源环境” 2 个维度均存在显著差异，进一步 post-hoc 检验（LSD）发现，在“经济社会”维度上，满意目前生活状况的农村妇女与感觉目前生活一般或不满意的农村妇女存在显著差异。在“资源环境”维度上，满意目前生活状况的农村妇女与比较满意目前生活状况和感到一般或不满意目前生活状况的农村妇女之间差异特别显著。

表 5-2-21　B 群组农村妇女“科学意识”维度生活满意度差异表

生活满意度	n	科学与非科学		经济社会		资源环境	
		均值	标准差	均值	标准差	均值	标准差
满意	100	3.200	2.190	0.910	0.724	3.370	2.278
比较满意	94	3.730	2.605	1.060	0.636	4.130	2.384
一般或不满意	53	3.980	2.469	1.250	0.653	4.750	2.028
F		2.199		4.630*		6.999***	

注：*** 表示均值差的显著性水平小于 0.001，* 表示均值差的显著性水平小于 0.05。

表 5-2-22 显示了 B 群组农村妇女“科学能力”维度标准分的生活满意度差异情况。在 3 个维度中，“实际事务”和“公共事务” 2 个维度存

在显著差异，进一步 post-hoc 检验（LSD）发现在“实际事务”维度上，满意目前生活状况的农村妇女与比较满意目前生活状况和感到一般或不满意目前生活状况的农村妇女之间差异特别显著。在“公共事务”维度上，满意目前生活状况的农村妇女与比较满意目前生活状况和感到一般或不满意目前生活状况的农村妇女具有显著差异。

表 5-2-22 B 群组农村妇女“科学能力”维度生活满意度差异表

生活满意度	n	实际事务		公共事务		科学创造	
		均值	标准差	均值	标准差	均值	标准差
满意	100	3.880	2.369	1.750	1.102	1.300	1.114
比较满意	94	4.880	2.892	2.220	1.400	1.380	1.165
一般或不满意	53	5.770	2.770	2.500	1.213	1.710	1.446
F		9.453***		7.219***		2.065	

注：*** 表示均值差的显著性水平小于 0.001。

表 5-2-23 显示了 B 群组农村妇女“科学知识”维度标准分的孩子个数差异情况。在 3 个维度中，只在“科学概念”1 个维度存在显著差异，进一步 post-hoc 检验（LSD）发现，在“科学概念”维度上，孩子个数为 1 的农村妇女与孩子个数为 3 及以上和没有孩子的农村妇女表现出显著差异。

表 5-2-23 B 群组农村妇女“科学知识”维度子女个数差异表

子女个数	n	科学概念		科学观点		科学方法	
		均值	标准差	均值	标准差	均值	标准差
1	42	19.240	17.780	9.210	2.763	1.630	1.090
2	106	18.170	17.024	10.030	3.062	1.860	0.907
3 及以上	66	6.970	8.529	9.570	3.425	1.550	1.145
0	33	7.970	11.264	8.870	2.837	1.910	0.963
F		11.537***		1.485		1.728	

注：*** 表示均值差的显著性水平小于 0.001。

表 5-2-24 显示了 B 群组农村妇女“科学意识”维度标准分的孩子个数差异情况。“科学与非科学”“经济社会”和“资源环境”3 个维度均存在显著差异，进一步 post-hoc 检验（LSD）发现，在“科学与非科学”维

度上，孩子个数为 2 的农村妇女与孩子个数为 3 及以上和没有孩子的农村妇女具有显著差异；孩子个数为 1 的农村妇女与孩子个数为 3 及以上的农村妇女具有显著差异。在“经济社会”维度上，孩子个数为 1 的农村妇女与孩子个数为 3 及以上和没有孩子的农村妇女具有显著差异；孩子个数为 2 的农村妇女与孩子个数为 3 及以上和没有孩子的农村妇女具有显著差异。在“资源环境”维度上，孩子个数为 2 的农村妇女与孩子个数为 3 及以上和没有孩子的农村妇女具有显著差异。

表 5-2-24　B 群组农村妇女“科学意识”维度子女个数差异表

子女个数	*n*	科学与非科学		经济社会		资源环境	
		均值	标准差	均值	标准差	均值	标准差
1	42	3.690	2.627	1.020	0.643	4.290	5.33
2	106	4.180	2.531	1.200	0.704	4.460	5.16
3 及以上	66	2.760	1.970	0.870	0.649	3.310	3.82
0	33	2.870	2.078	0.810	0.644	3.000	3.66
F		5.953***		4.824**		5.768***	

注：*** 表示均值差的显著性水平小于 0.001，** 表示均值差的显著性水平小于 0.01。

表 5-2-25 显示了 B 群组农村妇女“科学能力”维度标准分的孩子个数差异情况。在 3 个维度中，“实际事务”和“公共事务”2 个维度存在显著差异，进一步 post-hoc 检验（LSD）发现，在“实际事务”维度上，孩子个数为 1 的农村妇女与孩子个数为 3 及以上和没有孩子的农村妇女具有显著差异；孩子个数为 2 的农村妇女与孩子个数为 3 及以上和没有孩子的农村妇女具有显著差异。在“公共事务”维度上，孩子个数为 1 的农村妇女与没有孩子的农村妇女具有显著差异；孩子个数为 2 的农村妇女与孩子个数为 3 及以上和没有孩子的农村妇女具有显著差异。

表 5-2-25　B 群组农村妇女“科学能力”维度子女个数差异表

子女个数	*n*	实际事务		公共事务		科学创造	
		均值	标准差	均值	标准差	均值	标准差
1	42	5.330	2.877	2.260	1.326	1.550	1.253

续表

子女个数	n	实际事务		公共事务		科学创造	
		均值	标准差	均值	标准差	均值	标准差
2	106	5.160	3.086	2.320	1.433	1.490	1.372
3 及以上	66	3.820	1.817	1.820	0.903	1.250	1.035
0	33	3.660	2.404	1.590	1.103	1.310	0.896
F		5.814***		4.209**		0.760	

注：*** 表示均值差的显著性水平小于 0.001，** 表示均值差的显著性水平小于0.01。

表 5-2-26 显示了 B 群组农村妇女“科学知识”维度标准分的子女文化差异情况。在 3 个维度中，“科学概念”维度上具有显著差异，进一步 post-hoc 检验（LSD）发现，在“科学概念”维度上，孩子文化程度为初中的农村妇女与孩子文化为初中以下或以上的农村妇女具有显著差异；孩子文化程度为高中（职高、中专、技校）的农村妇女与文化程度为小学及以下的农村妇女具有显著差异。

表 5-2-26 B 群组农村妇女“科学知识”维度子女文化水平差异表

子女文化程度	n	科学概念		科学观点		科学方法	
		均值	标准差	均值	标准差	均值	标准差
不识字或基本不识字	33	7.620	11.796	8.940	3.102	1.470	1.080
小学	47	8.650	12.130	9.980	3.263	1.600	1.067
初中	54	24.040	17.983	9.690	2.834	1.910	0.996
高中（职高、中专、技校）	49	14.940	15.186	9.440	2.970	1.700	1.015
大专	22	14.730	15.310	10.770	2.861	2.000	0.926
大学本科及以上	9	13.720	14.861	9.330	3.527	1.830	1.020
F		7.454***		1.155		1.278	

注：*** 表示均值差的显著性水平小于 0.001。

表 5-2-27 显示了 B 群组农村妇女“科学意识”维度标准分的生活满意度子女文化差异情况。在 3 个维度中，“科学与非科学”和“资源环境”

2 个维度存在显著差异，进一步 post-hoc 检验（LSD）发现，在“科学与非科学”维度上，孩子文化水平为不识字或基本不识字的农村妇女与孩子文化水平为初中、高中（职高、中专、技校）的农村妇女具有显著差异。在“资源环境”维度上，孩子文化水平为小学的农村妇女与孩子文化水平为初中、高中（职高、中专、技校）与大学的农村妇女具有显著差异；孩子文化水平为初中的农村妇女与孩子文化水平为不识字或基本不识字和孩子文化水平为高中（职高、中专、技校）的农村妇女具有显著差异。

表 5-2-27　B 群组农村妇女“科学意识”维度子女文化水平差异表

子女文化程度	n	科学与非科学		经济社会		资源环境	
		均值	标准差	均值	标准差	均值	标准差
不识字或基本不识字	33	2.730	2.375	0.790	0.729	3.320	1.918
小学	47	2.770	2.354	1.000	0.677	3.040	2.179
初中	54	4.670	2.418	1.220	0.664	5.000	2.426
高中（职高、中专、技校）	49	3.960	2.482	1.100	0.707	4.080	2.423
大专	22	3.500	2.064	1.140	0.560	4.360	1.866
大学本科及以上	9	3.330	2.279	1.000	0.695	3.970	2.428
F		4.586^{***}		1.860		4.601^{***}	

注：*** 表示均值差的显著性水平小于 0.001。

表 5-2-28 显示了 B 群组农村妇女“科学能力”维度标准分的子女文化差异情况。在 3 个维度中，“实际事务”维度存在显著差异。进一步 post-hoc 检验（LSD）发现，在“实际事务”维度上，孩子文化水平为初中的农村妇女与孩子文化水平为小学及以下和孩子文化水平为大学本科及以上的农村妇女具有显著差异。

表 5-2-28　B 群组农村妇女“科学能力”维度子女个人文化水平差异表

子女个人文化程度	n	实际事务		公共事务		科学创造	
		均值	标准差	均值	标准差	均值	标准差
不识字或基本不识字	33	3.680	2.371	1.790	1.388	1.210	1.038

续表

子女个人文化程度	n	实际事务		公共事务		科学创造	
		均值	标准差	均值	标准差	均值	标准差
小学	47	4.000	2.508	1.780	1.246	1.370	1.202
初中	54	5.910	3.158	2.440	1.341	1.670	1.331
高中（职高、中专、技校）	49	4.920	2.806	2.200	1.107	1.240	1.222
大专	22	5.090	2.505	2.360	1.364	1.820	1.006
大学及以上	9	4.270	2.303	2.130	1.167	1.300	1.317
F		4.135**		2.097		1.427	

注：*** 表示均值差的显著性水平小于 0.001。

表 5-2-29 显示了 B 群组农村妇女“科学知识”维度标准分的子女毕业后的期望差异情况。“科学概念”“科学观点”和“科学方法”3 个维度均不存在显著差异。

表 5-2-29　B 群组农村妇女“科学知识”维度对子女毕业后的期望差异表

对子女毕业后的期望	n	科学概念		科学观点		科学方法	
		均值	标准差	均值	标准差	均值	标准差
希望继续读大学	201	14.040	15.619	9.610	3.097	1.770	1.031
希望外出打工	12	14.250	15.345	10.170	3.298	1.500	0.798
希望务农	1	3.000		13.000		1.000	
F		0.251		0.768		0.684	

表 5-2-30 显示了 B 群组农村妇女“科学意识”维度标准分的子女毕业后的期望差异情况。“科学与非科学”“经济社会”和“资源环境”3 个维度均不存在显著差异。

表 5-2-30　B 群组农村妇女“科学意识”维度对子女毕业后的期望差异表

对子女毕业后的期望	n	科学与非科学		经济社会		资源环境	
		均值	标准差	均值	标准差	均值	标准差
希望继续读大学	201	3.620	2.409	1.040	0.700	3.980	2.299
希望外出打工	12	2.750	2.491	1.000	0.426	3.170	2.791

续表

对子女毕业后的期望	n	科学与非科学		经济社会		资源环境	
		均值	标准差	均值	标准差	均值	标准差
希望务农	1	0.000		1.000		2.000	
F		1.828		0.018		1.055	

表 5-2-31 显示了 B 群组农村妇女“科学能力”维度标准分的子女毕业后的期望差异情况。“实际事务”“公共事务”“科学改造”3 个维度均不存在显著差异。

表 5-2-31　B 群组农村妇女“科学能力”维度对子女毕业后的期望差异表

对子女毕业后的期望	n	实际事务		公共事务		科学创造	
		均值	标准差	均值	标准差	均值	标准差
希望继续读大学	201	4.620	2.700	2.080	1.257	1.400	1.197
希望外出打工	12	5.330	3.630	2.250	1.545	1.830	1.528
希望务农	1	3.000		0.000		1.000	
F		0.569		1.445		0.796	

表 5-2-32 显示了 B 群组农村妇女“科学知识”维度标准分的子女就业差异情况。在 3 个维度中，“科学概念”维度存在显著差异，进一步 post-hoc 检验（LSD）发现，在“科学概念”维度上，子女务工的农村妇女与在学校就读、待业和务农的农村妇女具有显著差异；子女个体经营的农村妇女与子女在学校就读、待业和务农的农村妇女具有显著差异。

表 5-2-32　B 群组农村妇女“科学知识”维度子女目前的就业情况差异表

子女目前的就业情况	n	科学概念		科学观点		科学方法	
		均值	标准差	均值	标准差	均值	标准差
学校就读	137	13.330	15.627	9.680	3.213	1.730	1.062
待业	15	10.670	15.337	10.270	2.815	1.470	0.990
务工	41	22.610	16.144	9.290	2.960	1.980	0.908
务农	17	8.380	9.804	9.710	2.845	1.470	1.068
个体经营	4	30.000	16.633	10.500	2.380	1.750	0.500

续表

子女目前的就业情况	n	科学概念		科学观点		科学方法	
		均值	标准差	均值	标准差	均值	标准差
F		4.932***		0.360		1.101	

注：*** 表示均值差的显著性水平小于 0.001。

表 5-2-33 显示了 B 群组农村妇女“科学意识”维度标准分的子女就业差异情况。在 3 个维度中，“科学与非科学”“资源环境” 2 个维度存在显著差异，进一步 post-hoc 检验（LSD）发现，在“科学与非科学”维度上，子女务工的农村妇女与子女在学校就读、待业和务农的农村妇女具有显著差异。在“资源环境”维度上，子女务工的农村妇女与子女在学校就读、待业的农村妇女具有特别显著的差异。

表 5-2-33　B 群组农村妇女“科学意识”维度子女目前的就业情况差异表

子女目前的就业情况	n	科学与非科学		经济社会		资源环境	
		均值	标准差	均值	标准差	均值	标准差
学校就读	137	3.350	2.323	1.020	0.693	3.860	2.330
待业	15	2.870	2.386	0.930	0.799	3.400	2.694
务工	41	5.000	2.828	1.270	0.633	4.900	2.332
务农	17	3.180	1.879	0.940	0.748	3.760	1.602
个体经营	4	4.750	1.708	1.000	0.817	5.500	2.082
F		4.662***		1.301		2.418*	

注：*** 表示均值差的显著性水平小于 0.001，* 表示均值差的显著性水平小于 0.05。

表 5-2-34 显示了 B 群组农村妇女“科学能力”维度标准分的子女就业差异情况。在 3 个维度中，“实际事务”和“公共事务” 2 个维度存在显著差异，进一步 post-hoc 检验（LSD）发现，在“实际事务”维度上，子女务工的农村妇女与子女在学校就读、待业和务农的农村妇女具有显著差异；子女个体经营的农村妇女与子女在学校就读和待业的农村妇女具有显著差异。在“公共事务”维度上，子女个体经营的农村妇女与子女在学校就读、待业、务工和务农的农村妇女具有显著差异；子女务工的农村妇女与子女在学校就读和待业的农村妇女具有显著差异。

表 5-2-34　B 群组农村妇女“科学能力”维度子女目前的就业情况差异表

子女目前的就业情况	n	实际事务		公共事务		科学创造	
		均值	标准差	均值	标准差	均值	标准差
学校就读	137	4.580	2.764	2.070	1.231	1.330	1.179
待业	15	3.600	2.261	1.530	1.407	1.600	1.549
务工	41	5.830	3.024	2.560	1.074	1.730	1.162
务农	17	3.820	1.468	1.880	1.453	1.060	1.197
个体经营	4	8.250	2.217	4.250	0.957	2.500	1.915
F		4.629^{***}		5.366^{***}		2.130	

注：*** 表示均值差的显著性水平小于 0.001。

表 5-2-35 显示了 B 群组农村妇女“科学知识”维度标准分的伴侣文化水平差异情况。在 3 个维度中，“科学观点”和“科学方法”2 个维度存在显著差异，进一步 post-hoc 检验（LSD）发现，在“科学观点”维度上，伴侣文化水平为不识字或基本不识字的农村妇女与伴侣文化水平为小学及以上的农村妇女具有显著差异；伴侣文化水平为小学的农村妇女与伴侣文化水平为初中及以上的农村妇女具有显著差异。在“科学方法”维度上，伴侣文化水平为小学的农村妇女与伴侣文化水平为初中及以上的农村妇女具有显著差异；伴侣文化水平为不识字或基本不识字的农村妇女与伴侣文化水平为初中的农村妇女具有显著差异。

表 5-2-35　B 群组农村妇女“科学知识”维度伴侣文化水平差异表

伴侣文化水平	n	科学概念		科学观点		科学方法	
		均值	标准差	均值	标准差	均值	标准差
不识字或基本不识字	71	5.870	6.217	9.690	1.64	1.640	1.077
小学	56	11.740	13.887	9.640	1.53	1.530	1.028
初中	62	26.740	16.976	9.520	2.00	2.000	0.941
高中（职高、中专、技校）及以上	18	21.830	19.954	9.890	2.06	2.060	0.873
F		28.895^{***}		0.076		3.356^{*}	

注：*** 表示均值差的显著性水平小于 0.001，* 表示均值差的显著性水平小于 0.05。

表 5-2-36 显示了 B 群组农村妇女“科学意识”维度标准分的伴侣文化水平差异情况。“科学与非科学”“经济社会”和“资源环境”3 个维度均存在显著差异，进一步 post-hoc 检验（LSD）发现，在“科学与非科学”维度上，伴侣文化水平为不识字或基本不识字的农村妇女与伴侣文化水平为初中及以上的农村妇女具有显著差异；伴侣文化水平为小学的农村妇女与伴侣文化水平为初中及以上的农村妇女具有显著差异。在“经济社会”维度上，伴侣文化水平为初中的农村妇女与伴侣文化水平为小学及以下和高中（职高、中专、技校）及以上的农村妇女具有显著差异。在“资源环境”维度上，伴侣文化水平为不识字或基本不识字的农村妇女与伴侣文化水平为小学及以上的农村妇女具有显著差异；伴侣文化水平为小学的农村妇女与伴侣文化水平为初中及以上的农村妇女具有显著差异。

表 5-2-36　B 群组农村妇女“科学意识”维度伴侣文化水平差异表

伴侣文化水平	*n*	科学与非科学		经济社会		资源环境	
		均值	标准差	均值	标准差	均值	标准差
不识字或基本不识字	71	2.570	1.667	0.930	0.662	2.960	1.702
小学	56	3.130	2.273	0.920	0.702	3.720	2.221
初中	62	4.870	2.596	1.390	0.610	5.240	2.447
高中（职高、中专、技校）及以上	18	5.110	3.142	0.940	0.802	5.110	2.587
F		14.878***		7.154***		14.206***	

注：*** 表示均值差的显著性水平小于 0.001。

表 5-2-37 显示了 B 群组农村妇女“科学能力”维度标准分的伴侣文化差异情况。在 3 个维度中，“实际事务”和“公共事务”2 个维度存在显著差异，进一步 post-hoc 检验（LSD）发现，在“实际事务”维度上，伴侣文化水平为不识字或基本不识字的农村妇女与伴侣文化水平为小学及以上的农村妇女具有显著差异；伴侣文化水平为小学的农村妇女与伴侣文化水平为初中及以上的农村妇女具有显著差异。在“公共事务”维度上，伴侣文化水平为不识字或基本不识字的农村妇女与伴侣文化水平为初中及以上的农村妇女具有显著差异；伴侣文化水平为小学的农村妇女与伴侣文

化水平为初中及以上的农村妇女具有显著差异。

表 5-2-37　B 群组农村妇女“科学能力”维度伴侣文化水平差异表

伴侣文化水平	n	实际事务		公共事务		科学创造	
		均值	标准差	均值	标准差	均值	标准差
不识字或基本不识字	71	3.310	1.778	1.720	1.149	1.250	1.038
小学	56	4.300	2.468	1.870	1.237	1.350	1.214
初中	62	6.520	2.884	2.840	1.204	1.790	1.345
高中（职高、中专、技校）及以上	18	6.220	3.422	2.610	1.195	1.330	1.414
F		21.289***		12.304***		2.467	

注：*** 表示均值差的显著性水平小于 0.001。

表 5-2-38 显示了 B 群组农村妇女“科学知识”维度标准分的伴侣职业差异情况。在 3 个维度中，“科学概念”维度存在显著差异，进一步 post-hoc 检验（LSD）发现，在“科学概念”维度上，伴侣职业为务工的农村妇女与伴侣职业为待业、务农和个体经营的农村妇女具有特别显著的差异；伴侣职业为个体经营的农村妇女与伴侣职业为待业、务工和务农的农村妇女差异比较显著。

表 5-2-38　B 群组农村妇女“科学知识”维度伴侣目前的就业情况差异表

伴侣目前的就业情况	n	科学概念		科学观点		科学方法	
		均值	标准差	均值	标准差	均值	标准差
待业	25	13.600	17.609	10.790	3.176	1.840	1.143
务工	86	20.830	17.420	9.660	3.078	1.880	0.832
务农	89	9.330	11.678	9.550	3.102	1.590	1.119
个体经营	7	33.000	13.178	8.860	2.795	2.000	1.000
F		13.661***		1.263		1.578	

注：*** 表示均值差的显著性水平小于 0.001。

表 5-2-39 显示了 B 群组农村妇女“科学意识”维度标准分的伴侣职业差异情况。“科学与非科学”“经济社会”“资源环境”3 个维度均存在

显著差异。进一步 post-hoc 检验（LSD）发现，在“科学与非科学”维度上，伴侣职业为个体经营的农村妇女与伴侣职业为待业、务工和务农的农村妇女具有显著差异；伴侣职业为务工的农村妇女与伴侣职业为务农的农村妇女具有显著差异。在“经济社会”维度上，伴侣职业为个体经营的农村妇女与伴侣职业为待业和务农的农村妇女具有显著差异；伴侣职业为务工的农村妇女与伴侣职业为待业和务农的农村妇女具有显著差异。在“资源环境”维度上，伴侣职业为个体经营的农村妇女与伴侣职业为待业、务工和务农的农村妇女具有显著差异；伴侣职业为务工的农村妇女与伴侣职业为务农的农村妇女具有显著差异。

表 5-2-39　B 群组农村妇女“科学意识”维度伴侣目前的就业情况差异表

伴侣目前的就业情况	*n*	科学与非科学		经济社会		资源环境	
		均值	标准差	均值	标准差	均值	标准差
待业	25	3.670	3.031	0.880	0.600	3.840	2.478
务工	86	4.070	2.616	1.200	0.665	4.510	2.717
务农	89	3.070	2.118	0.950	0.720	3.500	1.815
个体经营	7	6.140	1.000	1.570	0.535	7.000	1.528
F		5.571^{***}		4.059^{**}		7.557^{***}	

注：*** 表示均值差的显著性水平小于 0.001，** 表示均值差的显著性水平小于 0.01。

表 5-2-40 显示了 B 群组农村妇女“科学能力”维度标准分的伴侣职业差异情况。在 3 个维度中，“实际事务”“公共事务” 2 个维度均存在显著差异。进一步 post-hoc 检验（LSD）发现，在“实际事务”维度上，伴侣职业为个体经营的农村妇女与伴侣职业为待业、务工和务农的农村妇女具有显著差异；伴侣职业为务工的农村妇女与伴侣职业为务农的农村妇女具有显著差异。在“公共事务”维度上，伴侣职业为务工的农村妇女与伴侣职业为务农的农村妇女具有显著差异。

表 5-2-40　B 群组农村妇女“科学能力”维度伴侣目前的就业情况差异表

伴侣目前的就业情况	*n*	实际事务		公共事务		科学创造	
		均值	标准差	均值	标准差	均值	标准差
待业	25	4.200	3.201	2.000	1.190	1.120	1.130

续表

伴侣目前的就业情况	n	实际事务		公共事务		科学创造	
		均值	标准差	均值	标准差	均值	标准差
务工	86	5.240	2.898	2.490	1.299	1.570	1.174
务农	89	4.300	2.454	1.890	1.243	1.340	1.298
个体经营	7	8.140	1.676	2.570	0.976	2.140	0.900
F		6.084***		4.166**		1.914	

注：*** 表示均值差的显著性水平小于 0.001，** 表示均值差的显著性水平小于 0.01。

表 5-2-41 显示了 B 群组农村妇女“科学知识”维度标准分的个人职业差异情况。在 3 个维度中，“科学概念”维度存在显著差异。进一步 post-hoc 检验（LSD）发现，在“科学概念”维度上，职业为待业的农村妇女与职业为务工和个体经营的农村妇女具有显著差异；职业为务农的农村妇女与职业为务工和个体经营的农村妇女具有显著差异。

表 5-2-41　B 群组农村妇女“科学知识”维度个人职业差异表

个人职业	n	科学概念		科学观点		科学方法	
		均值	标准差	均值	标准差	均值	标准差
待业	30	10.430	13.398	9.630	3.232	1.700	1.149
务工	45	17.960	18.029	9.630	3.206	1.880	0.890
务农	163	12.890	14.516	9.640	3.113	1.730	1.045
个体经营	9	24.670	20.031	10.000	2.070	1.780	0.833
F		3.362*		0.035		0.278	

注：* 表示均值差的显著性水平小于 0.05。

表 5-2-42 显示了 B 群组农村妇女“科学意识”维度标准分的个人职业差异情况。在 3 个维度中，“资源环境”维度存在显著差异，进一步 post-hoc 检验（LSD）发现，在“资源环境”维度上，职业为个体经营的农村妇女与待业和职业为务工、务农的农村妇女具有显著差异。

表 5-2-42 B 群组农村妇女“科学意识”维度个人职业差异表

个人职业	n	科学与非科学		经济社会		资源环境	
		均值	标准差	均值	标准差	均值	标准差
待业	30	3.370	2.697	0.770	0.504	3.470	2.209
务工	45	3.920	2.865	1.000	0.677	3.730	2.604
务农	163	3.420	2.208	1.080	0.700	3.960	2.166
个体经营	9	4.890	2.421	1.330	0.866	6.220	2.906
F		1.513		2.396		3.545*	

注：* 表示均值差的显著性水平小于 0.05。

表 5-2-43 显示了 B 群组农村妇女“科学能力”维度标准分的职业差异情况。在 3 个维度中，“实际事务”维度存在显著差异。进一步 post-hoc 检验（LSD）发现，在“实际事务”维度上，待业的农村妇女与职业为务农和个体经营的农村妇女具有显著差异。

表 5-2-43 B 群组农村妇女“科学能力”维度个人职业差异表

个人职业	n	实际事务		公共事务		科学创造	
		均值	标准差	均值	标准差	均值	标准差
待业	30	3.630	2.371	1.630	1.189	1.200	0.997
务工	45	4.710	3.195	2.180	1.424	1.450	1.226
务农	163	4.710	2.576	2.110	1.240	1.430	1.254
个体经营	9	6.440	3.468	2.440	1.130	1.780	1.093
F		2.741*		1.639		0.598	

注：* 表示均值差的显著性水平小于 0.05。

表 5-2-44 显示了 B 群组农村妇女“科学知识”维度标准分的个人月收入差异情况。“科学概念”“科学观点”和“科学方法”3 个维度均不存在显著差异。

表 5-2-44　B 群组农村妇女“科学知识”维度个人月收入差异表

个人月收入	n	科学概念		科学观点		科学方法	
		均值	标准差	均值	标准差	均值	标准差
650 元以下	111	12.530	14.598	9.340	3.165	1.620	1.092
651—1200 元	62	15.340	15.704	9.980	2.992	1.920	0.972
1201—1800 元	30	16.230	17.134	10.570	2.700	1.970	0.890
1801—2500 元	17	17.710	16.255	9.940	2.926	2.000	0.866
2501—3000 元	17	11.000	17.007	9.180	3.779	1.650	1.115
3001 元以上	10	14.900	18.009	8.600	3.062	1.400	0.699
F		0.743		1.238		1.463	

表 5-2-45 显示了 B 群组农村妇女“科学意识”维度标准分个人月收入情况。“科学与非科学”“经济社会”和“资源环境”3 个维度均不具有显著差异。

表 5-2-45　B 群组农村妇女“科学意识”维度个人月收入差异表

个人月收入	n	科学与非科学		经济社会		资源环境	
		均值	标准差	均值	标准差	均值	标准差
650 元以下	111	3.400	2.383	1.030	0.712	3.760	2.349
651—1200 元	62	3.700	2.311	1.000	0.696	4.350	1.944
1201—1800 元	30	3.930	2.518	1.170	0.648	4.130	2.776
1801—2500 元	17	3.500	2.033	1.290	0.588	4.350	2.370
2501—3000 元	17	3.350	3.390	0.940	0.660	3.240	2.412
3001 元以上	10	3.800	2.300	0.600	0.516	3.300	2.452
F		0.321		1.619		1.151	

表 5-2-46 显示了 B 群组农村妇女“科学能力”维度标准分的个人月收入差异情况。在 3 个维度中，“公共事务”“科学创造”2 个维度具有显著差异。进一步 post-hoc 检验（LSD）发现，在“公共事务”维度上，个人月收入为 1801—2500 元的农村妇女与个人月收入为 650 元以下和 2501—3000 元的农村妇女具有显著差异；个人月收入为 651—1200 元的农村妇女

与个人月收入为2501—3000元的农村妇女具有显著差异。

表5-2-46 B群组农村妇女“科学能力”维度个人月收入差异表

个人月收入	n	实际事务		公共事务		科学创造	
		均值	标准差	均值	标准差	均值	标准差
650元以下	111	4.330	2.688	1.990	1.158	1.320	1.322
651—1200元	62	4.920	1.986	2.210	1.404	1.410	1.413
1201—1800元	30	4.870	3.329	1.930	0.980	1.270	1.267
1801—2500元	17	5.590	3.572	2.820	1.468	2.350	2.353
2501—3000元	17	4.240	3.073	1.530	1.375	1.180	1.177
3001元以上	10	4.900	3.510	2.500	1.509	1.800	1.800
F		0.962		2.390*		2.679*	

注：*表示均值差的显著性水平小于0.05。

表5-2-47显示了B群组农村妇女“科学知识”维度标准分的家庭年收入差异情况。在3个维度中，“科学概念”维度存在显著差异，进一步post-hoc检验（LSD）发现，在“科学概念”维度上，家庭年收入为7000元以下的农村妇女与家庭年收入为7001元以上的农村妇女具有显著差异；家庭年收入为7001—10000元的农村妇女与家庭年收入为10001—30000元的农村妇女具有显著差异。

表5-2-47 B群组农村妇女“科学知识”维度家庭年收入差异表

家庭年收入	n	科学概念		科学观点		科学方法	
		均值	标准差	均值	标准差	均值	标准差
7000元以下	64	6.580	8.931	9.020	3.324	1.540	1.090
7001—10000元	62	13.760	15.483	9.420	3.049	1.600	1.032
10001—30000元	64	20.090	17.673	10.680	2.628	2.010	0.938
30001—50000元	38	16.150	15.742	9.380	2.988	1.790	0.951
50001元以上	19	14.440	16.429	9.000	3.822	2.000	1.029
F		5.654***		2.228		2.012	

注：***表示均值差的显著性水平小于0.001。

表5-2-48显示了B群组农村妇女“科学意识”维度标准分的家庭年

收入差异情况。“科学与非科学”“经济社会”和“资源环境”3个维度均存在显著差异。进一步post-hoc检验（LSD）发现，在“科学与非科学”维度上，家庭年收入为7000元以下的农村妇女与家庭年收入为7001元以上的农村妇女具有显著差异；家庭年收入为10001—30000元的农村妇女与家庭年收入为7001—10000元和收入为30001—50000元的农村妇女具有显著差异。在“经济社会”维度上，家庭年收入为7000元以下的农村妇女与家庭年收入为10001至50000元的农村妇女具有显著差异。在“资源环境”维度上，家庭年收入为7000元以下的农村妇女与家庭年收入为10001元及以上的农村妇女具有显著差异；家庭年收入为7001—10000元的农村妇女与家庭年收入为10001—30000元的农村妇女具有显著差异。

表5-2-48　B群组农村妇女“科学意识”维度家庭年收入差异表

家庭年收入	n	科学与非科学		经济社会		资源环境	
		均值	标准差	均值	标准差	均值	标准差
7000元以下	64	2.270	1.609	0.810	0.560	3.050	2.058
7001—10000元	62	3.400	2.505	1.030	0.677	3.400	2.426
10001—30000元	64	4.760	2.565	1.180	0.732	5.030	2.219
30001—50000元	38	3.720	2.127	1.210	0.695	4.260	2.136
50001元以上	19	3.830	2.479	0.940	0.802	4.280	1.904
F		8.005^{***}		2.531^{*}		6.785^{***}	

注：***表示均值差的显著性水平小于0.001，*表示均值差的显著性水平小于0.05。

表5-2-49显示了B群组农村妇女“科学能力”维度标准分的家庭年收入差异情况。在3个维度中，“实际事务”和“科学创造”2个维度存在显著差异，进一步post-hoc检验（LSD）发现，在“实际事务”维度上，家庭年收入为7000元以下的农村妇女与家庭年收入为7001元以上的农村妇女具有显著差异；家庭年收入为7001—10000元的农村妇女与家庭年收入为10001—30000元的农村妇女具有显著差异。在“科学创造”维度上，家庭年收入为7000元以下的农村妇女与家庭年收入为30001元及以上的农村妇女具有显著差异；家庭年收入为7001—10000元的农村妇女与家庭年收入为30001元及以上的农村妇女具有显著差异；家庭年收入为10001—30000元的农村妇女与家庭年收入为30001—50000元的农村妇女

具有显著的差异。

表 5-2-49　B 群组农村妇女“科学能力”维度家庭年收入差异表

家庭年收入	n	实际事务		公共事务		科学创造	
		均值	标准差	均值	标准差	均值	标准差
7000 元以下	64	3. 330	2. 296	1. 690	1. 067	1. 140	0. 870
7001—10000 元	62	4. 350	2. 723	2. 030	1. 173	1. 160	1. 204
10001—30000 元	64	5. 460	2. 657	2. 280	1. 256	1. 470	1. 203
30001—50000 元	38	5. 820	2. 956	2. 360	1. 495	2. 000	1. 451
50001 元以上	19	4. 720	2. 296	2. 280	1. 602	1. 830	1. 339
F		6. 319***		2. 181		3. 679**	

注：*** 表示均值差的显著性水平小于 0. 001，** 表示均值差的显著性水平小于 0. 01。

表 5-2-50 显示了 B 群组农村妇女“科学知识”维度标准分的心理不舒服时的处理方式差异情况。在 3 个维度中，“科学概念”维度存在显著差异，但由于找专业人士咨询一组总人数不足 2，因此无法进行进一步 post-hoc 检验（LSD）。

表 5-2-50　B 群组农村妇女“科学知识”维度心里不舒服时的处理方式差异表

心里不舒服时的处理方式	n	科学概念		科学观点		科学方法	
		均值	标准差	均值	标准差	均值	标准差
自己闷着慢慢调整	79	18. 490	16. 727	9. 110	2. 961	1. 710	1. 027
找朋友聊天排解	94	10. 730	13. 446	10. 230	3. 11	2. 020	0. 984
寻求父母的安慰	15	10. 470	14. 564	9. 530	3. 50	1. 470	0. 915
寻求伴侣的安慰	27	12. 330	16. 378	9. 370	3. 42	1. 520	1. 051
向子女述说苦闷	31	16. 420	16. 372	9. 450	2. 87	1. 420	0. 992
找专业人士咨询	1	4. 000		10. 000		1. 000	
F		2. 720*		1. 250		2. 7638	

注：* 表示均值差的显著性水平小于 0. 05。

表 5-2-51 显示了 B 群组农村妇女“科学意识”维度标准分的心里不

舒服时的处理方式差异情况。“科学与非科学”“经济社会”“资源环境”3个维度均不具有显著差异。

表 5-2-51　B 群组农村妇女“科学意识”维度心里不舒服时的处理方式差异表

心里不舒服时的处理方式	n	科学与非科学		经济社会		资源环境	
		均值	标准差	均值	标准差	均值	标准差
自己闷着慢慢调整	79	3.940	2.392	1.110	0.679	4.320	2.301
找朋友聊天排解	94	3.300	2.077	1.090	0.624	3.860	2.162
寻求父母的安慰	15	2.710	2.268	0.870	0.833	3.400	2.558
寻求伴侣的安慰	27	3.300	2.985	0.810	0.736	3.630	2.339
向子女述说苦闷	31	4.100	2.925	0.940	0.772	3.870	2.680
找专业人士咨询	1	2.000		1.000		0.000	
F		1.404		1.208		1.285	

表 5-2-52 显示了 B 群组农村妇女“科学能力”维度标准分的心里不舒服时的处理方式差异情况。在 3 个维度中，“科学创造”维度存在显著差异，但由于找专业人士咨询一组总人数不足 2，因此无法进行进一步 post-hoc 检验（LSD）。

表 5-2-52　B 群组农村妇女“科学能力”维度心里不舒服时的处理方式差异表

心里不舒服时的处理方式	n	实际事务		公共事务		科学创造	
		均值	标准差	均值	标准差	均值	标准差
自己闷着慢慢调整	79	4.970	2.787	2.342	1.348	1.540	1.357
找朋友聊天排解	94	4.450	2.533	2.050	1.137	1.580	1.041
寻求父母的安慰	15	4.130	3.204	1.600	1.183	1.070	1.163
寻求伴侣的安慰	27	4.630	3.053	1.852	1.292	0.780	1.086
向子女述说苦闷	31	4.770	2.837	2.032	1.426	1.290	1.321
找专业人士咨询	1	1.000		0.000		2.000	
F		0.790		1.850		2.446*	

注：*表示均值差的显著性水平小于 0.05。

表 5-2-53 显示了 B 群组农村妇女“科学知识”维度标准分的权益遭受侵害时的处置方法差异情况。在 3 个维度中，“科学概念”维度存在显

著差异，进一步 post-hoc 检验（LSD）发现，在“科学概念”维度上，利用法律维护权益的农村妇女与找亲友帮忙处理和相信命运的安排的农村妇女具有特别显著的差异；自己忍一忍就算了的农村妇女与相信命运的安排的农村妇女具有显著差异。

表 5-2-53 B 群组农村妇女“科学知识”维度权益遭受侵害时的处置方法差异表

权益遭受侵害时的处置方法	n	科学概念		科学观点		科学方法	
		均值	标准差	均值	标准差	均值	标准差
利用法律维护权益	108	17.420	17.615	9.530	3.167	1.940	1.044
自己忍一忍就算了	60	14.030	14.849	9.160	2.818	1.500	0.891
找亲友帮忙处理	53	10.940	12.885	9.870	3.193	1.750	1.090
相信命运的安排	26	6.330	7.727	13.000	3.179	1.710	0.999
F		3.696**		1.875		2.168	

注：** 表示均值差的显著性水平小于 0.01。

表 5-2-54 显示了 B 群组农村妇女“科学意识”维度标准分的权益遭受侵害时的处置方法差异情况。“科学与非科学”“经济社会”“资源环境”3 个维度均存在显著差异，进一步 post-hoc 检验（LSD）发现，在“科学与非科学”维度上，利用法律维护权益的农村妇女与自己忍一忍就算了、找亲友帮忙处理和相信命运的安排的农村妇女具有比较显著的差异。在“经济社会”维度上，利用法律维护权益的农村妇女与自己忍一忍就算了和相信命运的安排的农村妇女具有比较显著的差异。在“资源环境”维度上，利用法律维护权益的农村妇女与自己忍一忍就算了和相信命运的安排的农村妇女具有非常显著的差异。

表 5-2-54 B 群组农村妇女“科学意识”维度权益遭受侵害时的处置方法差异表

权益遭受侵害时的处置方法	n	科学与非科学		经济社会		资源环境	
		均值	标准差	均值	标准差	均值	标准差
利用法律维护权益	108	4.370	2.718	1.210	0.711	4.490	2.405
自己忍一忍就算了	60	3.050	1.971	0.890	0.640	3.510	2.306
找亲友帮忙处理	53	3.230	2.190	1.000	0.679	3.770	2.250

续表

权益遭受侵害时的处置方法	n	科学与非科学		经济社会		资源环境	
		均值	标准差	均值	标准差	均值	标准差
相信命运的安排	26	2.250	1.189	0.750	0.707	3.210	1.532
F		6.907***		4.065**		3.695**	

注：*** 表示均值差的显著性水平小于 0.001，** 表示均值差的显著性水平小于 0.01。

表 5-2-55 显示了 B 群组农村妇女“科学能力”维度标准分的权益遭受侵害时的处置方法意识差异情况。在 3 个维度中，“实际事务”“科学创造”2 个维度均存在显著差异，进一步 post-hoc 检验（LSD）发现，在“实际事务”维度上，利用法律维护权益的农村妇女与自己忍一忍就算了、找亲友帮忙处理和相信命运的安排的农村妇女具有非常显著的差异。在“科学创造”维度上，利用法律维护权益的农村妇女与自己忍一忍就算了和相信命运的安排的农村妇女具有非常显著的差异。

表 5-2-55　B 群组农村妇女“科学能力”维度权益遭受侵害时的处置方法差异表

权益遭受侵害时的处置方法	n	实际事务		公共事务		科学创造	
		均值	标准差	均值	标准差	均值	标准差
利用法律维护权益	108	5.390	3.017	2.310	1.344	1.700	1.284
自己忍一忍就算了	60	4.050	2.707	1.980	1.340	1.150	1.176
找亲友帮忙处理	53	4.280	2.299	1.890	1.050	1.340	1.143
相信命运的安排	26	3.920	1.414	1.880	1.076	1.130	0.850
F		4.061**		2.284		3.491**	

注：** 表示均值差的显著性水平小于 0.01。

表 5-2-56 显示了 B 群组农村妇女“科学知识”维度标准分的对违法行为的处置方法意识差异情况。“科学概念”“科学观点”“科学方法”3 个维度均存在显著差异，进一步 post-hoc 检验（LSD）发现，在“科学概念”维度上，向有关部门检举揭发的农村妇女与认为跟自己无关就不管和帮其隐瞒或索要部分利益的农村妇女具有非常显著的差异。在“科学观点”维度上，向有关部门检举揭发的农村妇女与认为跟自己无关就不管、劝其自首和帮其隐瞒或索要部分利益的农村妇女具有比较显著的差异。在

“科学方法”维度上，向有关部门检举揭发的农村妇女与认为跟自己无关就不管和帮其隐瞒或索要部分利益的农村妇女具有比较显著的差异；劝其自首的农村妇女与认为跟自己无关就不管和帮其隐瞒并索要部分利益的农村妇女具有显著差异。

表 5-2-56 B 群组农村妇女“科学知识”维度对违法行为的处置方法差异表

对违法行为的处置方法	n	科学概念		科学观点		科学方法	
		均值	标准差	均值	标准差	均值	标准差
向有关部门检举揭发	56	17.460	17.349	10.590	2.571	1.960	1.026
跟自己无关就不管	68	10.960	13.622	8.900	3.322	1.430	0.973
劝其自首	111	14.870	15.822	9.740	3.093	1.900	0.990
帮其隐瞒或索要部分利益	12	6.920	9.596	8.580	3.204	1.250	1.055
F		2.801*		3.649*		4.963**	

注：** 表示均值差的显著性水平小于 0.01，* 表示均值差的显著性水平小于 0.05。

表 5-2-57 显示了 B 群组农村妇女“科学意识”维度标准分的对违法行为的处置方法差异情况。“科学与非科学”“经济社会”和“资源环境”3 个维度均存在显著差异，进一步 post-hoc 检验（LSD）发现，在“科学与非科学”维度上，向有关部门检举揭发的农村妇女与认为跟自己无关就不管和帮其隐瞒或索要部分利益的农村妇女具有比较显著的差异；认为跟自己无关就不管的农村妇女与劝其自首的农村妇女具有比较显著的差异。在“资源环境”维度上向有关部门检举揭发的农村妇女与认为跟自己无关就不管、劝其自首和帮其隐瞒或索要部分利益的农村妇女具有比较显著的差异；劝其自首的农村妇女与帮其隐瞒或索要部分利益的农村妇女具有十分显著的差异。

表 5-2-57 B 群组农村妇女“科学意识”维度对违法行为的处置方法差异表

对违法行为的处置方法	n	科学与非科学		经济社会		资源环境	
		均值	标准差	均值	标准差	均值	标准差
向有关部门检举揭发	56	4.110	2.852	1.290	0.680	3.980	2.653
跟自己无关就不管	68	3.000	2.205	0.880	0.702	3.380	2.369

续表

对违法行为的处置方法	n	科学与非科学		经济社会		资源环境	
		均值	标准差	均值	标准差	均值	标准差
劝其自首	111	3.780	2.264	1.050	0.644	4.340	2.069
帮其隐瞒或索要部分利益	12	1.920	1.676	0.580	0.669	2.920	2.065
F		4.486**		5.644***		3.353**	

注：*** 表示均值差的显著性水平小于 0.001，** 表示均值差的显著性水平小于 0.01。

表 5-2-58 显示了 B 群组农村妇女“科学能力”维度标准分对违法行为的处置方法差异情况。“实际事务”“公共事务”和“科学创造”3 个维度均存在显著差异，进一步 post-hoc 检验（LSD）发现，在“实际事务”维度上，向有关部门检举揭发的农村妇女与认为跟自己无关就不管和帮其隐瞒或索要部分利益的农村妇女具有非常显著的差异；劝其自首的农村妇女与跟自己无关就不管和帮其隐瞒或索要部分利益的农村妇女具有十分显著的差异。在“公共事务”维度上，向有关部门检举揭发的农村妇女与认为跟自己无关就不管和帮其隐瞒并索要部分利益的农村妇女具有显著的差异；劝其自首的农村妇女与跟自己无关就不管和帮其隐瞒或索要部分利益的农村妇女具有十分显著的差异。在“科学创造”维度上，劝其自首的农村妇女与跟自己无关就不管的农村妇女具有十分显著的差异；认为跟自己无关就不管的农村妇女与劝其自首的农村妇女具有显著差异。

表 5-2-58　B 群组农村妇女“科学能力”维度对违法行为的处置方法差异表

对违法行为的处置方法	n	实际事务		公共事务		科学创造	
		均值	标准差	均值	标准差	均值	标准差
向有关部门检举揭发	56	5.460	3.286	2.550	1.306	1.730	1.183
跟自己无关，不管	68	3.600	2.505	1.600	1.108	1.100	1.081
劝其自首	111	5.060	2.426	2.210	1.257	1.480	1.268
帮其隐瞒或索要部分利益	12	2.670	1.435	1.330	1.073	1.080	1.165
F		8.607***		8.225***		3.284*	

注：*** 表示均值差的显著性水平小于 0.001，* 表示均值差的显著性水平小于 0.05。

表 5-2-59 显示了 B 群组农村妇女在科学素质的“科学知识”“科学意识”和“科学能力”3 个维度标准分的赡养父母差异情况。“科学知识”维度中的“科学概念”具有显著的赡养观念差异，“科学意识”维度中的“科学与非科学”和“资源环境”具有显著的赡养观念差异，“科学能力”维度中的“实际事务”和“科学创造”具有显著的赡养观念差异。

表 5-2-59 赡养父母观念在科学素质各维度上的差异表（M±SD）

	全归儿子	不全归儿子	*t*	*P*
科学概念	10. 200±7. 542	15. 790±9. 856	−2. 685	0. 000
科学观点	8. 830±3. 026	10. 040±3. 070	−2. 922	0. 961
科学方法	1. 450±1. 030	1. 900±0. 986	−3. 326	0. 531
科学与非科学	2. 800±1. 824	3. 920±2. 584	−3. 480	0. 000
经济社会	0. 910±0. 620	1. 090±0. 711	−1. 951	0. 059
资源环境	3. 340±1. 876	4. 220±2. 460	−2. 830	0. 001
实际事务	4. 230±2. 355	4. 840±2. 895	−1. 653	0. 009
公共事务	1. 880±1. 296	2. 180±1. 255	−1. 778	0. 607
科学创造	1. 190±1. 032	1. 520±1. 277	−2. 059	0. 008

（三）青海 B 群组农村妇女科学素质各维度的相关关系

如表 5-2-60 所示，将本次调查的所有被试作为一个整体得出 B 群组农村妇女在 9 个一阶维度上的相关关系。结果显示除“科学能力”的一阶维度公共事务与“科学意识”的一阶维度科学与非科学和资源环境存在 0. 05 水平的显著相关外，剩余“科学知识”“科学意识”和“科学能力”的各一阶维度都相互存在 0. 01 水平的显著相关。

表 5-2-60 B 群组农村妇女一阶维度相关表

	科学概念	科学观点	科学方法	科学与非科学	经济社会	资源环境	实际事务	公共事务	科学创造
科学概念	1								
科学观点	0. 545**	1							

续表

	科学概念	科学观点	科学方法	科学与非科学	经济社会	资源环境	实际事务	公共事务	科学创造
科学方法	0.272**	0.546**	1						
科学与非科学	0.732**	0.506**	0.499**	1					
经济社会	0.498**	0.444**	0.502**	0.048**	1				
资源环境	0.761**	0.581**	0.498**	0.693**	0.590**	1			
实际事务	0.800**	0.591**	0.477**	0.701**	0.572**	0.800**	1		
公共事务	0.650**	0.598**	0.462**	0.554*	0.533**	0.634*	0.731**	1	
科学创造	0.349**	0.255**	0.343**	0.293**	0.398**	0.363**	0.450**	0.449**	1

注：** 表示在 0.01 水平（双侧）上显著相关，* 表示在 0.05 水平（双侧）上显著相关。

如表 5-2-61 所示，B 群组农村妇女科学素质的二阶各维度之间以及与总体得分的相关关系。二阶所有维度之间均在 0.01 水平显著相关；且各二阶维度与总体得分也表现出 0.01 水平显著相关。

表 5-2-61　B 群组农村妇女二阶维度相关表

	科学知识	科学意识	科学能力	科学素质
科学知识	1			
科学意识	0.843**	1		
科学能力	0.806**	0.794**	1	
科学素质	0.986**	0.904**	0.875**	1

注：** 表示在 0.01 水平（双侧）上显著相关，* 表示在 0.05 水平（双侧）上显著相关。

三、讨论与分析

（一）B 群组农村妇女科学素质基本情况分析

B 群组农村妇女在“科学知识”维度上的得分是：科学概念的平均分为 4.623 分，科学观点的平均分为 10.202 分，科学方法的平均分为 1.636

分；在“科学意识”维度上的得分是：科学与非科学的平均分是 2. 781 分，经济社会的平均分是 0. 818 分，资源环境的平均分是 3. 130 分；在“科学能力”维度上的得分是：实际事务的平均分为 3. 613 分，公共事务的平均分为 1. 729 分，科学创造的平均分为 1. 126 分。说明 B 群组农村妇女总体科学素质得分比较低，应采取合适的方法提高青海农村 B 群组妇女的科学素质。

（二）B 群组农村妇女科学素质各维度上的差异分析

在年龄维度上，总体呈现出年龄越大，科学素质得分越高的状况。46—50 岁的 B 群组农村妇女的“科学能力”的得分最高。分析原因，科学素质包括多个方面，分为 3 个部分，分别为“科学知识”“科学意识”和“科学能力”。其中在“科学能力”维度的 3 个方面都存在不同年龄段差异显著的现象。研究所采用的问卷中，“科学能力”维度的问题大多与生活习惯与常识相关。年龄越大的 B 群组农村妇女，生活经验越丰富，在成长过程中获得的知识也因日积月累相对丰富。年轻的 B 群组农村妇女可能获得了最先进的学习资源，可是缺乏社会实践，经验相对不足，在日常生活经验等问题上表现出劣势。同时不同年龄的 B 群组农村妇女在总结生活经验的同时，也受益于网络传媒的进步与发展，多途径接触新的科学文化知识，获取更多的生活常识，运用于生活，从而具有较高的科学文化素养。某些年龄较大的妇女可能受制于当时的社会环境无法进行系统的教育，但通过网络，可以大大缓解这一历史遗留问题所造成的尴尬。

在科学素质的“科学知识”“科学意识”和“科学能力”3 个维度上，父母家与自己家的不同位置对科学素质各维度得分产生了明显的影响。但由于人数原因无法进一步进行 post-hoc 检验，现无法对具体影响结果进行进一步分析。

在科学素质的“科学知识”维度的科学概念的得分上，住在父母家的 B 群组农村妇女显著低于回父母家频率为 1 个星期一次的农村妇女。分析原因，住在父母家的农村妇女极大可能限制了其活动范围，接触的圈子小，对外交流的机会少。很少“走出去”，获得的信息来源就很有限。学习的途径也相对匮乏，不利于其知识的获得与接纳。在青海，以农业为主的 B 群组农村妇女，一般以自然村为单位聚居在一起，B 群组农村妇女回父母家的次数多，说明居住地离父母家近，交通便利，与父母亲就留的机会多，学习的知识多。

在科学素质的“科学知识”、“科学意识”和“科学能力”3个维度上，认为赡养父母全是儿子责任的农村妇女科学素质得分显著低于不认为全是儿子责任的农村妇女。B群组农村妇女虽然受传统家庭观念的影响，对家庭模式、家庭分工方面的意识仍然比较传统，还没有完全打破"男主外，女主内"的传统劳动分工形式，也没有完全从传统的家庭观中走出来。但是，67.61%的B群组农村妇女认为男女平等，谁有能力谁就承担赡养父母的责任。这部分人的科学素养得分高，接受科学知识的能力较强。

在科学素质的“科学知识”“科学意识”和“科学能力”3个维度上，个人文化水平越高，科学素质各维度得分也越高。B群组农村妇女中不识字或基本不识字的人比较多，青海的B群组农村妇女语言交流以民族语言为主，个人文化水平越高，理解能力越强，接触的科学文化知识也越多；个人文化水平较低的人，理解能力比较低。所以，为了提高科学素质，需要加大文化教育的推广力度，确保民众接触到基础义务教育。①

在科学素质的“科学知识”“科学意识”和“科学能力”3个维度上，初婚年龄的影响主要表现在“科学知识”维度的科学概念得分上，初婚年龄为21—25岁的农村妇女比20岁以下的农村妇女得分高。② B群组农村妇女结婚后，养儿育女、侍奉老人、处理家庭内部事务。婚姻对已婚女性来说是一种附属于丈夫的社会资本，尽管这种婚姻是已婚妇女赖以生存的社会资本，但女性本人对这种资本几乎没有控制权。传统的从夫居住决定女性在结婚后要搬到丈夫家居住，这样就切断了她与原来社区伙伴、同学的联系，她们新建立起来的社会关系，也是依附于她们丈夫而建立的，B群组农村妇女的闲暇时间更多被家庭内部的活动占用了。结婚较晚的农村妇女，较少束缚于家庭事务，有利于促进自身科学素质的培养与发展。

农村妇女理想生育年龄在25—28岁的科学素质在科学概念、科学方法、实际事务的得分表现出明显的差异。B群组农村妇女理想生育年龄

---

① 马金萍．提高农村留守妇女素质研究［D］．太原：山西财经大学，2010.

② 朱晓敏．新疆农村劳动妇女素质与发展问题研究［D］．乌鲁木齐：新疆农业大学，2009.

大的观念新，能够接受更多科学文化知识。随着社会的开放和国家政策的支持，青海 B 群组农村妇女就业数量不断增加，女性有了平等参与家庭之外的社会活动的机会。女性的社会网络关系不再局限于小家庭，扩大到了同学、朋友、同事等关系。婚姻不再是已婚 B 群组农村妇女赖以生存的唯一渠道。在农村广泛的劳动力流动有利于帮助 B 群组农村妇女提高科学素质。

B 群组农村妇女在科学素质的“科学知识”“科学意识”和“科学能力”3 个维度上，对生活满意度比较高的人在“科学意识”各维度得分上最高。由于 B 群组农村妇女生活生产方式不同，对生活满意度比较高的人需要学习新的科学知识，为了提高生活质量，不断接触新知识，提高自身素质与能力。对生活满意度一般的人在“科学能力”维度上得分上最高，虽然满意度不高，但是，在实际事务、公共事务和科学创造上不断提高，改变生活状况，并没有消极对待。

在“科学知识”的科学概念，“科学意识”的“科学与非科学”经济社会和资源环境以及“科学能力”的实际事务和公共事务多个维度上，子女个数为 2—3 个的农村妇女得分最高。孩子太多的 B 群组农村妇女获取新知识的时间减少了，但是没有孩子的 B 群组农村妇女在 3 个维度的得分也不是最高，因此，孩子可以反方向提高农村妇女的科学素质，孩子数量在 2—3 个的农村妇女与孩子共成长。

在“科学知识”“科学意识”和“科学能力”3 个维度上，子女个人文化水平是初中的 B 群组农村妇女科学素质得分最高；子女个人文化水平是高中（职高、中专、技校）及以上的 B 群组农村妇女科学素质得分高于子女个人文化水平是不识字或基本不识字和小学的 B 群组农村妇女。环境塑造人，环境影响人。家是一个孩子离开学校之后获得知识最多的地方，一个良好的学习氛围与环境，极大促进了孩子知识的学习与进步，对孩子产生积极的促进作用。父母必要的知识储备也有助于孩子获得最佳的学习援助。在孩子求学之路上起到莫大的作用，帮助他到达知识的殿堂。而孩子日常的学习必然或多或少影响与其朝夕相处的父母，孩子将学到的知识运用到日常生活中，与其共处的父母最先受到影响，以此通过生活来获得科学知识，培养知识能力。①

① 韩玉宏．西藏高中学生科学素养现状调查及对策研究［D］．拉萨：西藏大学，2018.

在科学素质的“科学知识”“科学意识”和“科学能力”3个维度上，对子女毕业的期望对B群组农村妇女的科学素质得分并不具有明显的差异。虽无法进行进一步检验，但是从绝大部分B群组农村妇女选择让孩子毕业之后继续接受教育的结果来看，B群组农村妇女对于科学文化知识的认可度还是很高的，这也就体现了B群组农村妇女自身主动接受科学知识的可能性。

在“科学知识”的“科学概念”“科学能力”的“实际事务”和“公共事务”3个维度上，子女目前的就业情况中，子女务工的B群组农村妇女得分高于子女在学校就读的、务农和个体经营的农村妇女。分析原因，B群组农村妇女居住地交通不便利，信息来源少，如果子女能够务工，可以学到很多技术，只有拥有技术，才能做好自己的工作，维持生活。而科学能力相关问题涉及到了职业技能问题，只有拥有先进技术，别人不可替代的实力，才能确保自己工作的稳固性，因此，为了生存与工作，个体需要不断提高自身能力。为了维持一份好工作，就需要不断完善自己，以适应社会的需要，从改革开放政策实行以来，农业经济迅速发展，农村经济稳步提升，经济社会越来越需要技术人才而非劳动苦力，这就要求工作人员具备一定的专业科学知识与科技创新能力。

伴侣文化水平越高的农村妇女，分别在“科学知识”的科学概念、科学方法，“科学意识”的“科学与非科学”经济社会和资源环境以及“科学能力”的实际事务和公共事务多个维度上得分越高。夫妻之间朝夕相处，处处需要进行交流与沟通，思想碰撞的同时也在进行信息的传递。如果丈夫文化水平高，在日常生活的交往中，妇女一定会受到丈夫的影响，现代生活中，人们越来越注重婚姻的质量，讲究思想、文化上的门当户对，因此，个人文化水平高的男性在选择伴侣时倾向个人文化水平相当的伴侣，女性亦然。

在科学素质的“科学知识”“科学意识”和“科学能力”3个维度上，丈夫务工和从事个体经营的农村妇女得分高于丈夫待业与务农的农村妇女。丈夫务工和从事个体经营，可以获得更多技术和信息，在良好的信息背景下，农村妇女可以学到一定的科学技能，培养了科学能力。

在“科学知识”的“科学概念”和“科学能力”的“实际事务”2个维度上，待业的B群组农村妇女得分低于务工、务农和个体经营的B群组农村妇女。待业的B群组农村妇女与外界共享资源的机会较少，其难以建立具有丰富资源的社会关系；女性与朋友交往和男性不同，她们展开的多是表达性的行动，不利于她们获取新资源；女性交往多为小群体；女性休闲时间少于男性，限制她们开展社会交往，有工作的妇女就比待业的妇女具备优势。①

在“科学能力”的“公共事务”和“科学创造”2个维度上，个人月收入在1801—2500元的B群组农村妇女科学素质得分最高。可能因为工资水平的农村妇女正处于知识储备的顶峰期。

在科学素质的“科学知识”“科学意识”和“科学能力”3个维度各二级维度上，总体呈现家庭年收入10001—30000元的B群组农村妇女的科学素质高。家庭年收入50001元以上的B群组农村妇女的科学素质高于7000元以下的。分析原因，若妇女有一定的经济实力的情况下，可以将部分收入用于自身的教育与培训。同时，若妇女不用太多于担心自己的生计时，就会有能够自由控制的闲暇时间，能够用来学习科学文化知识，选取自己感兴趣的和有利用价值的进行学习。有更多的时间进行与他人的交往，外出等活动，这也有利于科学素质的提升。家庭年收入10001—30000元的农村妇女，不断学习，提升的空间大。

因为选择向专业人士咨询这组仅有一名被试，因此无法进行进一步post-hoc检验（LSD），所以无法进行进一步分析。同时，被试中仅有一人选择向专业人士咨询这个选项，这也侧方面体现出农村妇女心理健康知识的缺乏。而自己闷着慢慢调整的农村妇女更是体现出相关意识的淡薄，需要更多科学知识的传授。

在科学素质的“科学知识”“科学意识”和“科学能力”3个维度上，权益遭受侵害时的处置方法和对违法行为的处置方法中选择利用法律维护权益和向有关部门检举揭发的农村妇女，科学素质得分高。懂得用法律来维护自身权益并且知法对违法行为的处置方法的人科学素质高。法律知识欠缺的人缺乏正确科学意识。

四、结论

（一）B群组农村妇女的科学素质水平具有地区、年龄的差异性。

（二）B群组农村妇女的年龄、父母家与自己家的距离、个人文化水

① 周艳. 回族农村妇女的社会资本对其家庭地位的影响研究——对甘肃省临夏回族自治州L村的实证调查［D］. 兰州：西北师范大学，2009.

平、与父母的关系、伴侣文化水平、个人职业个人月收入及家庭年收入等因素对其科学素质得分具有影响。

（三）B 群组农村妇女科学素质得分及其各维度得分具有相关性。

五、措施

（一）加大科学素质的宣传力度。利用电视、手机、报纸、书刊、广播、网络等全方位媒体的宣传作用。定期通过座谈会、讲座等形式组织 B 群组农村妇女学习科学知识，提高语言能力。组织相关职能部门和专业人员下基层，走进 B 群组农村妇女的生活。

（二）鼓励 B 群组农村妇女继续深造。在受教育方面，给予 B 群组农村妇女更多的资助，让她们能继续接受教育，同时奖励在受教育方面表现优秀的 B 群组农村妇女。通过资助提高 B 群组农村妇女接受教育的热情，让妇女自愿主动的学习科学知识，为 B 群组农村妇女受教育提供一个良好的环境，从整体上提高 B 群组农村妇女的科学素质。

（三）以成人教育与农业技术教育为主，提高 B 群组农村妇女在劳动技能上的科学素养。针对于不同的农村背景，我们要有选择性的选取合适、必要的知识进行传播与教育。针对特异性的劳动技能需求，有的放矢方能效果显著。大力发展特色职业技术教育，全面提高 B 群组妇女就业竞争力和就业质量。①

（四）以弘扬民族精神为重点，培养 B 群组农村妇女建立高尚的思想政治观。积极发挥宗教信仰人士的积极作用，通过其较高的社会地位与威望，改变 B 群组农村妇女受歧视与不公平待遇的现状，引领民众树立先进的民族信仰，改变落后的传统观念，为 B 群组农村妇女创造良好的外部学习环境。为藏传佛教改革和发展与社会主义和谐社会建设开拓道路。②

① 李子华. 藏族妇女教育现状及政策转向［J］. 青海民族大学学报（社会科学版），2015，41（04）：133-139.

② 达娃次仁. 试论西藏高校藏族大学生的素质现状及其培养途径［D］. 重庆：西南师范大学，2002.

第三节　C 群组农村妇女科学素质研究结果

乡村振兴战略是党的十九大以来党中央围绕“三农”工作做出重大战略决策部署，是解决农村经济发展，补齐农村各方面的短板，从而实现小康社会，建设现代化强国的一项战略。乡村振兴战略是一项庞大、复杂的工程，需要不同层次的部门和各类人员的共同努力，在不同的领域发挥不同的作用，实现有效实施。农村妇女在青海省的乡村振兴战略中发挥着巨大的作用。

由于青海省地处偏远地区，受自然环境、文化水平等的影响，农村妇女的科学素质较低，从某种程度上阻碍了地区的发展，青海农村经济的长久稳定发展离不开大量具有较高综合素质的劳动力。但是，当前青海省内劳动力的文化程度相对偏低，青海农村妇女在学习和接受最新的科学技术培训教育方面出现了一定的困难，有较高实用性的科学技术难以在省内农村牧区得到广泛普及。青海省的 C 群组农村妇女在农村人口中占的比例高，她们的科学知识、科学意识和科学能力的发展现状如何，哪些因素影响了发展，采取何种措施提升青海省的 C 群组农村妇女的科学素质，需要进行具体的调查。

一、研究方法

（一）研究对象的选择

随机抽取青海省不同地区 C 群组农村妇女进行调查，采用纸质问卷形式发放问卷，填写完毕以后进行回收，有效问卷 558 份。

（二）研究工具的选择

1. 文献法

通过查找有关科学素质的文献，进行总结，在理论上形成科学素质的基本结构，编制问卷进行调查。

2. 定量分析法

对青海省的C群组农村妇女进行数据采集、规整、分析、预测和报告。利用描述性统计，了解研究C群组农村妇女科学素质的整体状况和影响因素。采用推论统计，通过假设检验推论出C群组农村妇女科学素质的一般特征。

（三）测试

对青海某大学的本地大学生进行生源地调查，在测试之前问卷编制者对施测者进行培训，包括对问卷的熟悉以及人口学必要信息的填写说明。测试开始后，首先填写人口学信息，然后测试者说明问卷相关问题，如根据自己真实感受填写，正误计分的计分规则等。另外，如遇到被试不识字或者识字较少的情况，测试者向被试口头进行问卷题目讲解，并帮助被试填写被试的真实答案。测试时间由测试者自行掌握，但尽量控制在20分钟内。测试时，问卷相关研究人员远程社交软件在线，根据需要及时帮助测试者解决相关问题。C群组农村妇女科学素质情况由C群组的学生进行测试，并且任何测试者对理解问卷题目有困难的被试都会进行试题讲解，保证被试理解准确。测试结束后问卷研究人员第一时间收回问卷。

（四）数据分析

收回问卷后使用Excel进行数据的录入。然后将数据转录到SPSS22.0中进行异常数据筛查和缺失值的替换，并进行统计分析。

二、描述与统计

（一）调查对象基本特征

被调查C群组农村妇女基本情况详细数据见表5-3-1。

表 5-3-1 C 群组农村妇女基本特征

	类别	频数（人）	比例（%）
年龄	20 岁以下	4	0.717
	21—25 岁	27	4.839
	26—30 岁	69	12.366
	31—35 岁	54	9.677
	36—40 岁	76	13.620
	41—45 岁	127	22.760
	46—50 岁	113	20.250
	51 岁以上	88	15.771
父母家与自己家的距离	同村	182	32.616
	同乡不同村	125	22.401
	同县不同乡	168	30.108
	同州不同县	18	3.226
	同省不同州市	48	8.602
	不在同一省	17	3.047
多久回父母家一次	住在父母家	44	7.885
	1 天	10	1.792
	1 个星期	60	10.753
	1 个月	103	18.459
	2—6 个月	168	30.108
	半年	101	18.100
	1 年	57	10.215
	2 年及以上	15	2.688
与父母的关系	亲密无间	146	26.165
	正常相处	385	68.996
	疏远有隔阂	27	4.839

续表

	类别	频数（人）	比例（%）
赡养责任	全在儿子	126	22.581
	不全在儿子	432	77.419
个人文化水平	不识字或基本不识字	64	11.470
	小学	156	27.957
	初中	218	39.068
	高中（职高、中专、技校）	81	14.516
	大专	26	4.659
	大学及以上	13	2.330
婚姻状况	未婚	19	3.405
	已婚	512	91.756
	离婚或丧偶	27	4.839
初婚年龄	不回答	19	3.405
	15—18 岁	15	2.688
	19—20 岁	159	28.494
	21—25 岁	310	55.556
	26 岁以上	55	9.857
理想生育年龄	15—18 岁	21	3.763
	19—20 岁	46	8.244
	21—24 岁	270	48.388
	25—28 岁	200	35.842
	29 岁及以上	21	3.763
家庭成员数	1	14	2.509
	2	32	5.735
	3	94	16.846
	4	216	38.710
	5 及以上	202	36.200

续表

	类别	频数（人）	比例（%）
生活满意度	满意	184	32.975
	比较满意	196	35.126
	一般	172	30.824
	不满意	6	1.075
子女个数	1	151	27.061
	2	324	58.065
	3 及以上	62	11.111
	0	21	3.763
理想子女数	0	3	0.538
	1	45	8.065
	2	491	87.992
	3 及以上	19	3.405
性别态度	生男孩更高兴	91	16.308
	男女一样	467	83.692
子女文化水平	不回答	21	3.763
	不识字或基本不识字	37	6.631
	小学	90	16.129
	初中	169	30.287
	高中（职高、中专、技校）	81	14.516
	大专	67	12.007
	大学本科及以上	93	16.667
对子女毕业后的期望	希望继续读大学	476	85.305
	希望外出打工	36	6.452
	希望务农	25	4.480
	不回答	21	3.763

续表

	类别	频数（人）	比例（%）
子女目前的就业情况	不回答	21	3.763
	学校就读	238	42.653
	待业	23	4.122
	务工	238	42.652
	务农	15	2.688
	个体经营	23	4.122
伴侣文化水平	不回答	46	8.244
	不识字或基本不识字	36	6.452
	小学	110	19.713
	初中	310	55.556
	高中（职高、中专、技校）	35	6.272
	大专及以上	21	3.763
伴侣目前的就业情况	待业	107	19.176
	务工	263	47.132
	务农	89	15.950
	个体经营	53	9.498
	不回答	46	8.244
个人职业	待业	75	13.441
	务工	236	42.294
	务农	182	32.616
	个体经营	65	11.649

续表

	类别	频数（人）	比例（%）
个人月收入	650 元以下	128	22. 939
	651—1200 元	123	22. 043
	1201—1800 元	115	20. 609
	1801—2500 元	86	15. 412
	2501—3000 元	79	14. 158
	3001 元以上	27	4. 839
家庭年收入	7000 元以下	59	10. 574
	7001—10000 元	127	22. 760
	10001—30000 元	165	29. 570
	30001—50000 元	96	17. 204
	50001—80000 元	84	15. 054
	80001—100000 元	20	3. 584
	100001 元以上	7	1. 254
心里不舒服时的处理方式	自己闷着慢慢调整	197	35. 304
	找朋友聊天排解	227	40. 681
	寻求父母的安慰	32	5. 735
	寻求伴侣的安慰	54	9. 677
	向子女述说苦闷	36	6. 452
	找专业人士咨询	12	2. 151
权益遭受侵害时的处置方法	利用法律维护权益	342	61. 290
	自己忍一忍算了	118	21. 148
	找亲友帮忙处理	71	12. 724
	靠非法团队报复	7	1. 254
	相信命运的安排	20	3. 584

续表

	类别	频数（人）	比例（%）
对违法行为的处置方法	向有关部门检举揭发	227	40.681
	跟自己无关就不管	122	21.864
	劝其自首	199	35.663
	帮其隐瞒或索要部分利益	10	1.792

（二）C 群组农村妇女科学知识、科学意识和科学能力状况及差异

C 群组农村妇女“科学知识”维度标准分的年龄差异情况，详见表 4-2-20。在“科学概念”“科学观点”“科学方法”3 个维度中都存在显著的差异。

C 群组农村妇女“科学意识”维度标准分的年龄差异情况，详见表 4-2-22。在 3 个维度中，“经济社会”与“资源环境”2 个维度存在显著的差异。

C 群组农村妇女“科学能力”维度标准分的年龄差异情况，详见表 4-2-24。在“实际事务”“公共事务”2 个维度中存在显著的差异。

表 5-3-2 显示了 C 群组农村妇女“科学知识”维度标准分的居住差异情况。在 3 个维度中，“科学方法”此维度存在显著的差异，进一步 post-hoc 检验（LSD）发现在“科学方法”维度上，家乡与居住地同县不同乡或者更近的农村妇女与家乡与居住地同乡同州不同县或同省不同州市的农村妇女差异比较显著。

表 5-3-2　C 群组农村妇女“科学知识”维度父母家与自己家的距离差异表

父母家与自己家的距离	n	科学概念		科学观点		科学方法	
		均值	标准差	均值	标准差	均值	标准差
同村	182	4.800	1.853	9.310	2.116	1.570	1.055
同乡不同村	125	4.620	1.399	9.160	2.310	1.530	1.128
同县不同乡	168	4.860	1.436	8.980	2.290	1.540	1.078
同州不同县	18	5.440	1.338	9.890	1.906	2.170	1.043

续表

父母家与自己家的距离	n	科学概念		科学观点		科学方法	
		均值	标准差	均值	标准差	均值	标准差
同省不同州市	48	5.200	1.203	10.080	2.303	2.100	1.150
不在同一省	17	4.500	2.093	8.940	2.313	1.560	1.199
F		1.506		1.918		2.792*	

注：* 表示均值差的显著性水平小于 0.05。

表 5-3-3 显示了 C 群组农村妇女“科学意识”维度标准分的居住差异情况。在 3 个维度中，“科学与非科学”和“资源环境”两个维度存在显著差异，进一步 post-hoc 检验（LSD）发现，在“科学与非科学”维度上，家乡与居住地不在同一省的农村妇女与同省或更近的农村妇女具有显著差异。在“资源环境”维度上，家乡与居住地同县不同乡或更近的农村妇女与同州不同县的农村妇女具有显著差异。家乡与居住地同乡的农村妇女与同省不同州市的农村妇女具有显著差异。

表 5-3-3 C 群组农村妇女“科学意识”维度父母家与自己家的距离差异表

父母家与自己家的距离	n	科学与非科学		经济社会		资源环境	
		均值	标准差	均值	标准差	均值	标准差
同村	182	6.560	2.277	0.800	0.643	3.160	1.216
同乡不同村	125	7.110	2.154	0.860	0.649	3.120	1.267
同县不同乡	168	6.580	2.222	0.880	0.708	3.400	1.314
同州不同县	18	7.500	2.256	0.890	0.583	4.110	1.132
同省不同州市	48	7.200	2.334	0.880	0.757	3.680	1.421
不在同一省	17	5.440	2.640	0.830	0.618	3.440	1.294
F		2.798*		0.267		3.105**	

注：** 表示均值差的显著性水平小于 0.01，* 表示均值差的显著性水平小于 0.05。

表 5-3-4 显示了 C 群组农村妇女“科学能力”维度标准分的居住差异情况。在 3 个维度中，“公共事务事务”此维度存在显著差异，进一步 post-hoc 检验（LSD）发现，在“公共事务”维度上，家乡与居住地同村的农村妇女与同县不同乡的农村妇女具有显著差异。

表 5-3-4 C 群组农村妇女“科学能力”维度父母家与自己家的距离差异表

父母家与自己家的距离	n	实际事务		公共事务		科学创造	
		均值	标准差	均值	标准差	均值	标准差
同村	182	4.350	1.406	2.100	0.898	1.060	0.970
同乡不同村	125	4.110	1.805	1.870	0.934	1.150	0.841
同县不同乡	168	4.280	1.598	1.700	1.107	1.080	0.814
同州不同县	18	4.610	1.420	1.670	1.237	1.220	0.732
同省不同州市	48	4.650	1.272	2.030	0.920	1.280	0.784
不在同一省	17	3.720	1.994	1.890	1.023	1.330	0.767
F		1.342		2.660*		0.732	

注：* 表示均值差的显著性水平小于 0.05。

表 5-3-5 显示了 C 群组农村妇女“科学知识”维度标准分的回父母家频率差异情况。在 3 个维度中，“科学观点”此维度存在显著的差异，进一步 post-hoc 检验（LSD）发现，在“科学观点”维度上，回父母家频率为一个星期到半年的农村妇女与回父母家频率为半年到 1 年的农村妇女差异特别显著，回父母家频率为 2 年以下的农村妇女与回父母家频率为两年及以上的农村妇女具有显著的差异。

表 5-3-5 C 群组农村妇女“科学知识”维度多久回父母家一次差异表

多久回父母家一次	n	科学概念		科学观点		科学方法	
		均值	标准差	均值	标准差	均值	标准差
住在父母家	44	5.260	3.250	8.960	2.421	1.700	1.146
1 天	10	4.400	1.350	9.100	1.853	1.500	1.434
1 个星期	60	4.720	1.541	9.350	2.208	1.750	1.068
1 个月	103	5.000	1.276	9.570	2.379	1.820	1.091
2—6 个月	168	4.850	1.239	9.840	2.215	1.650	1.159
半年	101	4.710	1.545	8.610	1.897	1.360	1.054
1 年	57	5.000	1.592	9.460	2.237	1.670	1.091
2 年及以上	15	3.670	1.759	7.200	1.821	1.200	0.775
F		1.918		4.534***		1.796	

注：*** 表示均值差的显著性水平小于 0.001。

表 5-3-6 显示了 C 群组农村妇女“科学意识”维度标准分的回父母家频率差异情况。在 3 个维度中，“资源环境”维度存在显著差异，进一步 post-hoc 检验（LSD）发现在“资源环境”维度上，回父母家频率为 1 个星期到半年的农村妇女与回父母家频率为半年到 1 年和 2 年及以上的农村妇女差异显著。

表 5-3-6　C 群组农村妇女“科学意识”维度多久回父母家一次差异表

多久回父母家一次	n	科学与非科学		经济社会		资源环境	
		均值	标准差	均值	标准差	均值	标准差
住在父母家	44	6.650	1.722	0.700	0.635	3.170	1.435
1 天	10	5.600	2.119	0.700	0.675	3.300	1.418
1 个星期	60	6.820	2.274	0.870	0.676	3.520	1.228
1 个月	103	6.830	2.241	0.830	0.687	3.600	1.223
2—6 个月	168	7.000	2.271	0.830	0.711	3.470	1.306
半年	101	6.710	2.426	0.850	0.639	3.020	1.216
1 年	57	6.630	2.093	0.980	0.641	3.180	1.351
2 年及以上	15	5.600	2.849	0.800	0.676	2.400	1.183
F		1.126		0.597		3.196**	

注：** 表示均值差的显著性水平小于 0.01。

表 5-3-7 显示了 C 群组农村妇女“科学能力”维度标准分的回父母家频率差异情况。在 3 个维度中，“实际事务”维度存在显著的差异。进一步 post-hoc 检验（LSD）发现在“实际事务”维度上，回父母家频率为 1—6 个月的农村妇女与回父母家频率为半年及以上的农村妇女具有显著的差异。

表 5-3-7　C 群组农村妇女“科学能力”维度多久回父母家一次差异表

多久回父母家一次	n	实际事务		公共事务		科学创造	
		均值	标准差	均值	标准差	均值	标准差
住在父母家	44	3.910	1.593	1.910	0.996	1.390	0.891
1 天	10	4.400	1.713	1.900	0.876	1.600	1.075

续表

多久回父母家一次	n	实际事务		公共事务		科学创造	
		均值	标准差	均值	标准差	均值	标准差
1 个星期	60	4.270	1.745	2.020	1.017	1.180	0.873
1 个月	103	4.630	1.448	1.890	1.111	1.190	0.908
2—6 个月	168	4.690	1.435	1.830	1.003	1.070	0.780
半年	101	4.100	1.597	1.850	0.963	0.960	0.894
1 年	57	3.790	1.544	2.020	0.954	1.110	0.795
2 年及以上	15	3.270	1.438	1.730	0.799	1.130	0.743
F		3.768***		0.378		1.472	

注：*** 表示均值差的显著性水平小于 0.001。

表 5-3-8 显示了 C 群组农村妇女“科学知识”维度标准分的个人文化水平差异情况。“科学概念”“科学观点”“科学方法”3 个维度均存在显著的差异，进一步 post-hoc 检验（LSD）发现，在“科学概念”维度上，个人文化水平为高中（职高、中专、技校）的农村妇女与个人文化水平为初中及以下和大专的农村妇女表现出显著的差异；个人文化水平为大学及以上的农村妇女与个人文化水平为大专和初中及以下的农村妇女差异显著。在“科学观点”维度上，个人文化水平为不识字或基本不识字的农村妇女与个人文化水平为小学及以上的农村妇女表现出显著的差异；个人文化水平为小学的农村妇女与个人文化水平为初中、高中（职高、中专、技校）和大学及以上的农村妇女具有显著的差异。在“科学方法”维度上，个人文化水平为高中（职高、中专、技校）和大学及以上的农村妇女与个人文化水平为初中及以下的农村妇女表现出显著的差异。

表 5-3-8　C 群组农村妇女“科学知识”维度个人文化水平差异表

个人文化水平	n	科学概念		科学观点		科学方法	
		均值	标准差	均值	标准差	均值	标准差
不识字或基本不识字	64	4.400	1.486	8.190	2.199	1.210	1.081
小学	156	4.640	1.429	8.960	2.100	1.490	1.030
初中	218	4.870	1.425	9.450	2.197	1.650	1.122

续表

个人文化水平	n	科学概念		科学观点		科学方法	
		均值	标准差	均值	标准差	均值	标准差
高中（职高、中专、技校）	81	5.400	2.215	9.950	2.288	2.080	1.046
大专	26	4.520	1.806	9.390	2.407	1.700	1.063
大学及以上	13	6.270	0.647	11.270	1.191	2.360	1.120
F		5.026***		6.640***		5.364***	

注：*** 表示均值差的显著性水平小于0.001。

表5-3-9显示了C群组农村妇女“科学意识”维度标准分的个人文化水平差异情况。在3个维度中，“经济社会”和“资源环境”2个维度存在显著的差异，进一步post-hoc检验（LSD）发现，在“经济社会”维度上，个人文化水平为高中（职高、中专、技校）和大专的农村妇女与个人文化水平为初中及以下的农村妇女差异非常显著。在“资源环境”维度上，不识字或基本不识字的农村妇女与个人文化水平为小学、高中（职高、中专、技校）和大学及以上的农村妇女具有显著的差异。个人文化水平为大学及以上的农村妇女与个人文化水平为大专及以下的农村妇女具有十分显著的差异。

表5-3-9 C群组农村妇女“科学意识”维度文化水平差异

个人文化水平	n	科学与非科学		经济社会		资源环境	
		均值	标准差	均值	标准差	均值	标准差
不识字或基本不识字	64	5.880	1.992	0.820	0.685	2.750	1.392
小学	156	6.850	2.209	0.720	0.606	3.150	1.242
初中	218	6.800	2.257	0.840	0.702	3.420	1.215
高中（职高、中专、技校）	81	6.890	2.361	1.100	0.656	3.730	1.163
大专	26	6.780	2.662	1.170	0.576	3.220	1.622
大学及以上	13	7.360	2.838	0.820	0.603	4.550	0.688
F		2.051		4.030***		6.475***	

注：*** 表示均值差的显著性水平小于0.001。

表5-3-10显示了C群组农村妇女"科学能力"维度标准分的个人文化水平差异情况。在3个维度中，"实际事务""公共事务"2个维度存在显著的差异，进一步post-hoc检验（LSD）发现，在"实际事务"维度上，不识字或基本不识字的农村妇女与个人文化水平为小学、高中（职高、中专、技校）和大学及以上的农村妇女具有显著的差异；个人文化水平为小学的农村妇女与个人文化水平为初中、高中（职高、中专、技校）的农村妇女具有十分显著的差异。在"公共事务"维度上，个人文化水平为大专的农村妇女与个人文化水平为高中（职高、中专、技校）及以下的农村妇女具有显著的差异。个人文化水平为大学及以上的农村妇女与个人文化水平为大专及以下的农村妇女具有显著的差异。

表5-3-10　C群组农村妇女"科学能力"维度个人文化水平差异表

个人文化水平	n	实际事务		公共事务		科学创造	
		均值	标准差	均值	标准差	均值	标准差
不识字或基本不识字	64	3.370	1.728	1.930	0.904	0.980	0.813
小学	156	4.150	1.470	1.800	0.940	1.230	0.923
初中	218	4.580	1.405	1.980	1.023	1.000	0.807
高中（职高、中专、技校）	81	4.830	1.542	1.980	1.081	1.280	0.958
大专	26	3.520	2.042	1.260	1.096	1.300	0.765
大学及以上	13	4.820	1.079	2.640	0.505	1.180	0.603
F		8.643^{***}		3.787^{**}		2.031	

注：***表示均值差的显著性水平小于0.001，**表示均值差的显著性水平小于0.01。

表5-3-11显示了C群组农村妇女"科学知识"维度标准分的初婚年龄差异情况。在3个维度中，"科学方法"维度存在显著的差异。进一步post-hoc检验（LSD）发现在"科学方法"维度上，初婚年龄为21—25岁的农村妇女与初婚年龄为18岁以下的农村妇女具有显著差异。

表 5-3-11 C 群组农村妇女“科学知识”维度初婚年龄差异表

初婚年龄	n	科学概念		科学观点		科学方法	
		均值	标准差	均值	标准差	均值	标准差
15—18 岁	15	4.930	4.009	8.070	3.025	1.000	1.038
19—20 岁	159	4.610	1.471	9.270	2.242	1.500	1.084
21—25 岁	310	4.930	1.421	9.320	2.210	1.760	1.096
26 岁以上	55	4.800	1.519	9.180	1.992	1.480	1.151
F		0.935		1.046		3.067*	

注：* 表示均值差的显著性水平小于 0.05。

表 5-3-12 显示了 C 群组农村妇女“科学意识”维度标准分的初婚年龄差异情况。在 3 个维度中，“资源环境”维度存在显著的差异。进一步 post-hoc 检验（LSD）发现在“资源环境”维度上，初婚年龄为 18 岁以下的农村妇女与初婚年龄为 21 岁及以上的农村妇女具有显著的差异。

表 5-3-12 C 群组农村妇女“科学意识”维度初婚年龄差异表

初婚年龄	n	科学与非科学		经济社会		资源环境	
		均值	标准差	均值	标准差	均值	标准差
15—18 岁	15	6.000	1.840	0.860	0.535	2.500	1.698
19—20 岁	159	6.530	2.338	0.820	0.626	3.160	1.282
21—25 岁	310	6.970	2.249	0.860	0.705	3.390	1.254
26 岁以上	55	6.360	2.168	0.840	0.645	3.520	1.285
F		1.975		0.095		2.549*	

注：* 表示均值差的显著性水平小于 0.05。

表 5-3-13 显示了 C 群组农村妇女“科学能力”维度标准分的初婚年龄差异情况。在 3 个维度中，“实际事务”和“公共事务”2 个维度存在显著的差异，进一步 post-hoc 检验（LSD）发现，在“实际事务”维度上，初婚年龄为 18 岁以下的农村妇女与初婚年龄为 19 岁及以上的农村妇女具有显著差异。在“公共事务”维度上，初婚年龄为 26 岁及以上的农村妇女与初婚年龄为 18 岁以下的农村妇女具有显著的差异。

表 5-3-13　C 群组农村妇女“科学能力”维度初婚年龄差异表

初婚年龄	n	实际事务		公共事务		科学创造	
		均值	标准差	均值	标准差	均值	标准差
15—18 岁	15	3.210	1.929	2.210	0.699	0.930	0.730
19—20 岁	159	4.080	1.723	1.890	0.933	1.160	0.884
21—25 岁	310	4.440	1.465	1.980	1.019	1.110	0.883
26 岁以上	55	4.430	1.516	1.410	1.085	1.160	0.745
F		3.036*		3.466**		0.277	

注：** 表示均值差的显著性水平小于 0.01，* 表示均值差的显著性水平小于 0.05。

表 5-3-14 显示了 C 群组农村妇女“科学知识”维度标准分的理想生育年龄差异情况。在 3 个维度中，“科学概念”维度存在显著差异。进一步 post-hoc 检验（LSD）发现，在“科学概念”维度上，理想生育年龄为 29 岁及以上的农村妇女与理想生育年龄为 29 岁以下的农村妇女具有显著的差异。

表 5-3-14　C 群组农村妇女“科学知识”维度理想生育年龄差异表

理想生育年龄	n	科学概念		科学观点		科学方法	
		均值	标准差	均值	标准差	均值	标准差
15—18 岁	21	5.210	1.357	9.840	1.302	1.950	7.370
19—20 岁	46	4.410	1.312	9.260	2.245	1.620	6.410
21—24 岁	270	4.850	1.797	9.120	2.300	1.570	6.550
25—28 岁	200	5.030	1.200	9.490	2.212	1.690	7.180
29 岁及以上	21	3.370	1.499	8.320	2.241	1.370	5.420
F		5.876***		1.806		0.948	

注：*** 表示均值差的显著性水平小于 0.001。

表 5-3-15 显示了 C 群组农村妇女“科学意识”维度标准分的理想生育年龄差异情况。在 3 个维度中，“科学与非科学”和“资源环境”2 个维度存在显著的差异。进一步 post-hoc 检验（LSD）发现，在“科学与非科学”维度上，理想生育年龄为 29 岁及以上的农村妇女与理想生育年龄为 28 岁以下和 18 岁以下的农村妇女具有显著差异。在“资源环境”维度上，理想生育年龄为 29 岁及以上的农村妇女与理想生育年龄为 28 岁以下

和18岁以下的农村妇女具有显著的差异。

表5-3-15 C群组农村妇女"科学意识"维度理想生育年龄差异表

理想生育年龄	n	科学与非科学		经济社会		资源环境	
		均值	标准差	均值	标准差	均值	标准差
15—18岁	21	7.370	1.739	0.950	0.621	3.840	1.068
19—20岁	46	6.410	1.996	0.870	0.656	3.150	1.329
21—24岁	270	6.550	2.277	0.870	0.661	3.320	1.242
25—28岁	200	7.180	2.284	0.790	0.704	3.390	1.353
29岁及以上	21	5.420	2.434	0.890	0.567	2.470	1.172
F		4.129^{**}		0.496		3.138^{*}	

注：** 表示均值差的显著性水平小于0.01，* 表示均值差的显著性水平小于0.05。

表5-3-16显示了C群组农村妇女"科学能力"维度标准分的理想生育年龄差异情况。在3个维度中，"实际事务"和"公共事务"2个维度存在显著的差异。进一步post-hoc检验（LSD）发现，在"实际事务"维度上，理想生育年龄为29岁及以上的农村妇女与理想生育年龄为28岁以下的农村妇女具有显著的差异。在"公共事务"维度上，理想生育年龄为18岁以下的农村妇女与理想生育年龄为28岁以下的农村妇女具有显著的差异。理想生育年龄为29岁及以上的农村妇女与理想生育年龄为28岁以下的农村妇女具有显著的差异。

表5-3-16 C群组农村妇女"科学能力"维度理想生育年龄差异表

理想生育年龄	n	实际事务		公共事务		科学创造	
		均值	标准差	均值	标准差	均值	标准差
15—18岁	21	4.790	0.855	1.110	1.197	0.950	0.780
19—20岁	46	4.180	1.730	1.870	0.978	0.870	0.767
21—24岁	270	4.280	1.653	2.020	0.915	1.170	0.895
25—28岁	200	4.420	1.436	1.930	1.046	1.100	0.860
29岁及以上	21	3.000	1.453	1.110	0.875	1.420	0.692
F		4.060^{**}		7.156^{***}		1.760	

注：*** 表示均值差的显著性水平小于0.001，** 表示均值差的显著性水平小于0.01。

表 5-3-17 显示了 C 群组农村妇女“科学知识”维度标准分的家庭成员数差异情况。“科学概念”“科学观点”“科学方法”3 个维度均不存在显著的差异。

表 5-3-17　C 群组农村妇女“科学知识”维度家庭成员数差异表

家庭成员数	*n*	科学概念		科学观点		科学方法	
		均值	标准差	均值	标准差	均值	标准差
1	14	3.780	2.108	8.890	3.140	1.110	0.782
2	32	4.830	3.083	9.030	2.163	1.450	1.183
3	94	4.630	1.378	9.220	2.203	1.740	1.061
4	216	4.850	1.382	9.300	2.066	1.630	1.077
5 及以上	202	4.940	1.454	9.270	2.406	1.620	1.146
F		1.523		0.150		0.857	

表 5-3-18 显示了 C 群组农村妇女“科学意识”维度标准分的家庭成员数差异情况。“科学与非科学”“经济社会”“资源环境”3 个维度均不存在显著的差异。

表 5-3-18　C 群组农村妇女“科学意识”维度家庭成员数差异表

家庭成员数	*n*	科学与非科学		经济社会		资源环境	
		均值	标准差	均值	标准差	均值	标准差
1	14	6.000	2.915	1.220	0.441	2.560	1.810
2	32	5.790	1.971	0.720	0.649	3.000	1.165
3	94	6.790	2.169	0.880	0.670	3.240	1.273
4	216	6.880	2.288	0.780	0.649	3.400	1.284
5 及以上	202	6.760	2.298	0.910	0.695	3.350	1.287
F		1.685		1.727		1.532	

表 5-3-19 显示了 C 群组农村妇女“科学能力”维度标准分的家庭成员数差异情况。在 3 个维度中，“实际事务”维度存在显著的差异，进一步 post-hoc 检验（LSD）发现，在“实际事务”维度上，家庭成员为 1—2 人的农村妇女与家庭成员为 4、5 及以上的农村妇女具有显著的差异。“科

学能力”的其余 2 个维度不存在显著的差异。

表 5-3-19 C 群组农村妇女“科学能力”维度家庭成员数差异表

家庭成员数	n	实际事务		公共事务		科学创造	
		均值	标准差	均值	标准差	均值	标准差
1	14	3.110	1.691	1.560	1.130	0.560	0.527
2	32	3.340	1.675	2.170	0.711	0.930	0.923
3	94	4.140	1.613	1.740	0.993	1.240	0.847
4	216	4.320	1.590	1.890	1.002	1.130	0.839
5 及以上	202	4.530	1.449	1.950	1.036	1.130	0.892
F		5.262***		1.417		1.653	

注：*** 表示均值差的显著性水平小于 0.001。

表 5-3-20 显示了 C 群组农村妇女“科学知识”维度标准分的生活满意度差异情况。在 3 个维度中，“科学概念”“科学方法”2 个维度均存在显著的差异，进一步 post-hoc 检验（LSD）发现，在“科学概念”和“科学观点”维度上，对目前生活满意的农村妇女与比较满意的和不满意的农村妇女具有比较显著的差异。在“科学概念”维度上，对目前生活不满意的农村妇女与满意、比较满意和一般的农村妇女具有显著的差异。在“科学观点”维度上，感觉目前生活一般的农村妇女与满意、比较满意的农村妇女具有显著的差异。

表 5-3-20 C 群组农村妇女“科学知识”维度生活满意度差异表

生活满意度	n	科学概念		科学观点		科学方法	
		均值	标准差	均值	标准差	均值	标准差
满意	184	4.670	1.415	9.080	2.265	1.740	1.068
比较满意	196	4.840	1.543	9.130	2.152	1.630	1.077
一般	172	4.910	1.438	9.660	2.293	1.500	1.159
不满意	6	6.430	5.127	8.000	1.826	1.140	1.215
F		3.050*		2.695*		1.640	

注：* 表示均值差的显著性水平小于 0.05。

表 5-3-21 显示了 C 群组农村妇女“科学意识”维度标准分的生活满意度差异情况。“科学与非科学”“经济社会”和“资源环境”3 个维度均不存在显著的差异。

表 5-3-21　C 群组农村妇女“科学意识”维度生活满意度差异表

生活满意度	n	科学与非科学		经济社会		资源环境	
		均值	标准差	均值	标准差	均值	标准差
满意	184	6. 810	2. 163	0. 870	0. 642	3. 320	1. 288
比较满意	196	6. 820	2. 216	0. 890	0. 685	3. 190	1. 317
一般	172	6. 610	2. 458	0. 800	0. 683	3. 470	1. 234
不满意	6	5. 570	2. 507	0. 430	0. 535	3. 290	1. 704
F		0. 876		1. 449		1. 181	

表 5-3-22 显示了 C 群组农村妇女“科学能力”维度标准分的生活满意度差异情况。“实际事务”“公共事务”和“科学创造”3 个维度均不存在显著的差异。

表 5-3-22　C 群组农村妇女“科学能力”维度生活满意度差异表

生活满意度	n	实际事务		公共事务		科学创造	
		均值	标准差	均值	标准差	均值	标准差
满意	184	4. 240	1. 714	1. 830	1. 033	1. 230	0. 857
比较满意	196	4. 310	1. 549	1. 960	0. 984	1. 090	0. 830
一般	172	4. 380	1. 417	1. 920	0. 990	1. 050	0. 912
不满意	6	3. 140	1. 864	1. 710	1. 113	1. 000	0. 816
F		1. 429		0. 564		1. 210	

表 5-3-23 显示了 C 群组农村妇女“科学知识”维度标准分的子女个数差异情况。在 3 个维度中，在“科学观点”一个维度存在显著的差异，进一步 post-hoc 检验（LSD）发现，在“科学观点”维度上，子女个数为 3 个及以上的农村妇女与子女个数为 1—2 个的农村妇女表现出显著的差异。

表 5-3-23　C 群组农村妇女“科学知识”维度子女个数差异表

子女个数	n	科学概念		科学观点		科学方法	
		均值	标准差	均值	标准差	均值	标准差
1	151	4.880	1.859	9.580	2.343	1.590	1.103
2	324	4.860	1.417	9.360	2.105	1.660	1.114
3 及以上	62	4.390	1.645	8.140	2.341	1.400	1.015
0	21	5.300	1.750	9.150	2.346	1.950	1.146
F		2.176		5.871***		1.469	

注：*** 表示均值差的显著性水平小于 0.001。

表 5-3-24 显示了 C 群组农村妇女“科学意识”维度标准分的子女个数差异情况。“科学与非科学”“经济社会”和“资源环境 3 个维度均不存在显著的差异。

表 5-3-24　C 群组农村妇女“科学意识”维度子女个数差异表

子女个数	n	科学与非科学		经济社会		资源环境	
		均值	标准差	均值	标准差	均值	标准差
1	151	6.540	2.397	0.870	0.717	3.350	1.285
2	324	6.930	2.198	0.840	0.643	3.370	1.276
3 及以上	62	6.300	2.244	0.910	0.714	2.910	1.327
0	21	6.500	2.565	0.750	0.639	3.600	1.273
F		1.670		0.370		2.373	

表 5-3-25 显示了 C 群组农村妇女“科学能力”维度标准分的子女个数差异情况。在 3 个维度中，“实际事务”维度存在显著的差异，进一步 post-hoc 检验（LSD）发现，在“实际事务”维度上，有 1—2 子女的农村妇女与子女个数为 3 及以上的农村妇女具有显著的差异。

表 5-3-25　C 群组农村妇女“科学能力”维度子女个数差异表

子女个数	n	实际事务		公共事务		科学创造	
		均值	标准差	均值	标准差	均值	标准差
1	151	4.410	1.534	2.020	0.939	1.250	0.935

续表

子女个数	n	实际事务		公共事务		科学创造	
		均值	标准差	均值	标准差	均值	标准差
2	324	4.370	1.524	1.850	1.049	1.060	0.842
3 及以上	62	3.650	1.856	1.860	0.934	1.180	0.805
0	21	4.300	1.342	2.050	0.887	1.050	0.887
F		3.634*		0.941		1.357	

注：*表示均值差的显著性水平小于 0.05。

表 5-3-26 显示了 C 群组农村妇女“科学知识”维度标准分的子女文化水平差异情况。3 个维度中，“科学概念”维度存在显著的差异。进一步 post-hoc 检验（LSD）发现，在“科学概念”维度上，子女个人文化水平为小学的农村妇女与子女文化为初中及以上的农村妇女具有显著的差异。

表 5-3-26 C 群组农村妇女“科学知识”维度子女文化水平差异表

子女文化水平	n	科学概念		科学观点		科学方法	
		均值	标准差	均值	标准差	均值	标准差
不识字或基本不识字	37	5.100	1.680	9.740	2.280	1.840	1.098
小学	90	5.320	2.129	9.630	2.353	1.760	1.071
初中	169	4.750	1.527	9.220	2.244	1.610	1.123
高中（职高、中专、技校）	81	4.400	1.429	8.700	2.165	1.400	1.028
大专	67	4.670	1.339	9.060	2.004	1.690	1.147
大学及以上	93	4.700	1.249	9.300	2.233	1.600	1.092
F		2.663*		1.303		1.048	

注：*表示均值差的显著性水平小于 0.05。

表 5-3-27 显示了 C 群组农村妇女“科学意识”维度标准分的子女文化水平差异情况。3 个维度中，“经济社会”维度存在显著的差异。进一步 post-hoc 检验（LSD）发现，在“经济社会”维度上，子女文化水平为小学的农村妇女与子女文化水平为高中（职高、中专、技校）及以上的农村

妇女具有显著的差异。

表 5-3-27　C 群组农村妇女“科学意识”维度子女文化水平差异表

子女文化水平	n	科学与非科学		经济社会		资源环境	
		均值	标准差	均值	标准差	均值	标准差
不识字或基本不识字	37	6.680	2.535	0.940	0.629	3.520	1.338
小学	90	7.090	2.408	1.140	0.679	3.630	1.270
初中	169	6.790	2.172	0.960	0.645	3.290	1.284
高中（职高、中专、技校）	81	6.400	2.027	0.570	0.621	3.100	1.349
大专	67	6.600	2.411	0.790	0.667	3.040	1.328
大学及以上	93	6.750	2.343	0.670	0.612	3.270	1.173
F		0.670		7.311^{***}		1.702	

注：*** 表示均值差的显著性水平小于 0.001。

表 5-3-28 显示了 C 群组农村妇女“科学能力”维度标准分的子女个人文化水平差异情况。在 3 个维度中，“公共事务”维度存在显著的差异。进一步 post-hoc 检验（LSD）发现，在“公共事务”维度上，子女文化水平为初中的农村妇女与子女文化水平为小学及以下的农村妇女具有显著的差异；子女文化水平为大专的农村妇女与子女文化水平为小学的农村妇女具有显著的差异。

表 5-3-28　C 群组农村妇女“科学能力”维度子女个人文化水平差异表

子女文化水平	n	实际事务		公共事务		科学创造	
		均值	标准差	均值	标准差	均值	标准差
不识字或基本不识字	37	4.480	1.480	2.160	0.779	1.420	0.807
小学	90	4.530	1.593	2.120	0.967	1.230	0.805
初中	169	4.130	1.721	1.750	1.107	1.080	0.906
高中（职高、中专、技校）	81	4.220	1.474	1.800	0.988	0.980	1.892
大专	67	4.230	1.640	1.730	0.992	1.210	0.776

续表

子女文化水平	n	实际事务		公共事务		科学创造	
		均值	标准差	均值	标准差	均值	标准差
大学及以上	93	4.330	1.423	1.960	0.901	1.050	0.893
F		0.653		2.233*		1.383	

注：* 表示均值差的显著性水平小于 0.05。

表 5-3-29 显示了 C 群组农村妇女“科学知识”维度标准分的对子女毕业后的期望差异情况。在 3 个维度中，“科学概念”“科学方法”2 个维度存在显著的差异，进一步 post-hoc 检验（LSD）发现，在“科学概念”维度上，希望子女毕业后继续读大学的农村妇女与希望子女毕业后外出打工的农村妇女存在显著的差异。在“科学方法”维度上，希望子女继续读大学的农村妇女与希望子女外出打工和希望务农的农村妇女具有显著的差异。

表 5-3-29　C 群组农村妇女“科学知识”维度对子女毕业后的期望差异表

对子女毕业后的期望	n	科学概念		科学观点		科学方法	
		均值	标准差	均值	标准差	均值	标准差
希望继续读大学	476	4.930	1.540	9.340	2.239	1.680	1.112
希望外出打工	36	3.840	1.568	8.590	2.077	1.190	0.965
希望务农	25	4.350	1.927	8.500	2.306	1.150	0.875
F		8.149***		2.843		4.959**	

注：*** 表示均值差的显著性水平小于 0.001，** 表示均值差的显著性水平小于 0.01。

表 5-3-30 显示了 C 群组农村妇女“科学意识”维度标准分的对子女毕业后的期望差异情况。在 3 个维度中，在“科学与非科学”“资源环境”2 个维度存在显著的差异，进一步 post-hoc 检验（LSD）发现，在“科学与非科学”维度上，希望子女毕业后希望继续读大学的农村妇女与希望子女毕业后外出打工的农村妇女具有显著的差异。在“资源环境”维度上，希望子女希望继续读大学的农村妇女与希望子女外出打工和希望务农的农村妇女具有显著的差异。

表 5-3-30　C 群组农村妇女“科学意识”维度对子女毕业后的期望差异表

对子女毕业后的期望	n	科学与非科学		经济社会		资源环境	
		均值	标准差	均值	标准差	均值	标准差
希望继续读大学	476	6. 840	2. 248	0. 860	0. 677	3. 410	1. 273
希望外出打工	36	5. 910	2. 248	0. 780	0. 553	2. 500	1. 191
希望务农子	25	5. 950	2. 544	0. 800	0. 696	2. 650	1. 182
F		3. 792*		0. 247		10. 658***	

注：*** 表示均值差的显著性水平小于 0. 001，* 表示均值差的显著性水平小于 0. 05。

表 5-3-31 显示了 C 群组农村妇女“科学能力”维度标准分的对子女毕业后的期望差异情况。在 3 个维度中，“实际事务”维度存在显著的差异。希望子女毕业后继续读大学的农村妇女与希望子女毕业后外出打工和希望务农的农村妇女具有显著的差异。

表 5-3-31　C 群组族族农村妇女“科学能力”维度对子女毕业后的期望差异表

对子女毕业后的期望	n	实际事务		公共事务		科学创造	
		均值	标准差	均值	标准差	均值	标准差
希望继续读大学	476	4. 440	1. 486	1. 910	1. 018	1. 150	0. 854
希望外出打工	36	3. 030	1. 769	1. 910	0. 856	0. 840	1. 051
希望务农	25	3. 100	1. 744	1. 700	0. 923	1. 050	0. 686
F		19. 208***		0. 413		1. 917	

注：*** 表示均值差的显著性水平小于 0. 001。

表 5-3-32 显示了 C 群组农村妇女“科学知识”维度标准分的子女目前的就业情况差异。“科学概念”“科学观点”和“科学方法”3 个维度存在显著的差异，进一步 post-hoc 检验（LSD）发现，在“科学概念”维度上，子女在学校就读的农村妇女与子女务农的农村妇女具有显著的差异。在“科学观点”维度上，子女个体经营和务农的农村妇女与子女学校就读和待业的农村妇女具有显著的差异；子女学校就读的农村妇女与子女务工的农村妇女具有显著的差异。在“科学方法”维度上，子女务农的农村妇女与子女在学校就读、待业和务工的农村妇女具有显著差异。子女在学校就读的农村妇女与子女务工的农村妇女具有显著的差异。

表 5-3-32　C 群组农村妇女“科学知识”维度子女目前的就业情况差异表

子女目前的就业情况	n	科学概念		科学观点		科学方法	
		均值	标准差	均值	标准差	均值	标准差
学校就读	238	5.030	1.367	9.650	2.178	1.810	1.122
待业	23	4.830	1.642	9.260	2.435	1.700	1.063
务工	238	4.610	1.861	8.950	2.196	1.490	1.042
务农	15	3.930	1.223	7.800	2.178	0.730	0.884
个体经营	23	4.480	1.904	7.960	1.745	1.350	0.935
F		2.732*		5.010***		4.974***	

注：*** 表示均值差的显著性水平小于 0.001，* 表示均值差的显著性水平小于 0.05。

表 5-3-33 显示了 C 群组农村妇女“科学意识”维度标准分的子女目前的就业情况差异情况。“科学与非科学”“经济社会”“资源环境”3 个维度存在显著的差异，进一步 post-hoc 检验（LSD）发现，在“科学与非科学”维度上，子女学校就读和待业的农村妇女与子女务工务农的农村妇女具有显著的差异。在“经济社会”维度上，子女在校就读的农村妇女与子女务工的农村妇女具有显著的差异。在“资源环境”维度上，子女在学校就读、待业和务工的农村妇女与子女个体经营的农村妇女具有特别显著的差异；子女在学校就读的农村妇女与务农和个体经营的农村妇女具有显著的差异。

表 5-3-33　C 群组农村妇女“科学意识”维度子女目前的就业情况差异表

子女目前的就业情况	n	科学与非科学		经济社会		资源环境	
		均值	标准差	均值	标准差	均值	标准差
学校就读	238	7.160	2.229	0.930	0.668	3.610	1.213
待业	23	7.480	2.192	0.870	0.694	3.220	1.413
务工	238	6.210	2.254	0.760	0.659	3.040	1.274
务农	15	5.200	2.336	0.800	0.561	2.530	0.915
个体经营	23	6.260	1.864	0.870	0.757	2.430	1.273
F		5.626***		2.367*		7.761***	

注：*** 表示均值差的显著性水平小于 0.001，* 表示均值差的显著性水平小于 0.05。

表 5-3-34 显示了 C 群组农村妇女“科学能力”维度标准分的子女目前的就业情况差异情况。在 3 个维度中，“实际事务”维度存在显著的差异，进一步 post-hoc 检验（LSD）发现在“实际事务”维度上，子女在学校就读的农村妇女与子女待业、务工、务农和个体经营的农村妇女具有显著的差异。

表 5-3-34　C 群组农村妇女“科学能力”维度子女目前的就业情况差异表

子女目前的就业情况	n	实际事务		公共事务		科学创造	
		均值	标准差	均值	标准差	均值	标准差
学校就读	238	4.700	1.369	1.920	1.091	1.140	0.853
待业	23	4.040	2.033	1.910	0.793	1.390	0.891
务工	238	3.880	1.575	1.860	0.933	1.110	0.8667
务农	15	3.530	1.685	2.130	0.516	0.600	0.910
个体经营	23	3.350	1.991	1.610	0.891	1.170	0.834
F		8.147^{***}		0.879		1.649	

注：*** 表示均值差的显著性水平小于 0.001。

表 5-3-35 显示了 C 群组农村妇女“科学知识”维度标准分的伴侣文化水平差异情况。“科学概念”“科学观点”和“科学方法”3 个维度均存在显著的差异，进一步 post-hoc 检验（LSD）发现，在“科学概念”维度上，伴侣文化水平大专及以上的农村妇女与伴侣个人文化水平高中（职高、中专、技校）及以下的农村妇女具有显著的差异；伴侣个人文化水平为不识字或基本不识字的农村妇女与无伴侣、伴侣个人文化水平为初中的农村妇女具有显著的差异。在“科学观点”维度上，伴侣不识字或基本不识字的农村妇女与伴侣；文化水平为小学及以上的农村妇女具有显著的差异。在“科学方法”维度上，伴侣文化水平为大专及以上的农村妇女与伴侣文化水平为高中（职高、中专、技校）及以下的农村妇女具有显著的差异；伴侣不识字或基本不识字的农村妇女与伴侣个人文化水平为初中及以上的农村妇女具有显著的差异。

表 5-3-35　C 群组农村妇女“科学知识”维度伴侣文化水平差异表

伴侣文化水平	n	科学概念		科学观点		科学方法	
		均值	标准差	均值	标准差	均值	标准差
不识字或基本不识字	36	4.250	1.663	7.810	1.997	1.170	1.082
小学	110	4.800	1.406	9.240	2.221	1.470	1.115
初中	310	4.830	1.686	9.260	2.222	1.670	1.089
高中（职高、中专、技校）	35	4.690	1.231	9.740	1.788	1.860	1.089
大专及以上	21	5.860	1.236	11.100	2.022	2.290	0.845
F		3.180**		6.597***		3.649**	

注：*** 表示均值差的显著性水平小于 0.001，** 表示均值差的显著性水平小于 0.001。

表 5-3-36 显示了 C 群组农村妇女“科学意识”维度标准分的伴侣文化水平差异情况。在 3 个维度中，“科学与非科学”和“资源环境”2 个维度存在显著的差异，进一步 post-hoc 检验（LSD）发现，在“科学与非科学”维度上，伴侣文化水平为不识字或基本不识字的农村妇女与伴侣文化水平为小学及以上的农村妇女具有显著的差异；伴侣个人文化水平为大专及以上的农村妇女与伴侣个人文化水平为不识字或基本不识字、小学和初中的农村妇女具有显著的差异。在“资源环境”维度上，伴侣文化水平为不识字或基本不识字的农村妇女与伴侣文化水平为小学及以上的农村妇女具有显著的差异；伴侣个人文化水平为大专及以上农村妇女与伴侣文化水平为不识字或基本不识字、小学、初中和高中（职高、中专、技校）的农村妇女具有显著的差异。

表 5-3-36　C 群组农村妇女“科学意识”维度伴侣文化水平差异表

伴侣文化水平	n	科学与非科学		经济社会		资源环境	
		均值	标准差	均值	标准差	均值	标准差
不识字或基本不识字	36	4.920	1.933	0.610	0.728	2.720	1.137
小学	110	6.580	2.186	0.850	0.623	3.320	1.219
初中	310	6.900	2.169	1.030	0.680	3.290	1.301

续表

伴侣文化水平	n	科学与非科学		经济社会		资源环境	
		均值	标准差	均值	标准差	均值	标准差
高中（职高、中专、技校）	35	7.290	2.619	0.950	0.664	3.370	1.352
大专及以上	21	7.900	2.567	0.850	0.669	4.330	0.966
F		6.901***		1.565		4.515***	

注：*** 表示均值差的显著性水平小于 0.001。

表 5-3-37 显示了 C 群组农村妇女“科学能力”维度标准分的伴侣文化水平差异情况。在 3 个维度中，“实际事务”维度存在显著的差异，进一步 post-hoc 检验（LSD）发现，在“实际事务”维度上，伴侣个人文化水平为高中（职高、中专、技校）的农村妇女与伴侣个人文化水平为不识字或基本不识字的农村妇女具有显著的差异。

表 5-3-37　C 群组农村妇女“科学能力”维度伴侣文化水平差异表

伴侣文化水平	n	实际事务		公共事务		科学创造	
		均值	标准差	均值	标准差	均值	标准差
不识字或基本不识字	36	3.310	1.618	1.780	0.722	1.280	0.815
小学	110	4.360	1.419	1.840	1.063	1.050	0.839
初中	310	4.300	1.623	1.880	1.012	1.060	0.874
高中（职高、中专、技校）	35	4.510	1.541	2.090	0.981	1.660	0.906
大专及以上	21	5.240	0.831	2.050	1.161	1.100	0.625
F		4.796***		0.953		3.428**	

注：*** 表示均值差的显著性水平小于 0.001，** 表示均值差的显著性水平小于 0.01。

表 5-3-38 显示了 C 群组农村妇女“科学知识”维度标准分的伴侣目前的就业情况差异情况。“科学概念”“科学观点”和“科学方法”3 个维度均不存在显著的差异。

表 5-3-38 C 群组农村妇女“科学知识”维度伴侣目前的就业情况差异表

伴侣目前的就业情况	n	科学概念		科学观点		科学方法	
		均值	标准差	均值	标准差	均值	标准差
待业	107	4.770	2.407	8.870	2.245	1.450	1.084
务工	263	4.960	1.428	9.400	2.301	1.660	1.114
务农	89	4.430	1.347	9.040	2.142	1.520	1.024
个体经营	53	4.910	1.596	9.230	2.072	1.790	1.183
F		2.582		1.175		1.202	

表 5-3-39 显示了 C 群组农村妇女“科学意识”维度标准分的伴侣目前的就业情况差异情况。在 3 个维度中，“资源环境”维度存在显著的差异。进一步 post-hoc 检验（LSD）发现，在“资源环境”维度上，伴侣待业的农村妇女与伴侣务农、务工、个体经营的农村妇女具有显著的差异。

表 5-3-39 C 群组农村妇女“科学意识”维度伴侣目前的就业情况差异表

伴侣目前的就业情况	n	科学与非科学		经济社会		资源环境	
		均值	标准差	均值	标准差	均值	标准差
待业	107	6.470	2.163	0.920	0.675	2.890	1.382
务工	263	6.970	2.252	0.820	0.701	3.440	1.255
务农	89	6.240	2.316	0.900	0.622	3.040	1.251
个体经营	53	6.700	2.325	0.830	0.580	3.570	1.294
F		2.598		0.553		4.924**	

注：** 表示均值差的显著性水平小于 0.01。

表 5-3-40 显示了 C 群组农村妇女“科学能力”维度标准分的伴侣目前的就业情况差异情况。在 3 个维度中，“实际事务”维度存在显著的差异。进一步 post-hoc 检验（LSD）发现，在“实际事务”维度上，伴侣目前的就业情况为待业的农村妇女与伴侣目前的就业情况为个体经营和务工的农村妇女具有显著的差异。

表 5-3-40 C 群组农村妇女"科学能力"维度伴侣目前的就业情况差异表

伴侣目前的就业情况	n	实际事务		公共事务		科学创造	
		均值	标准差	均值	标准差	均值	标准差
待业	107	3.770	1.804	1.720	0.928	1.000	0.784
务工	263	4.370	1.547	1.960	1.022	1.160	0.852
务农	89	4.170	1.463	1.840	0.952	1.080	0.882
个体经营	53	4.580	1.586	1.870	1.057	1.110	0.974
F		2.941*		1.039		0.629	

注：* 表示均值差的显著性水平小于 0.05。

表 5-3-41 显示了 C 群组农村妇女"科学知识"维度标准分的个人职业差异情况。"科学概念""科学观点""科学方法 3 个维度均存在显著的差异。进一步 post-hoc 检验（LSD）发现，在"科学概念"维度上，务工的农村妇女与务农和个体经营的农村妇女具有显著的差异。在"科学观点"维度上，务工的农村妇女与务农和个体经营的农村妇女具有显著的差异。在"科学方法"维度上，务工的农村妇女与待业、务农和个体经营的农村妇女具有显著的差异；待业的农村妇女与务农的农村妇女具有显著的差异。

表 5-3-41 C 群组农村妇女"科学知识"维度个人职业差异表

个人职业	n	科学概念		科学观点		科学方法	
		均值	标准差	均值	标准差	均值	标准差
待业	75	4.800	1.438	9.180	2.410	1.600	1.157
务工	236	5.200	1.711	9.670	2.208	1.950	1.066
务农	182	4.570	1.391	9.080	2.197	1.280	0.998
个体经营	65	4.480	1.640	8.620	2.089	1.570	1.145
F		5.685***		4.180**		10.788***	

注：*** 表示均值差的显著性水平小于 0.001，** 表示均值差的显著性水平小于 0.01。

表 5-3-42 显示了 C 群组农村妇女"科学意识"维度标准分的个人职业差异情况。在 3 个维度中，"科学与非科学"和"资源环境"2 个维度存在显著的差异，进一步 post-hoc 检验（LSD）发现，在"科学与非科

学”维度上，务工的农村妇女与务农和个体经营的农村妇女具有显著的差异；务农的农村妇女与个体经营的农村妇女具有显著的差异。在“资源环境”维度上，务工的农村妇女与待业、务农和个体经营的农村妇女具有显著的差异。

表 5-3-42　C 群组农村妇女“科学意识”维度个人职业差异表

个人职业	n	科学与非科学		经济社会		资源环境	
		均值	标准差	均值	标准差	均值	标准差
待业	75	6.650	2.335	0.970	0.749	3.110	1.336
务工	236	7.170	2.192	0.800	0.690	3.640	1.201
务农	182	6.640	2.221	0.910	0.658	3.090	1.271
个体经营	65	5.910	2.343	0.720	0.516	3.220	1.375
F		5.217**		2.249		6.010***	

注：*** 表示均值差的显著性水平小于 0.001，** 表示均值差的显著性水平小于 0.01。

表 5-3-43 显示了 C 群组农村妇女“科学能力”维度标准分的个人职业差异情况。在 3 个维度中，“实际事务”维度存在显著的差异。进一步 post-hoc 检验（LSD）发现，在“实际事务”维度上，务工的农村妇女与待业和务农的农村妇女具有显著的差异。

表 5-3-43　C 群组农村妇女“科学能力”维度个人职业差异表

个人职业	n	实际事务		公共事务		科学创造	
		均值	标准差	均值	标准差	均值	标准差
待业	75	4.000	1.581	1.850	1.064	1.170	0.821
务工	236	4.610	1.425	1.870	0.922	1.190	0.824
务农	182	4.090	1.665	2.020	0.936	1.050	0.900
个体经营	65	4.180	1.638	1.750	1.003	1.080	0.924
F		4.063**		1.320		0.897	

注：** 表示均值差的显著性水平小于 0.01。

表 5-3-44 显示了 C 群组农村妇女“科学知识”维度标准分的个人月

收入差异情况。在 3 个维度中，“科学观点”和“科学方法”2 个维度存在显著的差异，进一步 post-hoc 检验（LSD）发现，在“科学观点”维度上，个人月收入为 651—1200 元的农村妇女与个人月收入为 1801 元及以上的农村妇女具有非常显著的差异；个人月收入为 1801—2500 元的农村妇女与个人月收入为 1800 元及以下的农村妇女表现出特别显著的差异。在“科学方法”维度上，个人月收入为 650 元以下的农村妇女与个人月收入为 1201 元及以上的农村妇女具有显著的差异；个人月收入为 2501—3000 元的农村妇女与个人月收入为 1800 元及以下的农村妇女具有显著的差异。

表 5-3-44　C 群组农村妇女“科学知识”维度个人月收入差异表

个人月收入	*n*	科学概念		科学观点		科学方法	
		均值	标准差	均值	标准差	均值	标准差
650 元以下	128	4. 810	1. 341	9. 090	1. 31	1. 310	1. 068
651—1200 元	123	4. 710	2. 076	8. 700	1. 43	1. 430	1. 121
1201—1800 元	115	4. 710	1. 494	9. 080	1. 65	1. 650	1. 079
1801—2500 元	86	5. 110	1. 371	10. 280	1. 98	1. 980	1. 053
2501—3000 元	79	4. 890	1. 552	9. 490	2. 08	2. 080	0. 958
3001 元以上	27	5. 040	1. 241	9. 720	1. 84	1. 840	1. 143
F		0. 747		4. 725***		6. 199***	

表 5-3-45 显示了 C 群组农村妇女“科学意识”维度标准分个人月收入情况。在 3 个维度中，“经济社会”和“资源环境”2 个维度存在显著的差异，进一步 post-hoc 检验（LSD）发现，在“经济社会”维度上，个人月收入为 1201—1800 元的农村妇女与个人月收入为 1801—3000 元的农村妇女具有显著的差异。在“资源环境”维度上，个人月收入为 1801—2500 元的农村妇女与个人月收入为 1800 元以下的农村妇女具有显著的差异。

表 5-3-45　C 群组农村妇女“科学意识”维度个人月收入差异表

个人月收入	*n*	科学与非科学		经济社会		资源环境	
		均值	标准差	均值	标准差	均值	标准差
650 元以下	128	6. 730	2. 388	0. 830	0. 683	3. 090	1. 219

续表

个人月收入	n	科学与非科学		经济社会		资源环境	
		均值	标准差	均值	标准差	均值	标准差
651—1200元	123	6.620	2.372	0.850	0.666	3.050	1.360
1201—1800元	115	6.660	2.132	0.690	0.637	3.260	1.265
1801—2500元	86	7.170	2.205	1.000	0.612	3.820	1.158
2501—3000元	79	6.740	2.104	1.020	0.693	3.740	1.347
3001元以上	27	6.400	2.449	0.760	0.723	3.480	1.122
F		0.653		2.503*		4.964***	

注：*** 表示均值差的显著性水平小于0.001，* 表示均值差的显著性水平小于0.05。

表5-3-46显示了C群组农村妇女“科学能力”维度标准分的个人月收入差异情况。“实际事务”“公共事务”“科学创造”3个维度均不存在显著的差异。

表5-3-46 C群组农村妇女“科学能力”维度个人月收入差异表

个人月收入	n	实际事务		公共事务		科学创造	
		均值	标准差	均值	标准差	均值	标准差
650元以下	128	4.190	1.580	2.020	0.906	1.090	0.915
651—1200元	123	4.030	1.589	2.060	0.877	1.110	0.831
1201—1800元	115	4.370	1.509	1.860	1.027	0.990	0.819
1801—2500元	86	4.490	1.491	1.630	1.140	1.220	0.838
2501—3000元	79	4.430	1.693	1.790	1.098	1.280	0.907
3001元以上	27	4.640	1.705	1.760	1.128	1.240	0.879
F		1.256		2.038		1.093	

表5-3-47显示了C群组农村妇女“科学知识”维度标准分的家庭年收入差异情况。“科学概念”“科学观点”和“科学方法”3个维度均不存在显著的差异。

表 5-3-47 C 群组农村妇女“科学知识”维度家庭年收入差异表

家庭年收入	*n*	科学概念		科学观点		科学方法	
		均值	标准差	均值	标准差	均值	标准差
7000 元以下	59	4. 660	1. 409	8. 780	2. 013	1. 400	1. 030
7001—10000 元	127	4. 670	1. 515	9. 010	2. 327	1. 540	1. 106
10001—30000 元	165	5. 010	1. 301	9. 650	2. 208	1. 620	1. 119
30001—50000 元	96	4. 940	1. 362	9. 250	2. 151	1. 710	1. 145
50001—80000 元	84	4. 750	2. 399	9. 200	2. 227	1. 890	1. 703
80001—100000 元	20	4. 130	1. 767	9. 070	2. 404	1. 730	0. 799
100001 元以上	7	6. 200	2. 588	9. 400	3. 708	1. 000	1. 414
F		1. 789		1. 347		1. 372	

表 5-3-48 显示了 C 群组农村妇女“科学意识”维度标准分的家庭年收入差异情况。“科学与非科学”“经济社会”和“资源环境”3 个维度均不存在显著的差异。

表 5-3-48 C 群组农村妇女“科学意识”维度家庭年收入差异表

家庭年收入	*n*	科学与非科学		经济社会		资源环境	
		均值	标准差	均值	标准差	均值	标准差
7000 元以下	59	6. 620	2. 089	0. 780	0. 616	3. 160	1. 201
7001—10000 元	127	6. 720	2. 353	0. 840	0. 665	3. 050	1. 293
10001—30000 元	165	6. 970	2. 286	0. 890	0. 689	3. 450	1. 227
30001—50000 元	96	6. 870	2. 227	0. 810	0. 601	3. 540	1. 338
50001—80000 元	84	6. 500	2. 320	0. 910	0. 745	3. 210	1. 385
80001—100000 元	20	5. 470	2. 264	0. 600	0. 632	3. 530	1. 246
100001 元以上	7	5. 800	1. 483	1. 400	0. 548	4. 000	1. 414
F		1. 348		1. 205		1. 934	

表 5-3-49 显示了 C 群组农村妇女“科学能力”维度标准分的家庭年收入差异情况。在 3 个维度中，“公共事务”维度存在显著的差异，进一步 post-hoc 检验（LSD）发现，在“公共事务”维度上，家庭年收入为 10001—30000 元的农村妇女与家庭年收入为 50001 元及以上的农村妇女具

有显著的差异。家庭年收入为30001—50000元的农村妇女与家庭年收入7001—10000元的农村妇女具有显著的差异。

表 5-3-49　C 群组农村妇女“科学能力”维度家庭年收入差异表

家庭年收入	*n*	实际事务		公共事务		科学创造	
		均值	标准差	均值	标准差	均值	标准差
7000 元以下	59	4.000	1.863	1.740	0.986	0.980	0.869
7001—10000 元	127	4.040	1.585	2.060	0.820	1.020	0.880
10001—30000 元	165	4.540	1.257	2.120	0.974	1.180	0.907
30001—50000 元	96	4.540	1.708	1.810	1.026	1.230	0.847
50001—80000 元	84	4.160	1.756	1.410	1.092	1.200	0.749
80001—100000 元	20	3.930	1.580	1.600	1.183	0.870	0.834
100001 元以上	7	3.800	1.304	1.400	1.517	1.400	0.548
F		1.955		4.831***		1.193	

注：*** 表示均值差的显著性水平小于 0.001。

表5-3-50显示了C群组农村妇女“科学知识”维度标准分的心里不舒服时的处理方式差异情况。在3个维度中，“科学观点”维度存在显著的差异，进一步post-hoc检验（LSD）发现，在“科学观点”维度上，寻求伴侣的安慰的农村妇女与找专业人士咨询的农村妇女显著的差异。

表 5-3-50　C 群组农村妇女“科学知识”维度心里不舒服时的处理方式差异表

心里不舒服时的处理方式	*n*	科学概念		科学观点		科学方法	
		均值	标准差	均值	标准差	均值	标准差
自己闷着慢慢调整	197	5.100	1.652	9.340	2.173	1.600	1.100
找朋友聊天排解	227	4.560	1.606	9.120	2.303	1.680	1.128
寻求父母的安慰	32	5.000	1.351	8.250	2.048	1.580	1.100
寻求伴侣的安慰	54	4.850	1.392	10.080	1.939	1.630	1.172
向子女述说苦闷	36	4.810	1.578	9.300	2.425	1.590	1.013

续表

心里不舒服时的处理方式	n	科学概念		科学观点		科学方法	
		均值	标准差	均值	标准差	均值	标准差
找专业人士咨询	12	4.820	1.079	8.180	2.183	1.180	0.751
F		2.053		3.120**		0.456	

注：** 表示均值差的显著性水平小于 0.01。

表 5-3-51 显示了 C 群组农村妇女“科学意识”维度标准分的心里不舒服时的处理方式差异情况。在 3 个维度中，“科学与非科学”此维度具有显著的差异。进一步 post-hoc 检验（LSD）发现，在“科学与非科学”维度上，找朋友聊天排解的农村妇女与自己闷着慢慢调整、寻求伴侣安慰、向子女诉说苦闷和找专业人士咨询的农村妇女具有显著的差异。寻求父母安慰的农村妇女与寻求伴侣安慰的农村妇女具有显著的差异。

表 5-3-51 C 群组农村妇女“科学意识”维度心里不舒服时的处理方式差异表

心里不舒服时的处理方式	n	科学与非科学		经济社会		资源环境	
		均值	标准差	均值	标准差	均值	标准差
自己闷着慢慢调整	197	6.880	2.020	0.860	0.682	3.390	1.250
找朋友聊天排解	227	6.270	2.233	0.760	0.626	3.220	1.293
寻求父母的安慰	32	6.380	2.568	0.960	0.751	2.960	1.398
寻求伴侣的安慰	54	7.480	2.675	1.020	0.727	3.380	1.388
向子女述说苦闷	36	7.190	2.413	0.860	0.631	3.590	1.257
找专业人士咨询	12	7.820	1.799	1.090	0.701	3.360	1.206
F		3.721**		1.803		1.028	

注：** 表示均值差的显著性水平小于 0.01。

表 5-3-52 显示了 C 群组农村妇女“科学能力”维度标准分的心里不舒服时的处理方式差异情况。“实际事务”“公共事务”和“科学创造”3 个维度均不存在显著的差异。

表 5-3-52　C 群组农村妇女“科学能力”维度心里不舒服时的处理方式差异表

心里不舒服时的处理方式	n	实际事务		公共事务		科学创造	
		均值	标准差	均值	标准差	均值	标准差
自己闷着慢慢调整	197	4.290	1.490	2.060	0.949	1.130	0.875
找朋友聊天排解	227	4.290	1.625	1.820	1.009	1.040	0.858
寻求父母的安慰	32	3.750	1.511	1.710	0.999	1.040	0.908
寻求伴侣的安慰	54	4.580	1.576	1.940	1.074	1.310	0.853
向子女述说苦闷	36	3.970	1.572	1.700	0.966	1.080	0.862
找专业人士咨询	12	5.000	1.949	1.730	1.191	1.730	0.467
F		1.662		1.630		1.962	

表 5-3-53 显示了 C 群组农村妇女“科学知识”维度标准分的权益遭受侵害时的处置方法差异情况。“科学概念”“科学观点”“科学方法”3 个维度均存在显著差异，进一步 post-hoc 检验（LSD）发现，在“科学概念”维度上，利用法律维护权益的农村妇女与自己忍一忍就算了、找亲友帮忙处理和相信命运的安排的农村妇女具有特别显著的差异；靠非法团队报复的农村妇女与其他类型的农村妇女有特别显著的差异。在“科学观点”维度上，利用法律维护权益的农村妇女与自己忍一忍就算了和相信命运的安排的农村妇女具有特别显著的差异。在“科学方法”维度上，利用法律维护权益的农村妇女与自己忍一忍就算了、找亲友帮忙处理和相信命运的安排的农村妇女具有特别显著的差异。

表 5-3-53　C 群组农村妇女“科学知识”维度权益遭受侵害时的处置方法差异表

权益遭受侵害时的处置方法	n	科学概念		科学观点		科学方法	
		均值	标准差	均值	标准差	均值	标准差
利用法律维护权益	342	5.140	1.485	9.640	2.150	1.890	1.085
自己忍一忍就算了	118	4.300	1.659	8.550	2.3130	1.130	0.987
找亲友帮忙处理	71	4.370	1.484	9.030	2.051	1.410	1.052
靠非法团队报复	7	5.500	2.345	8.170	2.714	1.330	0.516
相信命运的安排	20	4.200	1.521	8.130	2.446	0.930	0.961
F		8.011***		6.169***		12.459***	

注：*** 表示均值差的显著性水平小于 0.001。

表5-3-54显示了C群组农村妇女“科学意识”维度标准分的权益遭受侵害时的处置方法差异情况。“科学与非科学”“经济社会”“资源环境”3个维度均存在显著的差异，进一步post-hoc检验（LSD）发现，在“科学与非科学”维度上，利用法律维护权益的农村妇女与自己忍一忍就算了、找亲友帮忙处理和相信命运的安排的农村妇女具有比较显著的差异；找亲友帮忙处理的农村妇女与自己忍一忍就算了的农村妇女具有比较显著的差异。在“经济社会”维度上，利用法律维护权益的农村妇女与自己忍一忍就算了的农村妇女具有显著的差异。找非法团队报复的农村妇女与利用法律维护权力、自己忍一忍就算了、找亲友帮忙处理和相信命运安排的农村妇女具有显著的差异。在“资源环境”维度上，利用法律维护权益的农村妇女与自己忍一忍就算了、找亲友帮忙处理和相信命运的安排的农村妇女具有非常显著的差异。

表5-3-54　C群组农村妇女“科学意识”维度权益遭受侵害时的处置方法差异表

权益遭受侵害时的处置方法	n	科学与非科学		经济社会		资源环境	
		均值	标准差	均值	标准差	均值	标准差
利用法律维护权益	342	7.160	2.305	0.920	0.673	3.580	1.242
自己忍一忍算了	118	6.430	2.036	0.690	0.579	2.980	1.280
找亲友帮忙处理	71	5.490	1.951	0.750	0.733	2.850	1.257
靠非法团队报复	7	6.830	2.229	1.500	0.837	2.670	1.211
相信命运的安排	20	5.870	2.326	0.800	0.561	2.870	1.302
F		8.329^{***}		3.978^{**}		7.769^{***}	

注：*** 表示均值差的显著性水平小于0.001，** 表示均值差的显著性水平小于0.01。

表5-3-55显示了C群组农村妇女“科学能力”维度标准分的权益遭受侵害时的处置方法差异情况。在3个维度中，“实际事务”“公共事务”2个维度均存在显著的差异，进一步post-hoc检验（LSD）发现，在“实际事务”维度上，利用法律维护权益的农村妇女与自己忍一忍就算了、找亲友帮忙处理和相信命运的安排的农村妇女具有非常显著的差异；找亲友帮忙处理的农村妇女与自己忍一忍就算了和相信命运安排的农村妇女具有非常显著的差异。在“公共事务”维度上，相信命运安排的农村妇女与利用法律维护权益、自己忍一忍就算了和找亲友帮忙处理的农村妇女具有显著的差异。

表 5-3-55 C 群组农村妇女“科学能力”维度权益遭受侵害时的处置方法差异表

权益遭受侵害时的处置方法	n	实际事务		公共事务		科学创造	
		均值	标准差	均值	标准差	均值	标准差
利用法律维护权益	342	4.770	1.261	1.990	1.039	1.230	0.827
自己忍一忍算了	118	3.380	1.754	1.890	0.958	0.920	0.913
找亲友帮忙处理	71	3.950	1.634	1.730	0.739	1.020	0.881
靠非法团队报复	7	4.170	1.835	1.500	1.379	1.330	1.033
相信命运的安排	20	2.870	1.552	1.070	0.961	0.870	0.834
F		22.024***		3.954**		3.091	

注：*** 表示均值差的显著性水平小于 0.001，** 表示均值差的显著性水平小于 0.01。

表 5-3-56 显示了 C 群组农村妇女“科学知识”维度标准分的对违法行为的处置方法的差异情况。在 3 个维度中，“科学观点”和“科学方法”2 个维度均存在显著的差异，进一步 post-hoc 检验（LSD）发现，在“科学观点”维度上，向有关部门检举揭发的农村妇女与认为跟自己无关就不管、劝其自首和帮其隐瞒或索要部分利益的农村妇女具有非常显著的差异；帮其隐瞒或索要部分利益与认为跟自己无关就不管的农村妇女、劝其自首的农村妇女存在非常明显的差异。在“科学方法”维度上，向有关部门检举揭发的农村妇女与认为与跟自己无关就不管和劝其自首的农村妇女具有显著的差异。

表 5-3-56 C 群组农村妇女“科学知识”维度权益对违法行为的处置方法差异表

对违法行为的处置方法	n	科学概念		科学观点		科学方法	
		均值	标准差	均值	标准差	均值	标准差
向有关部门检举揭发	227	5.000	1.300	9.820	1.976	1.890	1.098
跟自己无关就不管	122	4.520	1.721	8.820	2.468	1.440	1.082
劝其自首	199	4.850	1.717	8.990	2.261	1.480	1.073
帮其隐瞒或索要部分利益	10	4.630	2.134	8.000	1.512	1.250	1.165
F		2.043		6.975***		5.693***	

注：*** 表示均值差的显著性水平小于 0.001。

表 5-3-57 显示了 C 群组农村妇女“科学意识”维度标准分的对违法行为的处置方法差异情况。在 3 个维度中，“经济社会”“资源环境”2 个维度均存在显著的差异，进一步 post-hoc 检验（LSD）发现，在“经济社会”维度上，向有关部门检举揭发的农村妇女与认为跟自己无关就不管、劝其自首的农村妇女具有显著的差异。在“资源环境”维度上，向有关部门检举揭发的农村妇女与认为跟自己无关就不管、劝其自首和帮其隐瞒并索要部分利益的农村妇女具有十分显著的差异。

表 5-3-57 C 群组农村妇女“科学意识”维度对违法行为的处置方法差异表

对违法行为的处置方法	*n*	科学与非科学		经济社会		资源环境	
		均值	标准差	均值	标准差	均值	标准差
向有关部门检举揭发	227	7.050	2.331	0.990	0.711	3.640	1.223
跟自己无关就不管	122	6.690	2.242	0.790	0.646	3.190	1.331
劝其自首	199	6.500	2.201	0.750	0.614	3.110	1.245
帮其隐瞒或索要部分利益	10	5.630	2.446	0.630	0.744	2.380	1.685
F		2.365		4.367**		7.211***	

注：*** 表示均值差的显著性水平小于 0.001，** 表示均值差的显著性水平小于 0.01。

表 5-3-58 显示了 C 群组农村妇女“科学能力”维度标准分的对违法行为的处置方法差异情况。“实际事务”“公共事务”和“科学创造”3 个维度均存在显著的差异，进一步 post-hoc 检验（LSD）发现，在“实际事务”维度上，向有关部门检举揭发的农村妇女与认为跟自己无关就不管、劝其自首和帮其隐瞒或索要部分利益的农村妇女具有非常显著的差异；劝其自首的农村妇女与跟自己无关就不管和帮其隐瞒或索要部分利益的农村妇女具有十分显著的差异。在“公共事务”维度上，向有关部门检举揭发的农村妇女与劝其自首的农村妇女具有显著的差异。在“科学创造”维度上，向有关部门检举揭发的农村妇女与、劝其自首和帮其隐瞒或索要部分利益的农村妇女具有显著的差异。

表 5-3-58　C 群组农村妇女“科学能力”维度对违法行为的处置方法差异表

对违法行为的处置方法	n	实际事务		公共事务		科学创造	
		均值	标准差	均值	标准差	均值	标准差
向有关部门检举揭发	227	4.770	1.391	2.070	1.012	1.140	0.819
跟自己无关就不管	122	3.600	1.627	1.900	0.919	0.920	0.781
劝其自首	199	4.280	1.532	1.740	1.012	1.240	0.946
帮其隐瞒或索要部分利益	10	2.750	1.669	1.630	1.188	0.880	0.641
F		16.123***		3.552*		3.021*	

注：*** 表示均值差的显著性水平小于 0.001，* 表示均值差的显著性水平小于 0.05。

表 5-3-59 显示了 C 群组农村妇女在科学素质的“科学知识”“科学意识”和“科学能力”3 个维度标准分的赡养父母差异情况。“科学知识”维度中的“科学概念”“科学观点”和“科学方法”具有显著的赡养观念差异，“科学意识”维度中的“科学与非科学”和“资源环境”具有显著的赡养观念差异，“科学能力”维度中三个方面均不存在显著的赡养观念差异。

表 5-3-59　赡养父母观念在科学素质各维度上的差异表（M±SD）

	全归儿子	不全归儿子	t	P
科学概念	4.430±1.988	4.940±1.432	−2.887	0.004
科学观点	8.680±2.181	9.420±2.233	−2.963	0.003
科学方法	1.340±1.121	1.700±1.086	−2.924	0.004
科学与非科学	6.120±2.364	6.910±2.200	−3.143	0.002
经济社会	0.740±0.596	0.880±0.686	−1.959	0.051
资源环境	2.930±1.213	3.430±1.293	−3.460	0.001
实际事务	4.120±1.714	4.330±1.536	−1.233	0.222
公共事务	1.800±1.025	1.930±0.996	−1.093	0.275
科学创造	1.020±0.867	1.150±0.862	−1.362	0.174

（三）青海 C 群组农村妇女科学素质各维度的相关关系

如表 5-3-60 所示，将本次调查的被试作为一个整体得出 C 群组农村妇女在 9 个一阶维度上的相关关系。结果显示“科学能力”的一阶维度公共事务与科学方法、经济社会不存在显著相关，“科学能力”的一阶维度科学创造与公共事务不存在显著相关。“科学知识”的一阶维度科学观点与“科学能力”的一阶维度科学创造、科学概念与公共事务、科学观点与科学创造表现出 0.05 水平的显著相关。其余“科学知识”“科学意识”和“科学能力”的各一阶维度都相互存在 0.01 水平的显著相关。

表 5-3-60　C 群组农村妇女一阶维度相关表

	科学概念	科学观点	科学方法	科学与非科学	经济社会	资源环境	实际事务	公共事务	科学创造
科学概念	1								
科学观点	0.383**	1							
科学方法	0.342**	0.319**	1						
科学与非科学	0.345**	0.278**	0.215**	1					
经济社会	0.231**	0.240**	0.308**	0.141**	1				
资源环境	0.434**	0.483**	0.413**	0.298**	0.273**	1			
实际事务	0.415**	0.420**	0.398**	0.285**	0.194**	0.512**	1		
公共事务	0.105*	0.154**	0.031	0.111*	0.020	0.150**	0.206**	1	
科学创造	0.170**	0.108*	0.221**	0.147**	0.164**	0.181**	0.220**	0.085	1

注：** 表示在 0.01 水平（双侧）上显著相关，* 表示在 0.05 水平（双侧）上显著相关。

如表 5-3-61 所示，C 群组农村妇女科学素质的二阶各维度之间以及与总体得分的相关关系。二阶所有维度之间均在 0.01 水平显著相关；且各二阶维度与总体得分也表现出 0.01 水平相关显著。

表 5-3-61　C 群组农村妇女二阶维度相关表

	科学知识	科学意识	科学能力	科学素质
科学知识	1			

续表

	科学知识	科学意识	科学能力	科学素质
科学意识	0.581**	1		
科学能力	0.493**	0.443**	1	
科学素质	0.881**	0.832**	0.733**	1

注：** 表示在 0.01 水平（双侧）上显著相关，* 表示在 0.05 水平（双侧）上显著相关。

三、讨论与分析

(一) C 群组农村妇女科学素质基本情况分析

C 群组农村妇女在“科学知识”维度上的得分是：科学概念的平均分为 4.776 分，科学观点的平均分为 9.186 分，科学方法的平均分为 1.704 分；在“科学意识”维度上的得分是：科学与非科学的平均分是 3.296 分，经济社会的平均分是 0.835 分，资源环境的平均分是 3.335 分；在“科学能力”维度上的得分是：实际事务的平均分为 4.351 分，公共事务的平均分为 1.982 分，科学创造的平均分为 1.183 分。说明 C 群组农村妇女总体科学素质得分比较低，应采取合适的方法提高青海 C 群组农村妇女的科学素质。

(二) C 群组农村妇女科学素质各维度上的差异分析

在年龄维度上，年龄为 50 岁及以上的农村妇女在科学素质的“科学知识”“科学意识”和“科学能力”3 个维度上的得分都处于较低水平，31—40 岁的在 3 个维度上的得分高。分析原因，31—40 岁的 C 群组农村妇女已经成家立业，在家里是顶梁柱，科学知识生活经验丰富，年富力强，容易接受新的科学知识，对于网络平台的信息能够比较快地接受，促进科学素质的提高。

在科学素质的“科学知识”和“科学意识”2 个维度上，父母家与自己家的距离同州不同县的农村妇女的在科学方法、科学与非科学的得分较高。在“科学能力”维度的公共事务上，父母家与自己家的距离同州不同县得分低。分析原因，父母家与自己家的距离在同州不同县时，对于科学知识的认识有相似的地方，在解决问题的方法上、农耕、家务活相似，父母家与自己家的距离近，方便学习和交流。在公共事务上，总体上得分都低，农村妇女参与较少，认为是男性的工作。

在科学素质的“科学知识”“科学意识”和“科学能力”3个维度上，回父母家频率为两年及以上的农村妇女的科学素质各维度得分都最低。回父母家频率为1—6个月一次的农村妇女的科学素质得分较高。分析原因，两年及以上才回父母家一次的农村妇女，与父母家往来次数少，可能的原因是距离远，交通不方便；经济条件受限制；与父母亲的关系不紧密；自己的时间不充裕，为自己家的生活忙碌。外出学习和交流的机会少，对科学知识的学习少，影响了科学素质的提高。

在科学素质的“科学知识”“科学意识”和“科学能力”3个维度上，认为赡养父母全是儿子责任的农村妇女科学素质得分显著低于不认为全是儿子责任的农村妇女。有77.42%的C群组农村妇女的观念在改变，认为赡养父母的责任男女平等，对于自己的父母亲女儿与儿子一样有责任，即使自己是嫁出去的女儿，对于自己的父母亲的赡养义务是要承担的。持有男女平等观念的农村妇女的更愿意接受新鲜事物，促进自身发展，科学素质高。

在科学素质的“科学知识”“科学意识”和“科学能力”3个维度上，农村妇女的个人文化水平越高，科学素质各维度得分也越高。C群组农村妇女中，60.58%的人是初中及以上的文化水平，不识字和基本不识字的占11.47%，在义务教育普及的情况下，农村妇女有了一定的文化基础，学习科学技术的能力也在提高。在家庭方面更多的开始关注自己，不再局限于传统的养育子女和家务上，也开始注意人际交往，外出打工、从事个体经营，成为独当一面的自由人。

在科学素质的“科学方法”“资源环境”和“实际事务”3个维度上，初婚年龄21岁以上的农村妇女比18岁以下的农村妇女科学素质得分高。初婚年龄早的农村妇女的家庭负担十分沉重。除了照顾孩子，做家务、照顾夫妻双方的老人以外，还要种地。整天忙得团团转，闲暇时间少，没工夫学习科学技术知识。①。

① 马来平. 提高农村妇女科学素质的思考［J］. 海峡科学，2015（12）：39-43+52.

理想生育年龄不同的农村妇女在科学文化素质的“科学概念”“科学与非科学”和“资源环境”维度上有差异。认为女孩子理想生育年龄为25—28岁的农村妇女科学素质得分最高，认为生育年龄为29岁以上的农村妇女得分最低。研究表明，随着年龄的增加，卵细胞也会衰老，卵子染色体衰退，一些遗传疾病发生的机会随之增加。所以，认为生育年龄在28岁以上的农村妇女，体现了其生物科学知识的匮乏。C群组农村妇女理想生育年龄的年龄问题上，年龄的跨度21—28岁的人多，随着社会的发展，C群组农村妇女与外界的交流增多，外出打工，个体经营的人增多，在媒体网络的影响下，出现了晚婚晚育的思想，开始追求生活质量。

在科学素质的“科学概念”和“科学观点”2个维度上，对生活满意度越低的C群组农村妇女在科学概念的得分上高、在科学观点是得分低。科学概念主要包括一些常识，例如：可以自己发光的物体、可以用来消化食物的器官、哺乳动物、使全身血液流动的最重要的器官、微信、艾滋病、太阳能，对生活满意度越低的C群组农村妇女对这些知识的掌握得好，这些知识来源于生活。

生活满意度一般的在科学观点上得分高。科学观点包括：纸的来源、盐的使用、吸烟、节气、癌症、血型、土豆和红薯的种植、地心的温度、月亮、植物的生长环境、闪电、基因、温室效应、植物、土壤、植物、动物、森林、可再生自然资源、水、骨头的数量、力学知识。生活满意度一般的人科学知识得分高，虽然满意度一般，但是，农村妇女还是积极向上地生活，不断学习新知识。

子女个数为3的C群组农村妇女，分别在“科学知识”的“科学观点”和“科学能力”的“实际事务”2个维度上得分低于有1—2孩子的农村妇女。子女太多的农村妇女家庭负担重，经济条件也受影响。在青海农村，经济不富裕，养育孩子需要母亲付出时间。为了孩子，有些母亲放弃了外出务工的机会，在家里忙碌，家务活、农活、孩子的起居、学习，需要母亲付出时间和心血。子女多的母亲自己的闲暇时间少，学习的时间也变少了。没有时间通过电视，广播，杂志，报纸等传播媒体获取新知识。学习科学技能的时间、与伙伴交流的时间也变少了，影响自身科学素质的提升。

在“科学知识”的科学概念、“科学意识”的经济社会和“科学能力”的公共事务3个维度上。子女文化水平为小学的农村妇女科学素质得分较高。分析原因，孩子上小学的农村妇女年龄在30岁左右，接受了九年义务教育，智力等方面处于高水平阶段，学习与接受能力较强，因此科学素质得分较高。

在科学素质的“科学知识”“科学意识”和“科学能力”3个维度上，希望子女毕业后继续读大学的农村妇女得分高于希望子女外出打工和务农的农村妇女。农村妇女对于子女毕业后的打算反映了其对于科学文化素质的认可度。希望子女继续上学深造的妇女必然意识到文化教育的重要性，对于科学文化知识表示信任的态度，那么其自身也一定愿意接受科学文化知识的传授，对于提高科学文化素质的各种活动和机会也会采取积极主动的态度。

在科学素质的“科学知识”“科学意识”和“科学能力”3个维度上，子女在学校就读的农村妇女得分高于子女待业、务工、务农和个体经营的农村妇女。家庭成员之间相互影响，在学校就读的子女还没有完全脱离开母亲，不住校的孩子放学回家与母亲有交流，住校的孩子，也会在规定的时间回家，孩子的主要任务是学习，耳濡目染，新的知识、技能可以提高交流传给母亲。但是，一旦子女开始务工、务农和个体经营，就有了自己的生活，回家不容易，母亲与子女的交流与沟通减少了，学习新知识、新技能的机会变少了。而且，子女务工、务农和个体经营的农村妇女相对年纪也比较大了，知识更新比较慢，影响科学素质的提升。

伴侣个人文化水平越高的农村妇女，分别在“科学知识”的3个维度和“科学意识”的“科学与非科学”“资源环境”以及“科学能力”的“实际事务”6个维度上得分越高。夫妻之间朝夕相处，处处需要进行交流与沟通，思想碰撞的同时也在进行信息的传递。如果丈夫个人文化水平高，在日常生活的交往中，妇女一定会受到丈夫的影响，并以丈夫作为一种知识获取的渠道。无论生活现象还是农业操作，抑或是人文地理，文化水平高的丈夫对妇女言传身教，无形之中增加了妇女的科学文化知识储备，培养了解决问题的科学能力，树立起正确的科学文化理念，提高科学综合素质。伴侣个人文化水平高的女性自身的文化水平也相对比较高。

在“科学能力”的“实际事务”和“公共事务”2个维度上，丈夫务工和丈夫职业为个体经营的农村妇女得分高于丈夫待业与务农的农村妇女。家庭中的男性劳动力具备承担家庭经济需求的能力，农村妇女有机会与精力去学习科学知识。丈夫待业与务农，家庭经济条件相对差一些，女性的负担重，学习的机会少。

在“科学知识”的3个维度，“科学意识”的“科学与非科学”和“科学能力”的“实际事务”“公共事务”维度上，务工的农村妇女得分显著高于待业、务农和个体经营的农村妇女。务工人员工作的必要因素是技术，只有拥有技术，才能做好自己的工作，维持生活。而科学能力相关问题涉及到了职业技能问题，只有拥有先进技术，别人不可替代的实力，才能确保自己工作的稳固性，因此，为了生存与工作，个体需要不断提高自身能力。为了维持一份好工作，就需要不断完善自己，以适应社会的需要，从改革开放政策实行以来，农业经济迅速发展，农村经济稳步提升，经济社会越来越需要技术人才而非劳动苦力，这就要求工作人员具备一定的专业科学知识与科技创新能力。

在“科学知识”和“科学意识”维度上，个人月收入在1801—3000元的农村妇女素质得分最高。农村妇女有自己的收入时，才有机会进行自身的教育与培训。① 妇女若过度忙于生计，即便收入可观，如果没有充足的时间，也不能够用来学习科学文化知识，选取自己感兴趣的和有利用价值的进行学习。也没有更多的时间进行与他人的交往，外出等活动，这有利于科学素质的提升。

在“科学知识”的科学概念维度和“科学意识”的“科学与非科学”维度上，寻求伴侣安慰的农村妇女科学素质得分较高。随着科技的发展，人们越来越意识到心理状态对人的影响力，鼓励人们进行咨询，情感的宣泄以维持精神状态的平衡。而朝夕相处的伴侣对于农村妇女的了解程度较深，能够更有效和针对性给予帮助，尽快帮其解决内心苦闷。而仅有2.15%的农村妇女选择向专业人士咨询，农村妇女心理健康知识的缺乏，相关机构宣传不够，在青海农村，开展咨询服务的村委会和相关机构少。

在科学素质的“科学知识”“科学意识”和“科学能力”3个维度上，权益遭受侵害时的处置方法和对违法行为的处置方法中，选择“利用法律维护权益”和“向有关部门检举揭发”的农村妇女，科学素质得分高。懂得用法律来维护自身权益、对违法行为合理判断的人具备一定

① 朱晓敏. 新疆农村劳动妇女素质与发展问题研究［D］. 乌鲁木齐：新疆农业大学，2009.

的法律素养，法律知识本身属于科学知识的一部分，与科学素质具有正向相关关系。①

四、结论

（一）C 群组农村妇女的科学素质水平具有地区、年龄的差异性。

（二）C 群组农村妇女的年龄，父母家与自己家的距离、个人文化水平、与父母的关系、伴侣文化水平、个人职业，个人月收入、家庭年收入等因素对其科学素质得分具有影响。

（三）C 群组农村妇女科学素质得分及其各维度得分具有相关性。

五、措施

（一）号召广大农村妇女参加公共事务活动。通过表达自己的心声，维护妇女的权益。通过建立农村妇女组织，建立农村妇女之间的联系，青海农村妇女的活动范围基本限定在村里，在固定的区域范围内，成员间相互熟悉，有利于其形成和发展农村妇女之间的互帮互助的群体，为农村妇女学习科学知识奠定基础。加强青海农村的文化教育，端正农村妇女学习科学知识和技能的态度，通过培养一些有能力的农村妇女让她们起到带头宣传作用，通过教育提高科学素质。

（二）举行具有多元文化的活动，建设具有特色的文明新农村。发展休闲农牧业、种植业、养殖业、生态文化旅游产业等特色产业。提升职业技能培训质量，加大培训活动宣传力度，促进农村妇女职业技能培训高效开展。优化培训内容和形式，依托现代通信技术，推进“互联网+职业技能培训计划”，支持线上职业技能培训。促进培训机构与企业、行业协会等建立联合体。联合各科研机构和高等院校，培育出能够适合在青海地区生长的农牧业品种，推动青海经济发展。发展生态旅游业，鼓励青海农村妇女发展旅游项目，发展手工业，将当地特色的手工产品进行产业化生产，联合设计师等对其进行再创作，将其发展成为服饰、工艺品、旅游纪念品等。

---

① 秦丹丹. 中原经济区农民科学素质问题研究［D］. 新乡：河南师范大学，2014.

（三）扩大就业，促进农村妇女增收。以成人教育与农业技术教育为主，提高农村妇女在劳动技能上的科学素养。树立农村妇女终身学习的理念，提高自我发展意识，提高对教育的认知度，争取更多受教育的机会，从而提高农村妇女科学意识。组织开展农村妇女职业技能培训，提升农村妇女的科学技能，增强就业竞争力和创业能力，鼓励农村妇女就业创业，拓宽就业渠道，多渠道增加农村妇女收入。加大就业创业服务，整合落实支持农村地区就业创业的市场准入、创业培训的优惠政策，有效落实乡村振兴项目，以促进就业。对带动就业能力强的项目进行优先投资，通过项目拉动消费创造就业机会，提高科学能力。

第六章

青海农村妇女科学素质与子女素质发展、地区经济发展的关系

第一节　青海农村妇女科学素质与子女素质发展的关系

青海农村妇女在家庭子女养育和教育中作用重大，农村妇女作为母亲，自身的科学素质的发展可以通过代际传递，将自己的能力、特征、行为、观念等传递给子女[①]。

一、母亲对子女成长的影响

母亲科学文化素质的提高有利于子女健康成长，关系着人类的可持续发展[②]，母亲是子女文化教育的启蒙老师，母亲的文化程度影响子女将来的发展，文化程度高的母亲更加重视子女的教育。母亲从思想上影响孩子的成长，母亲对子女的早期教育在点滴中进行，孩子语言的习得、数的概念的学习、图形和色彩的辨认、外界事物关系的识别最早都是母亲教育的。母亲影响孩子价值观的形成，孩子总是最早从母亲身上获得最基本的价值观念。[③] 孩子的处世标准来自于母亲的影响。母亲的道德

---

① 池丽萍，俞国良．教育成就代际传递的机制：资本和沟通的视角．教育研究，2011，9：22-28.

② 彭宏业．女性受教育程度对子代素质影响分析［D］．保定：河北大学，2009.

③ 张兴慧，董爱波，王耘．母亲与子女主观幸福感的代际传递：教养方式的中介作用［J］．中国临床心理学杂志，2015，23（1）：163-165.

品质在孩子道德体系的建立中属于第一阶段，最终形成孩子的品德。

母亲作为孩子的主要抚养人可以传递心理特征。例如抑郁在母亲和子女之间存在代际传递，对不同年龄子女的研究表明，母亲与女儿抑郁之间有相关。除了抑郁之外，存在代际传递的还有焦虑、孤独感、反社会行为、暴力问题、吸烟行为等。母亲也可以传递行为特征，例如：在吸烟行为的代际传递中，母亲的吸烟行为对女孩的吸烟行为影响更大。母亲的教养方式中的教养观念、教养行为和对孩子情绪表现决定着孩子的身心发展。专制的教养方式会降低子女的幸福感，民主型的教养方式会提高子女的主观幸福感。

母亲的情感会影响孩子的情感发展，从胎儿期母亲就需要有平和的情绪状态，母亲过度焦虑、忧郁对胎儿的健康不利。孩子出生后，母亲的情感健康会影响孩子的发展，孩子从小就有模仿行为。班杜拉的理论认为，孩子会向榜样学习，母亲是孩子最好的榜样，母亲懂得爱别人，孩子才懂得尊长爱幼，母亲对子女的情感教育别人不可能让他人取代。

此外，子女习惯的养成中，母亲的一举一动时刻受孩子关注。孩子出生后，母亲与孩子形影不离相伴数年。根据认知心理学的理论，母亲的行为方式会在孩子的脑海中形成为人处世的行为模板。甚至在孩子择偶、特殊情境中的应对方式都会在第一时间展现。母亲的素质对子女素质的影响从行为方式上体现出来，为了探讨母亲的科学素质与的子女发展的关系，对青海的农村妇女进行了调查研究。

二、青海农村妇女科学素质与子女素质发展关系的研究

（一）具体研究

1. 研究对象

研究对象是辖区在青海省西宁市、海东市、海北藏族自治州、黄南藏族自治州、海南藏族自治州、果洛藏族自治州、玉树藏族自治州、海西蒙古族藏族自治州乡村的农村妇女，共1036人，剔除了实在无法完成调查的10人，余1026人。

2. 研究工具

《青海农村妇女科学素质调查量表》。

3. 测试

测试由生源地为青海农村的女大学生作为施测者进行相应乡村的一对一调查，在测试之前对测试者进行了专门的培训，包括对问卷的熟悉以及人口学必要信息的填写说明。测试时间尽量控制在 20 分钟内。少数民族农村妇女调查由相应民族的熟练掌握语言的施测者进行，测试者对理解问卷题目有困难的被试都会进行讲解，保证农村妇女理解准确。

4. 青海农村个人文化水平

1026 名农村妇女中，文化程度不同，268 人是不识字或基本不识字的，占 26.10%，小学 276 人，占 26.90%，初中 300 人，占 29.30%，高中包含职高、中专、技校的 111，占 10.80%，其他 71 人，占 6.90%。

（二）研究结果

1. 农村妇女科学素质与子女发展的总体研究

农村妇女科学素质与子女个数、孩子文化、对子女毕业后的期望、子女理想职业和理想生育年龄的关系，农村妇女科学素质对子女的影响显著，见表 6-1-1。

表 6-1-1　农村妇女科学素质与子女发展的总体关系表

	平方和	*df*	均方	*F*	*P*
回归	92.713	13	7.132	7.746	0.000
残差	881.397	957	0.921		
总和	971.000	970			

注：因变量：总分，预测变量：子女个数、子女文化水平、对子女毕业后的期望、子女理想职业、理想生育年龄

农村妇女科学素质与子女个数、子女毕业后的期望、子女目前的就业情况关系显著，农村妇女科学素质和理想生育年龄的关系不显著，母亲对子女的整体影响显著，子女文化水平对母亲的影响不显著。见表 6-1-2。

表 6-1-2　农村妇女科学素质与子女发展的回归系数表

	标准化系数 Beta	标准误	*df*	*F*	*P*
子女个数	−0. 104	0. 032	2	10. 212	0. 000
子女文化水平	−0. 049	0. 073	1	0. 454	0. 500
对子女毕业后的期望	0. 138	0. 031	2	19. 462	0. 000
子女理想职业	0. 092	0. 031	3	9. 095	0. 000
理想生育年龄	−0. 105	0. 071	3	2. 212	0. 085

注：因变量：总分

2. 农村妇女科学素质总分与子女个数、孩子文化、对子女毕业后的期望、期望子女理想职业和理想生育年龄的具体分析

（1）青海农村妇女科学素质总分与子女个数关系显著。子女个数在 3 及以上时，母亲科学素质总分低。

（2）青海农村妇女对子女毕业后的期望与自己的科学素质关系显著，期望高，科学素质总分高。

（3）青海农村妇女科学素质总分与期望子女理想职业有关，对孩子职业期望高的母亲，科学素质总分高。

三、分析与讨论

农村妇女科学素质与子女个数、孩子文化、对子女毕业后的期望、期望子女理想职业和理想生育年龄有关。

1. 农村妇女科学素质与子女个数的关系

农村妇女科学素质高的对子女个数的要求不同，在青海农村，男性为主要劳动力，家庭中比较看重男孩的个数，在条件允许的情况下，男孩越多越好，农村女性存在着重男轻女的现象。但是，科学素质高的农村女性由于经济地位相对比较高，或者打工或者个体经营，在子女个数的要求上比较适中。研究中，科学素质低的女性有两种倾向，要么孩子多，为家庭所累；要么就是不想要孩子，认为负担重。

实际上，当家庭中未成年子女个数增加时，农村妇女会增加照顾未成年子女的责任，对育龄妇女产生压力。但是，对青海农村来说，经济条件

差，未成年子女个数的增多会给家庭经济带来压力，这就需要农村妇女更加努力地挣钱，缓解家庭经济压力。不同家庭结构下子女个数对农村妇女的影响大。对于青海农村妇女来说，子女个数对个人和家庭经济的影响大。①

2. 青海农村妇女科学素质与子女文化水平的关系

农村妇女科学素质对子女的影响表现在多方面，不仅仅是子女文化水平，还表现在对子女的教育上。研究中发现子女文化水平对母亲的反向影响不大。可是，母亲对子女的影响是正向的，而且呈现显著差异，包括对子女毕业后的期望、对子女理想职业的选择影响明显。

在青海农村，随着经济的发展，农村妇女个人的文化水平不同，对子女的要求不同，科学素质不同的农村妇女对子女的影响不同。科学素质低的农村妇女希望孩子早点挣钱，希望毕业后外出打工或者务农，早点承担家庭的经济负担；科学素质高的农村妇女希望子女毕业后继续读大学，她们对子女上学的期望高，希望子女通过接受高等教育，通过上大学找个稳定的工作，改变家庭状态。但是，大学生由于毕业后找工作困难，有些毕业的孩子也进入了打工的队伍，工资低，不稳定，有些大学生毕业后回到了家乡，找不到工作，也影响了农村妇女对子女继续读大学的看法。

青海农村妇女对子女理想职业的选择的看法不同，科学素质低的女性希望孩子当老板，多挣钱；科学素质高的女性希望孩子当公职人员。很多农村妇女希望子女好好发展，过上好日子。

四、通过提高青海农村妇女的科学素质提高子女的教育水平

（一）创造有利于农村妇女提高自身科学素质的环境

重视农村妇女科普才能造就合格的母亲②，科普在农村至关重要，首先要在科普中宣传性别平等，解放思想。宣传有关科技知识，增强社会性别意识，宣传男女平等的观点。坚持把性别意识纳入农村妇女思想教育的

---

① 齐海源. 单独二胎政策对劳动参与率影响研究——不同家庭结构下的对比［J］. 广西社会主义学院学报，2014（2）：76-81.

② 汤雪梅，廖雁. 重视妇女科普造就合格母亲［N］. 光明日报，1997（2）.

内容，首先，要提高女性自己接受科学知识的意识，让农村妇女树立终身学习的思想，从而不断提高农村妇女的科学素质。

青海属于多民族地区，不同民族的农村妇女，文化差异大，要考虑不同地区的文化差异性，因地制宜。根据各州县制定行之有效的方案，结合各地区的经济状态，寻找切实可行的促进农村妇女科学素质发展的具体措施。以家庭为切入点，关心农村妇女，提高科技能力，扩宽就业面，不断增加农村妇女个人的经济收入，从而提高她们在家庭中的地位。相关部门提供打工的线索，联系相关单位培训农村妇女，让她们接受新信息，找到新思路。创设科技文化环境，提高社会、家庭及农村妇女自己对女性的认识，尊重女性；宣传女性在子女发展中的代际传递的重要作用。

不断用新时代的精神激励农村妇女，让青海的农村妇女走出青海，与外地的先进乡村交流，学习新理念，新技术，形成科技文化群体。利用网络平台远程学习科技知识，相关部门努力为农村妇女学习科学知识提供科技平台，共享社会公共资源。

（二）提高青海农村妇女教育子女的观念

农村妇女承担着养育子女的主要责任，农村妇女个人的文化水平与对子女的教育行为密切相关，母亲文化素质的高低影响着人口的数量和质量。女性科学文化素质的提高有利于后代健康成长，关系着人类的可持续发展。因此，应该倍加关注女性的受教育程度。① 目前，青海农村妇女受教育程度比较低，会影响人口素质的提高，因为女性教育与人口素质有关。②

青海农村妇女对子女的教育观念要改变，要根据社会的发展来树立新的教育子女的观念。明确孩子不是自己的私人财产，孩子有自己的思想，要学会与孩子沟通交流，处理问题时不再以打骂为主，要尊重孩子的人格。当孩子遇到困难时，鼓励孩子不断上进，农村妇女需要学习一点儿童心理学的知识，根据孩子的心理年龄特征进行教育，多关心孩子的成长。农村妇女即使外出打工，也要关注孩子的学习情况，与学校和教师多沟通，掌握孩子的心理发展动向。在掌握孩子的心理需要的基础上进行有效

---

① 彭宏业．女性受教育程度对子代素质影响分析［D］．保定：河北大学，2009.

② 贾巧云，姬睿铭．关注成年女性教育：提高国民素质之关键［J］．成人教育，2007（10）：84－85.

的教育，在树立家长权威的基础上，不断与子女沟通。农村妇女要鼓励孩子尽量接受好的教育，用长远的眼光看待孩子继续求学、找工作，培养孩子树立正确的人生观、价值观和世界观，为建设社会主义新农村培养人才。

第二节　青海农村妇女科学素质与地区经济发展的关系

青海农村妇女素质的提高关系着青海农村人口整体素质的整体发展。农村妇女的价值观、民族心理特征、科学素质高会促进经济发展。在青海，农村妇女是经济发展的主力军，是新农村建设的基础，农村妇女的科学素质是推动农村经济发展的基本动力①，青海的不同地区，经济发展水平不同，农村妇女的科学素质水平也不一样②，为了探讨青海农村妇女的科学素质与地区经济发展的关系，需要对青海的农村妇女的科学素质进行调查研究。

一、青海农村妇女科学素质与地区经济发展关系的研究

（一）具体研究

1. 研究对象

研究对象是辖区在青海省西宁市、海东市、海北藏族自治州、黄南藏族自治州、海南藏族自治州、果洛藏族自治州、玉树藏族自治州、海西蒙古族藏族自治州乡村的农村妇女，共 1036 人，剔除了实在无法完成调查的 10 人，余 1026 人。其中西宁市 400 人、海东市 370 人、海北藏族自治州 11 人、黄南藏族自治州 10 人、海南藏族自治州 158 人、果洛藏族自治州 48 人、玉树藏族自治州 29 人。汉族 558 人，藏族 247 人，回族 189 人，蒙古族 11 人，土族 20 人，撒拉族 1 人。

---

① 赵静．推进农村经济发展留守妇女素质教育要先行［J］．农业经济，2015（9）：51-53.

② 王锁娥．试论中国西部经济开发中的妇女素质问题［J］．中华女子学院学报，1996（2）：26-29.

2. 研究工具

《青海农村妇女科学素质调查量表》。

3. 测试

测试由生源地为青海农村的女大学生作为施测者进行相应乡村的一对一调查，在测试之前对测试者进行了专门的培训，包括对问卷的熟悉以及人口学必要信息的填写说明。测试时间尽量控制在20分钟内。少数民族农村妇女调查由相应民族的熟练掌握语言的施测者进行，测试者对理解问卷题目有困难的被试都会进行讲解，保证农村妇女理解准确。

（二）研究结果

1. 农村妇女科学素质与地区经济发展关系的总体研究

青海农村妇女“科学知识”维度标准分的地区差异情况表现在“科学概念”“科学观点”“科学方法”3个维度均存在显著差异。

在“科学概念”维度上，海北藏族自治州的农村妇女得分最高，玉树藏族自治州的得分最低。西宁市辖区的农村妇女与海东市、玉树藏族自治州的农村妇女；海东市的农村妇女与海北藏族自治州、海南藏族自治州的农村妇女；海北藏族自治州的农村妇女与玉树藏族自治州的农村妇女；海南藏族自治州的农村妇女与玉树藏族自治州的农村妇女差异显著（$p<0.001$）。

在“科学观点”维度上，黄南藏族自治州的农村妇女得分最高，海东市最低。西宁市辖区的农村妇女与黄南藏族自治州、海南藏族自治州的农村妇女；海东市的农村妇女与海北藏族自治州、黄南藏族自治州、海南藏族自治州的农村妇女；黄南藏族自治州的农村妇女与果洛藏族自治州、海南藏族自治州、玉树藏族自治州的农村妇女；海南藏族自治州的农村妇女与果洛藏族自治州的农村妇女都差异显著（$p<0.001$）。

在“科学方法”维度上，黄南藏族自治州的农村妇女得分最高，果洛藏族自治州的农村妇女得分最低。西宁市辖区的农村妇女与果洛藏族自治州的农村妇女；海东市的农村妇女与果洛藏族自治州的农村妇女；黄南藏族自治州的农村妇女与果洛藏族自治州、玉树藏族自治州的农村妇女；海南藏族自治州的农村妇女与果洛藏族自治州、玉树藏族自治州的农村妇女都差异显著（$p<0.001$）。

青海农村妇女“科学意识”维度标准分的地区差异情况。在3个维度中，“科学与非科学”“经济社会”“资源环境”3个维度均存在显著差异。在“科学与非科学”维度上，海北藏族自治州的农村妇女得分最高，玉树藏族自治州最低，西宁市辖区的农村妇女与果洛藏族自治州、玉树藏族自治州的农村妇女；海东市的农村妇女与果洛藏族自治州的农村妇女；海北藏族自治州的农村妇女与果洛藏族自治州、玉树藏族自治州的农村妇女；海南藏族自治州的农村妇女与果洛藏族自治州的农村妇女都存在显著差异（$p<0.001$）。

在“经济社会”维度上，黄南藏族自治州的农村妇女得分最高，海北藏族自治州最低。海东市的农村妇女与海南藏族自治州的农村妇女；黄南藏族自治州的农村妇女与果洛藏族自治州的农村妇女；海南藏族自治州的农村妇女与果洛藏族自治州的农村妇女都差异显著（$p<0.001$）。

在“资源环境”维度上，黄南藏族自治州的农村妇女得分最高，玉树藏族自治州最低。西宁市辖区的农村妇女与海东市、果洛藏族自治州、玉树藏族自治州的农村妇女；海东市的农村妇女与黄南藏族自治州、海南藏族自治州的农村妇女；海北藏族自治州的农村妇女与果洛藏族自治州、玉树藏族自治州的农村妇女；海南藏族自治州的农村妇女与果洛藏族自治州、玉树藏族自治州的农村妇女；黄南藏族自治州的农村妇女与果洛藏族自治州、玉树藏族自治州的农村妇女都差异显著（$p<0.001$）。

青海农村妇女“科学能力”维度标准分的地区差异情况。“实际事务”“公共事务”“科学创造”3个维度均存在显著差异，在“实际事务”维度上，黄南藏族自治州的农村妇女得分最高，玉树藏族自治州最低。西宁市辖区的农村妇女与海东市、果洛藏族自治州、玉树藏族自治州的农村妇女；海东市的农村妇女与海南藏族自治州的农村妇女；海南藏族自治州的农村妇女与果洛藏族自治州、玉树藏族自治州的农村妇女都差异显著（$p<0.001$）。

在“公共事务”维度上，海北藏族自治州的农村妇女得分最高，玉树藏族自治州最低。西宁市的农村妇女与果洛藏族自治州、玉树藏族自治州的农村妇女；海东市的农村妇女与果洛藏族自治州、玉树藏族自治州的农村妇女；海北藏族自治州的农村妇女与果洛藏族自治州、玉树藏族自治州的农村妇女；海南藏族自治州的农村妇女与果洛藏族自治州、玉树藏族自治州的农村妇女都差异显著（$p<0.001$）。

在“科学创造”维度上，黄南藏族自治州的农村妇女得分最高，果洛藏族自治州最低。西宁市辖区的农村妇女与果洛藏族自治州、黄南自治区的农村妇女；海东市的农村妇女与黄南藏族自治州、海南藏族自治州的农村妇女；海南藏族自治州的农村妇女与果洛藏族自治州的农村妇女；黄南藏族自治州的农村妇女与果洛藏族自治州、玉树藏族自治州的农村妇女都差异显著（$p<0.001$）。

在整体上，果洛藏族自治州的农村妇女科学素质的总分最低，海北藏族自治州的农村妇女科学素质的总分最高。

二、分析与讨论

1. 青海经济水平低的地区的农村妇女的科学素质低

已有的研究发现，劳动力素质与地区经济发展水平呈正相关①，在青海，地区经济发展与农村妇女的科学素质不是完全的正相关，科学素质最高的农村妇女是海北藏族自治州的，其次才是西宁市辖区的农村，科学素质最低的是果洛藏族自治州的，经济发展水平相对最低。

果洛藏族自治州位于青海省东南部，州内平均海拔在4200米以上，总面积7.6万平方公里，藏族占总人口的91.30%，辖玛沁、玛多、甘德、达日、久治和班玛等六县。果洛藏族自治州生态地位极其重要，地处三江源自然保护区，黄河横贯州内五县，共有大小河流36条，大小湖泊100多个，占青海省湖泊总数的37%以上，是“中华水塔”的重要水源地和青藏高原生态屏障。

果洛藏族自治州是全国30个民族自治州中经济总量最小的自治州，多年来，GDP总量在全省8个地区一直处于末位，产业结构单一，传统粗放畜牧业经营方式向生态有机畜牧业转化的速度和深度还不够快、不够广，畜牧业仍处于靠天养畜的被动局面，受环境、资金、技术、人才的影响和出于对保护生态的考虑，基本没有现代工业，旅游业和服务业尚处在起步阶段，自我发展能力弱。果洛藏族自治州是青海省自然环境最恶劣、地方财力最薄弱、经济结构最单一、工作条件最艰苦、基础设施最缺乏、人口

① 魏峰，江永红．劳动力素质、全要素生产率与地区经济增长——基于安徽省17个地级市的研究［J］．人口与经济，2013（4）：30-38.

分布最分散的民族地区。① 果洛藏族自治州是一个以畜牧业为主的藏族自治区②，果洛藏族自治州农村妇女主要依靠饲草料、有机蔬菜赚钱，与全省其他地区不同，农区少，交通不发达，农村妇女外出机会少，科学素质低。

海北藏族自治州位于青海省境东北部，西部大开发以来，海北藏族自治州的旅游业发展速猛，尤其是生态旅游的发展，逐渐成为提升海北新形象的载体和最具活力的优势产业、潜在支柱产业。③ 海北藏族自治州的生态旅游业目前已步入了快速发展轨道，其综合效应正逐渐显现，以藏族为主体民族的多民族聚集地区，处于环青海湖经济区承东启西的农牧结合部，自然地理条件复杂，经济社会文化多元，生态高度脆弱④，海北藏族自治州交通发达，有动车，各种旅游车，农村妇女与外界接触的机会多，学习机会多。海北藏族自治州是每年国际自行车赛必经之处，信息交流快，信道通常，给农村妇女提供了便利条件。除了旅游，海北藏族自治州的农业发达，适宜畜牧业生产和种植青稞、油菜籽，农村妇女可以多渠道获得收入，科学素质水平提高快。

2. 家庭经济与农村妇女科学素质的关系

在调查中，家庭年收入 10001 元至 30000 元的农村妇女科学素质最高，100001 元以上的农村妇女科学素质最低，家庭收入太低，农村妇女生活压力大，学习机会少，家务缠身，外出机会少；但是，家庭收入太高的农村妇女不需要更多工作来增加收入，有些家庭收入太高的农村妇女在家中的地位反而不高，外出学习机会少；而家庭收入中等的农村妇女，需要外出务工挣钱，与丈夫一起分担家庭经济，学习到的科学知识和技能多，科学素质高。

在地方经济与农村妇女科学素质的研究中，预测西宁市周边农村妇女的科学素质最高，但是实际上，结果与预测不太一致，发现了经济正在发

① 万玛多杰. 果洛藏族自治州“十二五”时期经济社会发展基本思路［J］. 攀登，2010，29（6）：97-100.

② 李鸿霞. 困境与出路——果洛藏族自治州发展特色经济问题研究［J］. 青海民族研究，2008，19（3）：161-164.

③ 张俊英. 青海省海北藏族自治州发展生态旅游的思考［J］. 青海环境，2015，25（1）：24-28.

④ 马斌毅，朱成青. 青海省民族自治地区精准扶贫问题研究——基于海北藏族自治州的调查［J］. 攀登（哲学社会科学版），2018.

展中的地区的农村妇女科学素质最高，说明科学素质与交流学习有密切的关系，与不断迅猛发展的经济有关，而不是与已经发展好的经济有关。因此，农村妇女的科学素质如学习一样是个终生发展的过程，不能停滞不前，经济需要不断发展，不能维持原来的水平。

3. 不断发展经济，为农村妇女提供科学素质发展的机会

青海农村妇女的科学素质的发展与经济发展是相辅相成的，青海农村妇女的科学素质的发展离不开经济的发展。青海的经济发展需要有高科学素质的农村妇女推动，只有不断提高农村妇女的科学素质，提高科学技能培训，青海农村妇女才能进一步学习科学知识，对科学概念、科学观点、对科学研究过程以及科学研究方法深入理解。只有经济发展了，青海农村妇女才能提高科学意识，对科学与非科学、科技发展与经济社会进步、科技发展与资源环境问题进行关注。当青海的经济发展了，青海农村妇女才能提高科学能力，在处理实际事务能力、参与公共事务能力、科学创新能力上稳步提高。

第七章

青海农村妇女科学素质教育

第一节　青海农村妇女科学素质教育的现状

科学素质指掌握必要的科学知识，了解基本的科学方法、崇尚科学精神，尊重客观规律，具备基本的应用科学技术成果的能力。科学素质对于国家经济发展、社会进步和公民个人全面发展都具有重大影响。

科学素质教育包括科学的知识教育、能力教育、方法教育、精神教育等，既有知识和能力培养，也有意志和品质塑造。科学是一种知识生产活动，包括贯穿整个科学发展历程的价值、观念、信念、精神等。科学素质教育的重点不在于培养某一领域的专家，而是注重人的主体性发展，培养人探求未知领域和事物的基础能力，促进人的身心全面协调，使人具备科学意识和品质。

教育和公众科学素质的关系密切。“教育是通向公众的道路”，科学素质教育不是简单地传递知识，而是培养科学的思维方式和科学的生活方式。科学素质教育包含科学知识的教育、科学意识的教育、科学态度的教育、科学思想的教育，科学方法的教育，科学能力的教育以及科学精神品质的教育等几个方面。科学素质教育的目的一是培养具有科学行动能力和科学应用能力的公民；二是培养具有创新意识和创新能力的科技人才及尖端科学人才。科学素质教育的作用第一是提高全民的科学素质；第二是培养科技人才；第三是促进科学知识自身不断的发展、完善。

妇女在农村经济建设和社会发展中发挥着重要作用，农村妇女占世界人口 1/4 以上，我国农村妇女参加生产劳动的比例达 74.7%，在家庭经济收入中，大部分家庭夫妻共挑经济大梁，妇女个人创造的收入占家庭收入的近一半，在生产生活中，妇女是重要决策者，也是家务劳动的主要承担者。妇女是农村经济建设的生力军，在推动“生产发展”和“生活宽裕”中发挥着不可替代的半边天作用①。

随着我国城镇化步伐的加快和农村产业结构的调整，农村男性劳动力大量向城市转移，“男工女耕”逐渐成为农村地区的主要分工模式，妇女在农业生产和社会主义新农村建设中扮演着越来越重要的角色。农业女性化的发展趋势使农村妇女发展的重要性日益凸显②。要实施科教兴国战略，提高农民素质，努力打造具有中国特色的现代化农业，农村妇女的科学素质是深化农村改革的关键③。青海省地处交通与经济相对不发达的西部，乡村人口的比例高于全国平均水平，农村妇女的科学素质是青海科技兴农的前提，研究目前青海农村妇女的科学素质意义重大。

一、青海农村妇女科学素质的发展现状

（一）研究对象

研究对象是辖区在青海省西宁市、海东市、海北藏族自治州、黄南藏族自治州、海南藏族自治州、果洛藏族自治州、玉树藏族自治州、海西蒙古族藏族自治州乡村的农村妇女，共1036人，剔除了实在无法完成调查的10人，余1026人。

（二）研究工具

《青海农村妇女科学素质调查量表》。

（三）施测

研究施测由生源地为青海农村的女大学生做为施测者进行相应乡村的一对一调查，在施测之前对施测者进行了专门的培训，包括对问卷的熟悉

① 张黎. 青海妇女地位作用的思考与建议. 中国妇运，2015（5）：23-25.

② 马慧芳. “男工女耕”模式下的农村妇女发展浅析. 延安大学学报（社会科学版），2011，33（3）：42-44.

③ 马昊. 新农村建设视域下的西部农民科学素质现状及结构性差异分析. 科技进步与对策，2007，24（12）：43-46.

以及人口学必要信息的填写说明。施测时间尽量控制在20分钟内。少数民族农村妇女调查由相应民族的熟练掌握语言的施测者进行，任何施测者对理解问卷题目有困难的被试都会进行讲解，保证农村妇女理解准确。

（四）青海农村妇女基本信息

1. 文化程度

1026名农村妇女中，文化程度不同，268人是不识字或基本不识字的，占26.1%，小学276人，占26.9%，初中300人，占29.3%，高中包含职高、中专、技校的111人，占10.8%，其他71人，占6.9%。

2. 婚姻状况

未婚47人，占4.6%，已婚935人，占91.1%，离婚或丧偶44人，占4.3%。

3. 初婚年龄

15岁以下2人，占0.2%，15—18岁103人，占10%，19—20岁311人，占30.3%，20—25岁514人，50.1%，25—30岁80人，占7.8%，30岁以上16人，占1.6%。

4. 家庭成员数

家庭成员数为1的19人，占1.9%；2的60人，占5.8%；3的166人，占16.2%；4的334人，占32.5%；5及以上的447人，占43.6%；大部分家庭人口在5个以上。

5. 生活满意度

对自己生活满意的350人，占34.1%；比较满意358人，占34.9%；一般300人，占29.2%；不满意18人，占1.8%。

6. 子女个数

有1孩子的239人，占23.3%；2孩子的524人，占51.1%，多数有两个孩子，有3个或者3个以上孩子的197人，占19.2%；没有孩子的66人，占6.4%。

7. 月收入

月收入650元以下的336人，占32.8%；651—1200元的228人，占22.2%；1201—1800元的176人，占17.1%；1801—2500元的128人，占

12.5%；2501—3000元的111人，占10.8%；3001元以上的47人，占4.6%。

8. 家庭年收入

家庭年收入7000元以下的137人，占13.4%；7001—10000元的215人，21.0%；10001—30000元的301人，占29.2%；30001—50000元的196人，占19.1%；50001—80000元的133人，占13.0%；80001—100000元的31人，占3.0%；100001元以上的13人，占1.3%。

（五）青海农村妇女科学素质的调查结果及分析

1. 不同年龄农村妇女科学素质的差别

表7-1-1 不同年龄农村妇女科学素质的差异表

	20岁以下	21—25岁	26—30岁	31—35岁	36—40岁	41—45岁	46—50岁	51岁以上	总数
n	16	88	142	104	126	209	185	156	1026
均值	29.690	29.310	30.200	30.940	31.450	30.360	29.740	26.630	29.750
标准差	7.821	8.963	8.587	8.13	7.046	7.171	6.779	6.848	7.644

$F(7,1018)=5.416$，$p=0.000$，不同年龄段农村妇女科学素质的差异显著：21—25岁的与36—40岁，21—25岁的与51岁以上，26—30岁与51岁以上，31—35岁与51岁以上，36—40岁与46—50岁，36—40岁与51岁以上，41—45岁与51岁以上，46—50岁与51岁以上均差异显著。51岁以上最低，36—40岁最高。51岁以上的农村妇女大多文化程度低，接受新生事物的能力较低，缺少交流，对获得科学知识的新方法掌握较少，36—40岁的农村妇女科学素质最高是因为这些农村妇女是家里的顶梁柱，照料老人孩子，还要想办法获得经济收入，有时外出打工、与同伴和伴侣交流的机会多，对于农业生产也是经验丰富的时期。

2. 父母家与现在家庭父母家与自己家的距离对农村妇女科学素质的影响

表7-1-2 父母家与自己家的距离对农村妇女科学素质的影响表

父母家与自己家的距离	n	均值	标准差
同村	365	29.650	7.568

续表

父母家与自己家的距离	n	均值	标准差
同乡不同村	208	30.550	7.739
同县不同乡	323	28.720	7.420
同州不同县	26	32.690	8.255
同省不同州市	81	30.940	7.685
不在同一省	23	31.170	8.563
总数	1026	29.750	7.644

$F(5,1020)=3.007$，$p=0.011$，农村妇女父母家与自己家的距离影响科学素质，同村与同州不同县、同乡不同村与同县不同乡、同县不同乡与同乡不同村、同县不同乡与同州不同县、同县不同乡与同省不同州市均差异显著。其中，同州不同县的科学素质最高，居住在同村的最低。父母家与现在家庭父母家与自己家的距离在同村基本上从小到大的文化环境相同或相似；两地距离较远时，有不同的风俗文化，交流广，获得的信息多，有助于科学知识、科学技能的形成。

3. 多久回父母家一次对农村妇女科学素质的影响

表 7-1-3 多久回父母家一次对农村妇女科学素质的影响表

多久回父母家一次	n	均值	标准差
住在父母家	101	30.180	8.355
1 天	10	27.600	8.568
1 个星期	109	30.300	7.189
1 个月	205	30.310	7.743
2—6 个月	283	30.190	7.405
半年	179	28.650	7.465
1 年	106	29.740	7.790
2—10 年	15	23.800	4.648
从不回去	18	30.220	8.869
总数	1026	29.750	7.644

$F(8,1017)=2.152$，$p=0.023$，差异显著，1 个星期回父母家一次的科学素质最高，2—10 年才回父母家一次的科学素质最低。住在父母家

的 78 人中，有 47 人是未婚的。经常回父母家时，与父母、兄弟姐妹交流多，有利于学习新知识、新技能。

4. 与自己父母的关系对农村妇女科学素质的影响

表 7-1-4　与自己父母的关系对农村妇女科学素质的影响表

与自己父母的关系	n	均值	标准差
亲密无间	229	30.470	7.633
正常相处	767	29.740	7.604
疏远有隔阂	30	24.340	7.072
总数	1026	29.750	7.644

F（2,1023）= 4.188，p=0.002，差异显著的是：与自己父母的关系亲密无间的科学素质最高，与父母疏远有隔阂的，回父母家也少，交流少，科学素质最低。

5. 赡养自己年迈父母的责任观对科学素质的影响

表 7-1-5　赡养责任对农村妇女科学素质的影响表

赡养责任	n	均值	标准差
儿子赡养	251	28.210	7.031
儿女都有责任	775	30.250	7.771
总数	1026	29.750	7.644

F（1,1024）= 13.732，p=0.000，差异显著的是：认为赡养自己年迈父母的责任是儿子的农村妇女的科学素质低，认为自己是女儿，不是父母家的成员，嫁出去随夫，这是封建思想的残余；认为儿女都有赡养父母责任的农村妇女，相对有能力抚养父母，也有孝心、有责任感，科学素质高。

6. 农村个人文化水平对农村妇女科学素质的影响

表 7-1-6　个人文化水平对农村妇女科学素质的影响表

个人文化水平	n	均值	标准差
不识字或基本不识字	270	26.630	8.058
小学	286	28.740	6.859
初中	288	31.700	6.389

续表

个人文化水平	n	均值	标准差
高中（职高、中专、技校）	139	33.080	7.642
其他	43	29.970	8.885
总数	1026	29.750	7.644

F（4,1021）= 22.661，p=0.000，差异显著的是：不识字或基本不识字的与文化程度是小学与初中、与高中（职高、中专、技校）、与其他均差异显著。不识字或基本不识字的农村妇女科学素质最低，高中包含职高、中专、技校的农村妇女科学素质最高。

7. 婚姻状况对农村妇女科学素质的影响

表 7-1-7 婚姻状况对农村妇女科学素质的影响表

婚姻状况	n	均值	标准差
未婚	47	29.450	8.975
已婚	935	29.890	7.588
离婚或丧偶	44	26.200	6.694
总数	1026	29.760	7.644

F（2,1023）= 2.460，p=0.044，差异显著的是：离婚或丧偶的与未婚、与已婚的差异显著。已婚的科学素质最高，有家人，有孩子陪伴，学习机会多，离婚或丧偶的最低。

8. 初婚年龄对农村妇女科学素质的影响

表 7-1-8 初婚年龄对农村妇女科学素质的影响表

初婚年龄	n	均值	标准差
14 岁以下	2	26.500	9.192
15—18 岁	104	28.100	7.719
19—20 岁	421	29.090	7.832
21—25 岁	346	30.700	7.560
26—30 岁	90	29.830	6.062
31 岁以上	16	25.190	8.101
总数	979	29.770	7.627

F（5,973）＝4.271，p＝0.001，差异显著的是：初婚年龄21—25岁的科学素质最高，31岁以上最低，结婚过早还未完成学业，过早承受家庭重担，结婚过晚影响妇女的生活和学习。

9. 理想生育年龄对农村妇女科学素质的影响

表7-1-9　理想生育年龄对农村妇女科学素质的影响表

理想生育年龄	n	均值	标准差
15—18岁	33	30.790	6.532
19—20岁	118	29.690	7.520
21—24岁	521	29.450	7.984
25—28岁	300	30.830	7.212
29—30岁	46	26.910	6.357
31岁以上	8	23.500	6.141
总数	1026	29.770	7.643

F（5,1020）＝3.815，p＝0.002，差异显著的是：15—18岁的与29—30岁，15—18岁与31岁以上，19—20岁与29—30岁，19—20岁与31岁以上，21—24岁与25—28岁，21—24岁与29—30岁，21—24岁与31岁以上，25—28岁与29—30岁，25—28岁与31岁以上有显著差异。认为理想生育年龄是25—28岁的科学素质最高，认为30岁以上再生育的科学素质最低，不懂得优生优育的知识，认为自己被孩子拖累，后悔结婚早，过早生孩子。

10. 家庭成员数对农村妇女科学素质的影响

表7-1-10　家庭成员数对农村妇女科学素质的影响表

家庭成员数	n	均值	标准差
1	19	28.110	8.944
2	60	27.250	7.318
3	154	29.810	7.472
4	346	30.300	7.042
5及以上	447	29.730	8.068
总数	1026	29.750	7.644

F（4,1021）= 2.266，p=0.060，差异显著的是：家庭成员数是 2 个的与 3 个的，与 4 个的，与 5 个及以上的差异显著。家庭成员数是 4 个的科学素质最高，2 个的最低。家庭人口过多影响经济状况，人口过少影响交流、沟通和学习，有些是孤寡老人，无人照料，获取信息困难。

11. 生活满意度对农村妇女科学素质的影响

表 7-1-11 生活满意度对农村妇女科学素质的影响表

生活满意度	*n*	均值	标准差
满意	350	29.570	7.598
比较满意	359	29.380	8.064
一般	300	30.730	7.069
不满意	17	24.470	6.597
总数	1026	29.760	7.644

F（3,1022）= 4.758，p=0.003，差异显著的是：生活满意与不满意的，比较满意的与一般，比较满意与不满意，一般与不满意的差异显著。生活满意度一般的农村妇女，对自己的生活满意，科学素质最高；不满意的多数由于家庭经济条件差，对自己也不满意，无力学习，科学素质最低。

12. 子女个数对农村妇女科学素质的影响

表 7-1-12 子女个数对农村妇女科学素质的影响表

子女个数	*n*	均值	标准差
1	239	30.800	7.717
2	524	30.230	7.084
3 及以上	197	27.510	8.240
0	66	28.700	8.512
总数	1026	29.740	7.644

F（3,1022）= 8.432，p=0.000，差异显著的是：有 1 个子女的与 3 个及以上，有 1 个子女的与没有子女的，有 2 个子女的与有 3 个及以上的差异显著。有 1 个孩子的科学素质最高，3 个及以上的最低，在农村，孩子多，家庭负担重，农村妇女既要干家务，照料孩子，还有负责收入，关

心自己的时间少，学习科学知识的时间少。

13. 理想子女数与农村妇女科学素质的关系

表 7-1-13 理想子女数与农村妇女科学素质的关系表

理想子女数	n	均值	标准差
1	58	28.860	7.752
2	823	30.540	7.349
3 及以上	136	25.790	7.925
0	9	21.890	5.159
总数	1026	29.740	7.636

F（3,1022）= 19.598，p=0.000，差异显著的是：理想子女数是 1 个的与 3 个及以上，1 个与不要孩子的，2 个与 3 个及以上，2 个与不要孩子的，3 个及以上与不要孩子的差异显著。希望有 2 个孩子科学素质的最高，不要孩子的科学素质最低。

14. 性别态度对农村妇女科学素质的影响

表 7-1-14 性别态度对农村妇女科学素质的影响表

性别态度	n	均值	标准差
生男孩高兴	191	27.850	7.427
男女一样	824	30.190	7.630
总数	1015	29.750	7.644

F（1,1013）= 14.747，p=0.000，差异显著的是：认为生男孩高兴的科学素质低，认为男女都一样的科学素质高。

15. 子女文化水平与母亲科学素质的关系

表 7-1-15 子女文化水平与母亲科学素质的关系表

子女文化水平	n	均值	标准差
不识字或基本不识字	86	29.580	9.363
小学	206	30.200	8.481
初中	261	30.240	7.095
高中（职高、中专、技校）	156	28.160	6.958

续表

子女文化水平	n	均值	标准差
大专	93	30. 150	6. 501
大学及以上	158	29. 750	7. 334
总数	960	29. 750	7. 643

$F(5,954)=1.792$，$p=0.112$ 子女文化水平对母亲科学素质的影响差异不显著。母亲对孩子的影响大，但是，孩子的文化程度无论高低，母亲有自己的生活，孩子对母亲反向的影响不在文化程度上体现，在于是否一起生活和交流。

16. 对子女高中毕业后的期望与母亲科学素质的关系

表 7-1-16　对子女毕业后的期望与母亲科学素质的关系

对子女毕业后的期望	n	均值	标准差
希望继续读大学	859	30. 240	7. 598
希望外出打工	65	25. 810	6. 747
希望务农	38	24. 820	6. 665
总数	962	29. 750	7. 647

$F(2,959)=19.400$，$p=0.000$，差异显著的是：希望子女毕业后希望继续读大学的与希望子女外出打工，希望子女毕业后希望继续读大学的与希望子女务农的均差异显著。希望子女毕业后希望继续读大学的科学素质最高，希望子女毕业后务农的科学素质最低，原因是有些缺乏科学意识，有些由于家境贫寒，没有能力继续供养孩子读大学。

17. 对子女职业的期望与农村妇女的科学素质关系

表 7-1-17　对子女职业的期望与农村妇女的科学素质关系表

对子女职业的期望	n	均值	标准差
医生	263	30. 590	6. 994
科学家	55	29. 670	8. 809
教师	305	30. 580	7. 887
明星大腕	4	28. 500	13. 178
工人	49	26. 960	6. 221

续表

对子女职业的期望	n	均值	标准差
政府官员	72	29.640	8.242
企业老板	94	25.960	6.892
军人或警察	118	30.190	6.983
总数	960	29.760	7.644

F（7,952）= 5.446，p=0.000，差异显著的是：想让子女成为医生的与想让子女成为企业老板的，想让子女成为与想让子女成为企业老板的差异显著，想让子女成为企业老板与想让子女成为科学家、教师、政府官员、军人或警察的差异显著。

想让子女成为医生的科学素质最高，希望孩子有更好的工作，需要更多的投资。想让子女当企业老板的科学素质最低，由于家庭条件差，希望孩子多挣钱养家。

18. 子女目前的就业情况与母亲科学素质的关系

表 7-1-18　子女目前的就业情况与母亲科学素质的关系表

子女目前的就业情况	n	均值	标准差
学校就读	475	30.900	7.706
待业	47	30.590	7.873
外出务工	181	27.630	6.779
务农	48	26.480	7.205
附近城镇务工	39	29.360	7.439
企事业单位工作	74	29.000	7.294
个体经营	40	26.450	7.373
其他	56	28.760	7.315
总数	960	29.780	7.643

F（7,952）= 7.544，p=0.000，差异显著的是：子女目前在学校就读的与外出务工、务农、在企事业单位工作、个体经营的差异显著。孩子目前在学校就读的科学素质最高，孩子读书的，母亲耳濡目染，从孩子的学习中，可以学到新知识。孩子从事个体经营的，自己忙碌，无暇顾及母亲，对母亲的影响小，这种农村妇女科学素质最低。

19. 伴侣文化水平程度对农村妇女科学素质的影响

表 7-1-19 伴侣文化水平对农村妇女科学素质的影响表

伴侣文化水平	n	均值	标准差
不识字或基本不识字	164	26.720	8.206
小学	226	29.100	7.305
初中	428	30.420	7.256
高中（职高、中专、技校）	67	33.250	7.242
大专	22	34.880	7.585
大学及以上	20	31.470	7.780
总数	927	29.750	7.650

未婚不回答，$F(5,921)=11.693$，$p=0.000$，差异显著的是：伴侣文化水平是不识字或基本不识字的与小学、初中、高中（职高、中专、技校）、大专、大学及以上的均差异显著。伴侣文化水平是大专的与小学、初中差异显著。伴侣文化水平是大专的农村妇女的科学素质最高，伴侣不识字或基本不识字的农村妇女的科学素质最低，夫妻朝夕相处，农村妇女自从嫁人后，与伴侣一起的时间长，相互影响，相互学习。

20. 是否陪伴伴侣长期外出务工与科学素质的关系

表 7-1-20 是否陪伴伴侣长期外出务工与科学素质的关系表

是否陪伴伴侣长期外出务工	n	均值	标准差
是	381	28.730	7.572
否	556	30.380	7.641
总数	937	29.760	7.647

未婚不回答，$F(1,935)=3.195$，$p=0.013$，差异显著的是：如果伴侣长期外出务工，选择不陪伴伴侣长期外出务工的科学素质高，是否陪伴虽然是主观的想法，但反映了农村妇女是否有独立生活的能力，当伴侣有自己的工作，家里需要照料时，放弃自己的生活，一定要陪伴外出务工，又没有自己的工作的女性，将自己完全依附于伴侣，影响了自己的发展，科学素质低。

21. 伴侣目前的就业情况与农村妇女科学素质的关系

表 7-1-21　伴侣目前的就业情况与农村妇女科学素质的关系

伴侣目前的就业情况	n	均值	标准差
待业	33	30.550	8.389
外出务工	448	32.170	7.081
务农	247	28.980	7.626
其他	40	33.100	8.605
个体经营	118	30.250	7.866
总数	886	29.780	7.634

不回答，F（4,881）= 4.498，p=0.000，差异显著的是：伴侣在其他单位工作的与伴侣外出务工、务农、个体经营的差异显著，伴侣务农的与务工的差异显著。伴侣在其他单位工作的农村妇女科学素质最高，伴侣在家务农的农村妇女科学素质最低。

22. 个人职业与农村妇女科学素质的关系

表 7-1-22　个人职业与农村妇女科学素质的关系表

个人职业	n	均值	标准差
个人职业	n	均值	标准差
待业	155	28.310	8.226
外出务工	339	33.070	7.228
务农	421	29.440	7.585
个体经营	111	29.170	7.701
总数	1026	29.750	7.640

F（3,1022）= 5.467，p=0.000，差异显著的是：外出务工的科学素质最高，待业的科学素质最低。农村妇女闲暇时间打工，可以学到更多知识技能，见多识广，可以促进科学能力发展。

23. 个人月收入与农村妇女科学素质的关系

表 7-1-23 个人月收入与农村妇女科学素质的关系表

个人月收入	*n*	均值	标准差
650 元以下	336	28. 370	7. 838
651—1200 元	228	29. 860	7. 494
1201—1800 元	176	29. 060	6. 536
1801—2500 元	128	32. 030	7. 541
2501—3000 元	111	31. 110	8. 146
3001 元以上	47	31. 680	7. 570
总数	1026	29. 730	7. 633

F（5,1020）= 6. 214，p = 0. 000，差异显著的是：月收入在 1801—2500 元的与 650 元以下、651—1200 元、1201—1800 元的均差异显著，650 元以下的与 651—1200 元、2501—3000 元、3001 元以上的均差异显著。1801—2500 元的科学素质最高，650 元以下的科学素质最低，农村妇女自已能赚钱贴补家用，一方面可以通过赚钱学习新知识、新技能，另一方面，有更多同伴可以交流学习。

24. 家庭年收入与农村妇女科学素质的关系

表 7-1-24 家庭年收入与农村妇女科学素质的关系表

家庭年收入	*n*	均值	标准差
7000 元以下	137	28. 220	7. 708
7001—10000 元	215	29. 290	7. 229
10001—30000 元	301	31. 000	7. 215
30001—50000 元	196	30. 130	7. 787
50001—80000 元	133	29. 160	8. 200
80001—100000 元	31	28. 810	8. 360
100001 元以上	13	27. 380	9. 996
总数	1026	29. 750	7. 644

F（6，1019）= 2. 912，p = 0. 008，差异显著的是：家庭年收入 7000 元以下的与 10001—30000 元、30001—50000 元的差异显著，家庭年收入

7001—10000 元的与 10001—30000 元的差异显著，家庭年收入 50001—80000 元的与 10001—30000 元的差异显著。家庭年收入 10001—30000 元的科学素质最高，100001 元以上的科学素质最低，家庭收入太低，农村妇女生活压力大，学习机会少，家务缠身，外出少；但是，家庭收入太高的农村妇女不需要更多工作增加收入，有些在家中的地位反而不高，外出学习机会少；而家庭收入中等的农村妇女，外出务工挣钱，与丈夫一起分担家庭经济，学习到的科学知识和技能多，科学素质高。

25. 权益遭受侵害时的处置方法与科学素质的关系

表 7-1-25　权益遭受侵害时的处置方法与科学素质的关系表

权益遭受侵害时的处置方法	n	均值	标准差
利用法律维护权益	511	32. 600	6. 931
自己忍一忍就算了	248	26. 340	7. 089
找亲友帮忙处理	192	28. 060	6. 908
靠非法团体报复	9	26. 560	6. 327
相信命运的安排	66	25. 610	8. 879
总数	1026	29. 760	7. 645

$F(4,1021)=29.145$，$p=0.000$，差异显著的是：利用法律维护权益的科学素质最高，相信命运的安排的科学学素质最低，有些农村妇女从小逆来顺受，胆小怕事，不知道如何保护自己，对于法律知识更是知之甚少，在偏远的乡村，求诉无门。

26. 对违法行为的处置方法与科学素质的关系

表 7-1-26　对违法行为的处置方法与科学素质的关系

对违法行为的处置方法	n	均值	标准差
向有关部门检举揭发	318	32. 580	7. 019
跟自己无关就不管	277	26. 420	7. 898
劝其自首	405	30. 190	6. 945
帮其隐瞒	12	23. 330	5. 433
要求其分配部分利益	14	24. 290	6. 900
总数	1026	29. 750	7. 644

$F(4,1021)=31.714$，$p=0.000$，差异显著的是：向有关部门检举揭发的与跟自己无关就不管的、与劝其自首、帮其隐瞒、要求其分配部分利益的均有显著差异。帮其隐瞒的与向有关部门检举揭发、劝其自首、要求其分配部分利益的均有显著差异。向有关部门检举揭发的科学素质最高，帮其隐瞒的科学素质最低，看到违法行为时，与自己无关就不管，熟人或者亲人违法还要帮助隐瞒，本来就反映出文化素质低，法律意识淡薄。

27. 青海农村妇女科学素质的总体发展情况

表 7-1-27　青海农村妇女科学素质的总体发展情况

各量表	*n*	满分	均值	标准差	通过率
科学素质总量表	1026	49	29.750	7.644	0.610
科学概念	1026	7	4.600	1.443	0.660
科学观点	1026	14	9.390	2.474	0.670
科学方法	1026	3	1.690	1.087	0.560
科学与非科学	1026	6	3.150	1.461	0.520
经济社会	1026	2	0.830	0.645	0.420
资源环境	1026	5	3.180	1.370	0.640
实际事务	1026	6	3.920	1.731	0.650
公共事务	1026	3	1.870	0.943	0.620
科学创造	1026	3	1.130	0.905	0.340

青海农村妇女科学素质总量表均值为 29.750，满分为 49 分，量表的通过率为 0.610，高于 0.600，说明样本的均分超过及格分 29.400 分，但是在各分量表的通过率高于 0.600 的分别是：科学概念 0.660、科学观点 0.670、资源环境 0.640、实际事务 0.650、公共事务 0.620。低于 0.600 的分别是：科学方法 0.560、科学与非科学 0.520、经济社会 0.420、科学创造 0.340。青海农村妇女对于基本的科学概念掌握合格，92.600%的农村妇女知道消化食物的器官，79.200%的知道哺乳动物，71.100%的妇女知道血液流动最重要的器官，74.100%的妇女知道微信；在科学观点上，81.800%的妇女知道纸的来源，86.500%知道吸烟有害身体，72.800%知道一年最后一个节气，68.300%知道人的血型；在科学方法、科学与非科学上，掌握不好，仍然相信算命和封建迷信思想；农村妇女在经济社会上懂得少，不知道土地所有权，低保分配、商品价格变化的原因。在资源环

境、实际事物、公共事务上，掌握较好，63.200%知道“退耕还林”政策，73.900%知道保护野生动物，63.100%懂得保护资源，60.100%会判断食物的品质，71.100%知道运动对身体的好处，69.300%知道火灾发生时的处置办法，71.200%知道家庭安全用电常识，70%的农村妇女知道地震前兆，72.900%的农村妇女知道遵守交通规则，73.600%知道村民委员会的换届选举。在科学创造上掌握得最差，50.100%不知道将自己的新发现告诉他人，不会与他人分享，64.200%的人对不熟悉的操作不会时不知道怎么办，也不去请教他人。

二、青海农村妇女科学素质的主要影响因素

素质是在个体的先天遗传基础上，受环境、教育影响，逐步形成发展起来的，是反映一个人内在的、相对稳定的生理、心理及文化的统一，还和自己的主观能动性有关，科学素质的形成受很多因素的影响。

（一）家庭教育是影响青海农村妇女科学素质的重要因素

1. 原生家庭

原生家庭对农村妇女科学素质的早期形成有重要影响，科学素质得分中约65%的差异来源于个体和家庭间的差异，其中父母亲的学历、父亲的教育期望、家庭经济条件对女性的科学素质有正影响①。家庭是农村妇女最早接受教育和生活成长的主要场所，父母的科学素质和教育方式与女儿科学素质的形成紧密相关，父母对孩子起着引导作用。原生家庭教育条件好的女性对科学的接触机会越大，学习和掌握科学技术的能力就越高。

青海农村妇女与自己父母的关系亲密无间的科学素质最高，认为儿女都有责任赡养老人的科学素质高，与父母家人的联系紧密的科学素质高。家长最基本的素质是文化科学素质和道德品质素质，高素质的母亲是高素质的子女产生的基础，青海的农村女性文盲率比较高，言传身教影响孩子的科学素质，代际相传，尤其一些封建思想的传播，重男轻女，认为女儿不应该读太多书，有些地方结婚早，调查中10.73%的农村妇女初婚年龄在18岁以前，早婚早育，导致农村妇女很早出嫁，很难完成学业，嫁人后

① 郑景云. 教育从改造母亲开始. 成人教育，1990（4）：35.

与自己父母家庭疏远，甚至将自己与父母家隔离，缺少交往和沟通，失去在原生家庭学习科学技能的机会。

2. 新生家庭

当女儿长大成立自己家庭后，伴侣和孩子的影响大。青海农村妇女的伴侣习惯见图 7-1-1。

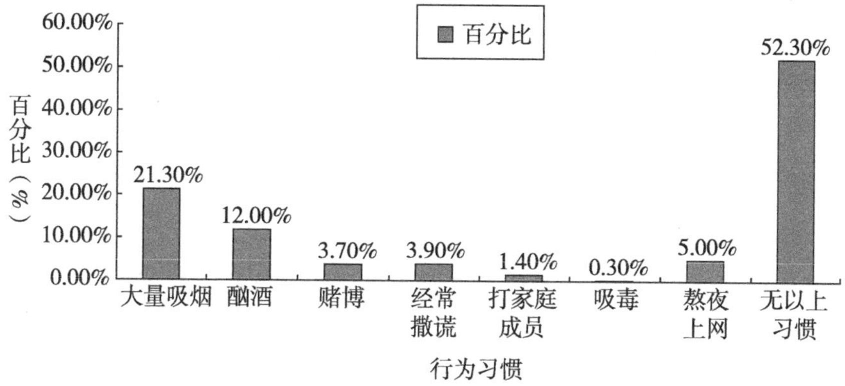

图 7-1-1 青海农村妇女的伴侣的行为习惯分布图

青海农村妇女的伴侣习惯由高到低排序为：没有坏习惯的占 52. 30%，大量吸烟的占 21. 30%，酗酒的占 12. 00%，熬夜上网的占 5. 00%，经常撒谎的占 3. 90%，赌博的占 3. 70%，打家庭成员的占 1. 40%，有些伴侣是几个不良习惯都有。伴侣习惯影响农村妇女的生活，影响夫妻相互交流，影响科学知识和技能的学习①。

伴侣文化水平影响农村妇女的科学素质，伴侣不识字或基本不识字的农村妇女的科学素质最低，伴侣在家务农的农村妇女科学素质最低。此外，子女对青海农村妇女的科学素质有影响，子女数量太多会造成家庭经济困难，农村妇女生活压力增大，家庭负担沉重，基本上把时间花费在照顾孩子，做家务、照顾老人，还要干农活，闲暇时间少，没有时间和机会学习科学技术知识，由于压力大导致农村妇女希望子女高中毕业后尽早挣钱，不希望孩子继续学业。

家庭收入和父母的教育水平与家庭教育期望存在显著的正相关关系，

① 侯娟，蔡蓉，方晓义. 夫妻依恋风格、婚姻归因与婚姻质量的关系. 应用心理学，2010，16（1）：42-54.

家庭收入对家庭教育期望有影响①。在农村，对女孩子的教育期望较低，并存在严重的辍学问题，对于经济困难的家庭，高等教育的费用高，大学毕业后就业率低，从事低收入和边缘行业的概率高，越穷越减少受教育的机会，受教育机会越少就愈穷，这种恶性循环的“马太效应”经过代际传递，经济条件差的农村妇女与条件好的农村妇女差距越来越大，科学素质受到影响②。

（二）个人因素是影响青海农村妇女科学素质的主观因素

个人因素能解释约11%的科学素质变异，包括以下因素：

1. 文化程度

青海农村妇女总体文化程度低，调查中26.10%是不识字或基本不识字的，26.90%是小学文化，科学素质所包含的科学技术知识、科学方法、科学思想、科学精神、处理实际问题得能力、参与公共事务的能力，随文化程度的降低而降低。不识字或基本不识字的农村妇女科学素质最低。

2. 个人经济收入

调查中，有自己收入的农村妇女科学素质高，而且个人经济收入越高，科学素质得分越高。在青海农村，妇女的经济个人职业多数为打工所得，在附近城镇单位务工的农村妇女科学素质最高，个人收入与家庭收入不同，家庭收入中等的农村妇女的科学素质反而最高。

3. 婚姻与理想生育年龄

已婚的农村妇女科学素质最高，离婚或丧偶的科学素质最低。20—25岁的科学素质最高，生活满意度一般的科学素质最高，认为生男孩和生女孩都一样的科学素质高。

4. 心理宣泄方法

青海农村妇女心理宣泄的方法主要是找朋友聊天排解，占36.30%，其次是自己闷着慢慢调整，占32.90%，寻求伴侣安慰的占11.30%，向子女述说苦闷的占11.10%，向父母寻求安慰的占7.20%，其他1.20%，见图7-1-2。

---

① 夏浩．我国家庭教育期望研究综述．合作经济与科技，2016（14）：123-125.

② 陈力，胡颖森．低收入家庭子女高等教育收益研究．财会通讯，2012（15）：121-125.

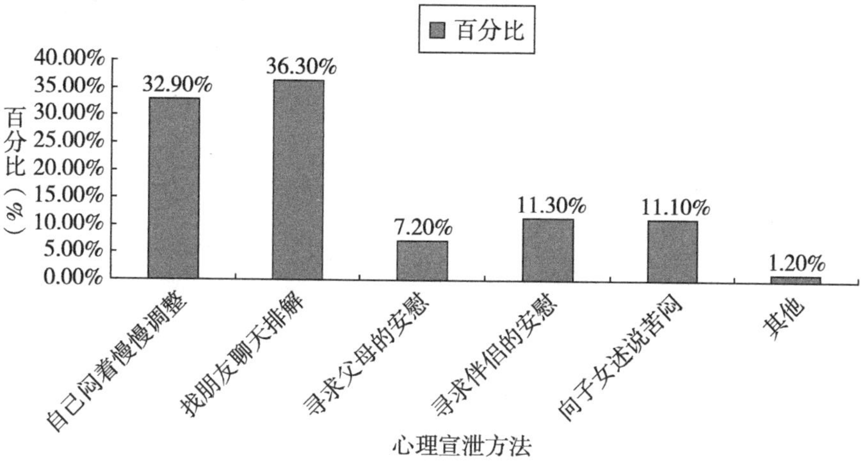

图 7-1-2　青海农村妇女心理宣泄方法分布图

农村妇女遇到问题，自己闷在心里的比例比较高，寻求伴侣安慰的比例比较低，夫妻的沟通可以缓解心理压力，提高婚姻质量，相互沟通可以获得更多的科学知识和技能①。

（三）同伴交流是影响青海农村妇女科学素质的外界因素

青海农村妇女业余时间安排上，第一是看电视，占 37.50%，第二是聊天，占 24.60%，第三是其他，主要包括念经、做针线。逛街的占 8.60%，利用业余时间学习的占 7.50%，由于农村妇女的科学文化素质低，很少看或者看不到书报杂志，无法了解有关的科学知识，不能学习各种科学技能，很难及时了解各种信息，青海农村妇女打牌、玩游戏的比较少，占 4.30%，业余时间安排中同伴交流较少，见图 7-1-3。

同伴因素对科学素质有较大影响，同伴因素能解释 27.8%的科学素质变异②。充分发挥同伴间联系可以提高农村妇女的科学素质，同伴是农村妇女在生产活动中的伙伴，既是聊天的伙伴，又是学习的同伴，互相交流越多，学习的机会越多。

① 张锦涛，方晓义，戴丽琼．夫妻沟通模式与婚姻质量的关系．心理发展与教育，2009，25（2）：109-115.

② 薛海平，胡咏梅，段鹏阳．我国高中生科学素质影响因素分析．教育科学，2011，27（5）：68-78.

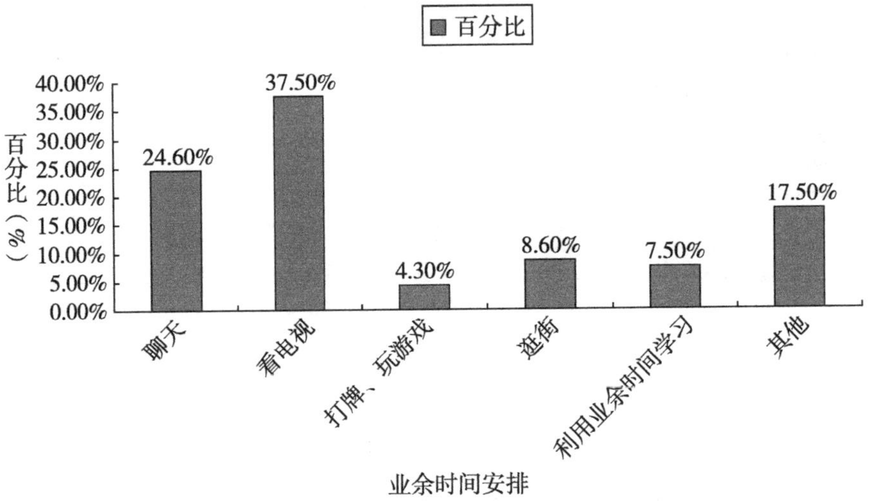

图 7-1-3　青海农村妇女业余时间安排分布图

（四）文化环境是影响青海农村妇女科学素质的核心因素

1. 文化传承中的封建思想阻碍科学素质的形成

在青海农村仍然存在性别歧视，在有些地区，从小到大女性受到不公正的对待，农村妇女遭受传统观念束缚，在农村，妇女解放依然不够彻底，在思想观念领域，许多封建思想的残渣余孽束缚着广大农村妇女。学习科学知识可以使农村妇女头脑灵活、眼界开阔、获得信息、接受新鲜事物，而科学素质低影响到科学观念的提高，封建迷信的流行、没文化、愚昧落后的观念使农村妇女观念陈旧，思想守旧，不思进取，对自己的定位低，由于封建思想的束缚，听天由命，相信算命。尤其在男尊女卑的观念影响下，农村妇女自己重男轻女的思想更严重，学科学、用科学的热情不高，科学意识不强，导致青海农村妇女的科技水平提高慢。

2. 文化传播渠道少，影响科技知识的学习

文化程度偏低是影响青海农村妇女科学素质水平提高的首要因素，青海农村，传播科技知识的渠道少，较难提高农村妇女的科技意识，农村妇女学习科技知识的条件差，缺少农村妇女学习科学技术知识、培训农业技能的专门的网络平台，科普宣传开展少，专门针对农村妇女的培训更少导致青海农村妇女的科学素质较低。

3. 获得技能的途径少

青海农村妇女技能获得途径主要靠自己，凭经验，自己揣摩占 32.60%，其次长辈传授，占 20.90%，然后向邻居或亲戚学，占 14.80%，周边农民示范占 7.40%，技术人员指导占 7.20%，通过电视学习占 4.80%，通过报纸或书籍学习的占 3.70%，职业学校 3.20%，本地专业协会组织占 2.10%，当地电视台占 0.20%，见图 7-1-4。

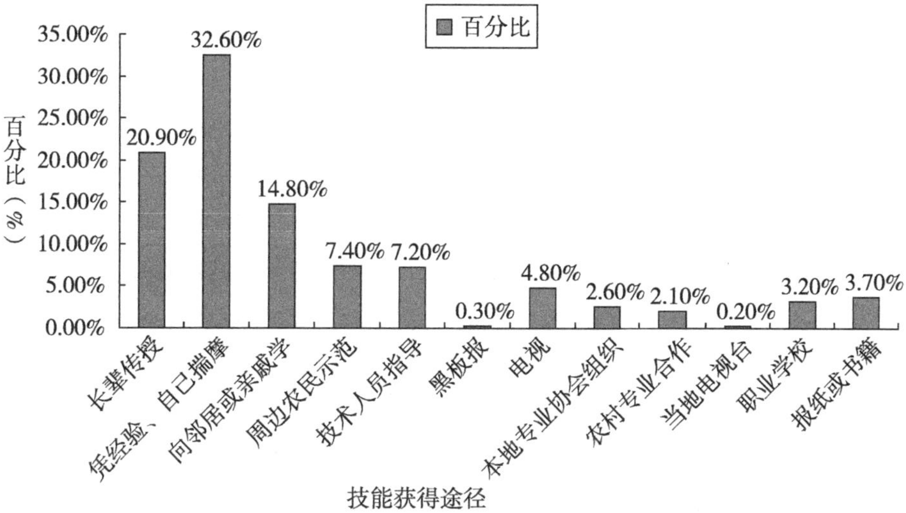

图 7-1-4　青海农村妇女技能获得途径分布图

三、依托农村职业教育提高青海农村妇女科学素质

（一）科技人员通过职业教育，提高农村妇女的科学意识

科技人员可以借助村委会建立活动平台，送培入村进行科技文化传播，增强群体活动的组织化，宣传科普知识，提高农村妇女的科学意识，从生育、医疗、保健、心理健康开始普及科学知识，利用妇女节日，村里的集体活动，进行科普宣传。针对青海农村妇女文化程度低的实际情况，尽量以图片、录影、科教片的形式进行，宣传内容可以结合地方文化和民族特色，扩展到生态环境的保护、耕地草场的保护、防灾减灾，重点讲解

移风易俗、反对封建迷信和陈规陋习①，在尊重民族习俗的前提下，发展妇女干部进行传帮带，相互感染、相互熏陶，最终让农村妇女爱科学、学科学、懂科学。

对青海农村妇女的培训的主要目标是教会实用的科学技术，推动农村妇女科学素质发展。激发学科学的积极性，增强科技意识，进行科技知识的培训，通过学习科技知识，依靠科技脱贫致富，发展农业生产、通过提高农村妇女个人的收入来提高家庭地位，以此改善生活质量。

（二）利用媒体电视网络进行科学知识的传播

调查中，农村妇女技能获得的途径中，通过电视学习的只占 4.80%，很多地区缺少科技频道，大多农村妇女闲暇时光主要看电视剧、娱乐频道的节目，青海农村电视媒体在科技宣传中还未充分发挥作用。为了提高农村妇女的科学素质，开通一些科普平台，省级电视台开设针对地方农村妇女学科技、用科技的专题频道，组织农村妇女学习科学知识，提高科学素质。利用互联网增加婚姻恋爱、生育妊娠、子女教育、生理心理健康、医疗与卫生、家用电器、休闲娱乐、生产技术技能、环境保护、生态平衡、参与公共事务的知识与技能的节目。媒体应当把围绕农村妇女的基本生活保障、教育、就业、卫生健康、思想情感等内容合理编排，与科学素质结合起来②。

（三）扩大农村妇女的同伴团体，获得科学方法

同伴的沟通交流可以创造相互学习的机会，进行心理疏导。心理素质是个体综合素质结构的重要组成部分，是科学文化素质和思想品德素质发展的基础条件。只有在较高水平的心理素质的基础上才能形成较高水平的文化素质和品德素质。因此，要重视农村妇女心理素质的发展，建立同伴团体，形成良好的心理调控能力。借助同伴力量，经常性地开展科学知识的普及活动，营造提高科学素质的人文环境。

---

① 陈少婷，贺丽容，邓红生，梁容欢，黎影兰．广州市农民科学素质特征分析．广州广播电视大学学报，2016，16（5）：96-101.

② 马来平．提高农村妇女科学素质的思考［J］．海峡科学，2015（12）：39-43.

（四）调动农村妇女主动学习科学知识的积极性，提高科学能力

改变农村妇女的观念，激励农村妇女主动学习，不断接纳新知识，调动学习积极性，提高科学意识。让农村妇女有兴趣参与社会活动，不断提高自己的科学能力，学习科技知识、获取科技信息，运用科技知识改善生活质量，不断提高组织能力，参与社会民主管理①。科技人员要根据农村妇女的年龄、技能、文化程度，分类培训，合理安排，真正提高科学能力。

（五）提高科学技能，增加农村妇女的经济收入

科学技术是改变农村妇女命运的生命线，没有科学技术，农村妇女很难真正意义上改变自己。只有提高农村妇女的科技文化素质，才能使农村妇女走上致富道路。农村妇女通过学习科学知识，掌握科学思维的方法，发展科学能力、提高科学技能，逐步形成科学的世界观、人生观，培养起良好的科学品质。

让农村妇女“做中学”，结合具体的生活学习科学技术，鼓励农村妇女学习农产品的精深加工、物流配送体系，拓展以绿色食品为主导的农产品加工业，通过流通提高农产品的附加值，增产增收，提高收入，提高家庭地位，营造温馨和谐的家庭氛围，让农村妇女受到尊重，不断学习，最终提高科学素质。

第二节　青海农村妇女科学素质教育的计划

一、了解青海农村妇女的认知发展特点，保障科学素质教育

个体的认知结构受当地经济发展水平、本民族文化背景等因素的影

① 刘颂. 南京市民科技、社会人文素质状况调查报告. 中共南京市委党校学报，2008（3）：107-112.

响。科技工作者应该充分了解青海农村妇女认知结构的发展特征、心理特征，根据其自身的特点，寻找合理的方法，提高科学知识。通过建立青海农村妇女认知结构中与科学知识的联系点，进行有意义的教育。提高青海农村妇女的科学意识，提高从生活到科学，从科学到社会的认识，调动青海农村妇女的积极性，促使其主动学习，保障青海农村妇女的科学素质教育顺利进行。

二、发展青海农村妇女学习科学的非智力因素

为青海农村妇女创设科学素质教育的环境，从本地区、本民族的日常生活、生产社会环境中抽出相关的科学问题，引导青海农村妇女解决实际问题。因地制宜，利用本民族的科学技术文化背景促使青海农村妇女学习科学知识、应用科学知识。通过科学素质教育，培养青海农村妇女的自信心，发展对学习科学的兴趣等非智力因素。

三、通过科学素质教育提高青海农村妇女的综合素质

由于受青海农村经济发展的制约，青海的科学素质教育相对经济发达地区比较落后，教学条件差。因此，通过发掘青海农村文化背景中的科学技术部分的内容，整理加工，以此作为科学素质教育素材，提高青海农村妇女的科学知识、科学技术、科学能力。带领广大青海农村妇女认识自然，培养科学思维能力，提高科学创新能力。

四、培养“有文化、懂技术、会经营”的新型农村妇女

建设社会主义新农村的落点在“农村”，重点在“农民”，核心群体在“农村妇女”。青海农村妇女是建设社会主义新农村的主体，培育“有文化、懂技术、会经营”的高素质的新型的农村妇女是建设新农村的核心内容和首要任务。

依托产业发展对青海农村妇女开展农业实用技术培训和职业技能培

训，积极引导和教育青海农村妇女遵纪对违法行为的处置方法、提高修养、崇尚科学、移风易俗，成为新型农民。通过推进青海农村产业结构调整，加快青海农业产业化进程，增加青海农村妇女收入，通过科学素质教育为青海农村妇女提供智力支持，推进青海新农村建设。

参考文献

[1] 陈首. 科学素质建设：国外在行动 [J]. 科学学研究，2007 (06)：1057-1062.

[2] 谭东丽，张志清，唐兆民. 科学素养概念的探讨 [J]. 轻工科技，2015，31 (05)：168-169.

[3] 魏冰. "科学素养"探析 [J]. 比较教育研究，2000 (S1)：105-108.

[4] 张琨，孙超. 农民科学素养的探析 [J]. 长春理工大学学报（社会科学版），2013，26 (10)：81-84.

[5] 史玉民，韩芳. 印度公民科学素养发展概况 [J]. 科普研究，2008 (01)：44-49.

[6] 刘华杰. 公民科学素养测试及其困难 [J]. 北京理工大学学报（社会科学版），2006 (01)：12-18.

[7] 李宪奇. 中国公民科学素质测评指标体系的建构与应用 [J]. 中国科技论坛，2008 (07)：97-101.

[8] 汤书昆，王孝炯，徐晓飞. 中国公民科学素质测评指标体系研究 [J]. 科学学研究，2008 (01)：78-84.

[9] 汤书昆，王孝炯，陈亮. 国际科学素质评估的比较与启示 [J]. 中国科技论坛，2008 (01)：127-131.

[10] 郭元婕. 未成年人科学素质监测指标体系研究 [J]. 科普研究，2008，3 (06)：81-88.

[11] 刘照全. 论公民科学素质测评问卷内容设置的原则 [J]. 重庆行政，2009，11 (05)：28-30.

[12] 邓艺，刘建中. 云南公众科学素养调查状况比较分析 [J]. 云南科技管理，2002 (03)：18-20.

［13］李彩凤. 福建省农村未成年女性科学素养研究［D］. 福州：福建师范大学，2008.

［14］唐蓉蓉. 安徽省公民科学素质调查与现状分析［J］. 新闻世界，2009（03）：88-90.

［15］唐文军. 湖南公众科学素养的影响因素分析与评价［D］. 长沙：湖南大学，2009.

［16］袁汝兵，王彦峰，王世民. 论我国公民科学素质调查存在的问题［J］. 科技管理研究，2010，30（11）：243-245.

［17］刘扬. 辽宁省未成年人科学素质法律保障问题研究［D］. 沈阳：沈阳工业大学，2010.

［18］陈钦琳. 新时期关怀重点人群读者的探讨［J］. 海峡科学，2007（09）：56-57.

［19］石彩霞. 少儿图书馆“少儿特色化建设”之思考［J］. 中小学图书情报世界，2010（03）：12-14.

［20］吴翠红. 图书馆——让孩子们爱上阅读［J］. 图书馆论坛，2008（03）：40-43.

［21］季娇. 科技场馆科学普及的平民化取向［J］. 科普研究，2009，4（03）：93-94.

［22］谢娟，尚修芹. 关于科技博物馆教育活动开发的若干思考［J］. 科普研究，2009，4（03）：39-43.

［23］曾川宁. 浅谈科技馆在公众科学文化素质提升中的作用［J］. 科协论坛（下半月），2011（04）：185-186.

［24］梁春花，黄星华，马麒. 广西科技馆创新科普教育活动的实践与探索［J］. 科协论坛，2011（03）：34-37.

［25］翟立原. 科普：不要让未成年人“误解”科学［J］. 少年儿童研究，2009（22）：11-14.

［26］杨红. 石河子科技辅导员队伍建设的思考［J］. 石河子科技，2010（03）：16-17.

［27］徐静. 提高科普辅导员素质的重要性［J］. 科技风，2010（24）：19+21.

［28］胡重庆. 中小学科学教师专业化素养分析［J］. 集美大学学报（教育科学版），2011，12（03）：32-36.

[29] 刘文利. 学校科学教育需要科技馆积极支持 [J]. 中国教育学刊，2008 (03)：45-48.

[30] 谭红红. 加强校内外教育结合力度 共促青少年科学素质提高 [J]. 广西教育，2010 (02)：60-61.

[31] 吴旭君. 利用社会科技教育资源促进青少年科技素质的研究 [D]. 上海：上海师范大学，2005.

[32] 孙艳华. 科普工作中的大众传播体系研究 [D]. 武汉理工大学，2005.

[33] 刘文军. 科学普及对青少年创新能力的培养及对策思考 [J]. 和田师范专科学校学报，2005 (02)：69-70.

[34] 刘雅莉. 中国公众科学素养低下与科学传播之关系 [D]. 西安：西北大学，2006.

[35] 佚名. 高点定位 细处入手——南通市青少年科普工作硕果累累 [J]. 科协论坛，2008 (01)：17-18.

[36] 曲小敏，李新行，华明. 论吴江市加强青少年科普教育的实践与探索 [J]. 大众科技，2005 (06)：110-112.

[37] 严奕峰. 青少年科技活动与科学教育有效衔接的组织策略 [J]. 中国校外教育，2010 (S1)：340+534.

[38] 吕志元. 以科技信息节为载体 践行素质教育 [J]. 中小学信息技术教育，2010 (01)：61-62.

[39] 李娜. 青少年科学素质提升工作模式研究 [D]. 天津：天津大学，2010.

[40] 代建军，谢利民. 中美科学教育目标的比较研究——基于《普及科学——美国2061计划》和我国《2049行动计划》的思考 [J]. 外国中小学教育，2005 (09)：17-21.

[41] 刘庆炬. 安徽农民科学素养的现状与提升路径 [J]. 皖西学院学报，2010，26 (06)：10-12.

[42] 相天东. 基于中原经济区建设的河南省农民科学素养实证研究 [J]. 河南社会科学，2012，20 (03)：103-106.

[43] 乔敏，陶家伟，刘耀华. 我国东部地区农民科学素养的现状及提升方法——基于上海市南汇区农民科学素养调查的数据分析 [J]. 安徽农学通报（上半月刊），2010，16 (05)：23-24+38.

［44］卢燕．有效提高城郊农村农民科学素养的实现路径研究［D］．重庆：重庆大学，2010．

［45］林新聪．新农村建设视野下农民科学素养问题研究［D］．福州：福建师范大学，2008．

［46］许珂．汉中地区农民科技文化素质研究［D］．杨凌：西北农林科技大学，2010．

［47］许珂，张磊．制约农民科技文化素质提高的小农意识及解决路径探讨［J］．广东农业科学，2009（10）：268-270．

［48］王越芬，罗影．新农村背景下的农民科技文化素质探究［J］．学理论，2009（08）：38-39．

［49］耿东梅．新农村建设中提高农民科技文化素质对策研究［D］．北京：中国农业科学院，2007．

［50］李红艳．新农村建设进程中的农民素质问题研究［D］．成都：西华大学，2013．

［51］姜卫良，姜家献．把提高农民科技文化素质作为农村全面建设小康社会的重大举措［J］．山东农业（农村经济），2003（07）：8-10．

［52］茶洪旺．提高农民科技文化素质：中国现代农业发展的必然选择［J］．云南教育学院学报，1997（03）：16-21．

［53］潘雨辰．新型农村社区建设中的农民科技文化素质问题探析［J］．太原城市职业技术学院学报，2013（09）：72-74．

［54］胡延辉，梁山，胡建．河北省农村妇女科技文化素质分析［J］．商场现代化，2008（02）：388．

［55］蔡秋红．农村妇女的科技文化素质与教育实证研究［J］．福建农林大学学报（哲学社会科学版），2007（01）：43-47．

［56］和钟华．云南农村妇女科技文化素质的现状及发展对策研究［J］．云南学术探索，1995（06）：26-31．

［57］世界公众科学素质促进大会．http：//www.wcsl.org.cn/

［58］马来平．提高农村妇女科学素质的思考［J］．海峡科学，2015（12）：39-43．

［59］张婧．对提升农民科学素质的思考［C］//中国科普研究所、辽宁省科学技术协会．中国科普理论与实践探索——2009《全民科学素质行动计划纲要》论坛暨第十六届全国科普理论研讨会文集．中国科普研究

所、辽宁省科学技术协会，2009：6.

[60] 李肖仪. 城镇劳动人口科学素质影响因素的研究 [D]. 广州：华南理工大学，2009.

[61] 马金萍. 提高农村留守妇女素质研究 [D]. 太原：山西财经大学，2010.

[62] 朱晓敏. 新疆农村劳动妇女素质与发展问题研究 [D]. 乌鲁木齐：新疆农业大学，2009.

[63] 秦丹丹. 中原经济区农民科学素质问题研究 [D]. 新乡：河南师范大学，2014.

[64] 马来平. 提高农村妇女科学素质的思考 [J]. 海峡科学，2015 (12)：39-43.

[65] 彭建兵，袁峥. 西部地区少数民族乡土人才科学素质提升之路径分析——以贵州省黔西南州为例 [J]. 兴义民族师范学院学报，2017 (03)：13-18.

[66] 韩玉宏. 西藏高中学生科学素养现状调查及对策研究 [D]. 拉萨：西藏大学，2018.

[67] 李子华. 藏族妇女教育现状及政策转向 [J]. 青海民族大学学报（社会科学版），2015，41 (04)：133-139.

[68] 达娃次仁. 试论西藏高校藏族大学生的素质现状及其培养途径 [D]. 重庆：西南师范大学，2002.

[69] 孙金华，姚锡长. 提高农村"留守妇女"素质和能力的途径思考 [J]. 经济研究导刊，2010 (31)：64-65

[70] 池丽萍，俞国良. 教育成就代际传递的机制：资本和沟通的视角 [J]. 教育研究，2011，9：22-28.

[71] 彭宏业. 女性受教育程度对子代素质影响分析 [D]. 保定：河北大学，2009.

[72] 张兴慧，董爱波，王耘. 母亲与子女主观幸福感的代际传递：教养方式的中介作用 [J]. 中国临床心理学杂志，2015，23 (1)：163-165.

[73] 齐海源. 单独二胎政策对劳动参与率影响研究——不同家庭结构下的对比 [J]. 广西社会主义学院学报，2014 (2)：76-81.

[74] 彭宏业. 女性受教育程度对子代素质影响分析 [D]. 保定：河北大学，2009.

[75] 贾巧云，姬睿铭. 关注成年女性教育：提高国民素质之关键 [J]. 成人教育，2007 (10)：84-85.

[76] 赵静. 推进农村经济发展 留守妇女素质教育要先行 [J]. 农业经济，2015 (9)：51-53.

[77] 王锁娥. 试论中国西部经济开发中的妇女素质问题 [J]. 中华女子学院学报，1996 (2)：26-29.

[78] 魏峰，江永红. 劳动力素质、全要素生产率与地区经济增长——基于安徽省 17 个地级市的研究 [J]. 人口与经济，2013 (4)：30-38.

[79] 万玛多杰. 果洛藏族自治州“十二五”时期经济社会发展基本思路 [J]. 攀登，2010，29 (6)：97-100.

[80] 李鸿霞. 困境与出路——果洛藏族自治州发展特色经济问题研究 [J]. 青海民族研究，2008，19 (3)：161-164.

[81] 张俊英. 青海省海北藏族自治州发展生态旅游的思考 [J]. 青海环境，2015，25 (1)：24-28.

[82] 马斌毅，朱成青. 青海省民族自治地区精准扶贫问题研究——基于海北藏族自治州的调查 [J]. 攀登（哲学社会科学版），2018.

[83] 张黎. 青海妇女地位作用的思考与建议 [J]. 中国妇运，2015 (5)：23-25.

[84] 马慧芳. “男工女耕”模式下的农村妇女发展浅析 [J]. 延安大学学报（社会科学版），2011，33 (3)：42-44.

[85] 马昊. 新农村建设视域下的西部农民科学素质现状及结构性差异分析 [J]. 科技进步与对策，2007，24 (12)：43-46.

[86] 郑景云. 教育从改造母亲开始 [J]. 成人教育，1990 (4)：35.

[87] 侯娟，蔡蓉，方晓义. 夫妻依恋风格、婚姻归因与婚姻质量的关系 [J]. 应用心理学，2010，16 (1)：42-54.

[88] 夏浩. 我国家庭教育期望研究综述 [J]. 合作经济与科技，2016 (14)：123-125.

[89] 陈力，胡颖森. 低收入家庭子女高等教育收益研究 [J]. 财会通讯，2012 (15)：121-125.

[90] 张锦涛，方晓义，戴丽琼. 夫妻沟通模式与婚姻质量的关系 [J]. 心理发展与教育，2009，25 (2)：109-115.

[91] 薛海平，胡咏梅，段鹏阳. 我国高中生科学素质影响因素分析

[J]. 教育科学，2011，27（5）：68-78.

[92] 陈少婷，贺丽容，邓红生，梁容欢，黎影兰. 广州市农民科学素质特征分析 [J]. 广州广播电视大学学报，2016，16（5）：96-101.

[93] 刘颂. 南京市民科技、社会人文素质状况调查报告 [J]. 中共南京市委党校学报，2008（3）：107—112.

附 录

《青海农村妇女科学素质调查量表》

No.														

您好！为了解我省农村妇女科学素质的基本情况，准确把握农村妇女素质的需求，为进一步做好农村妇女科学素质提高工作，更好服务于农村经济发展，特进行此次问卷调查。对您所提供的任何信息，我们都将予以严格的保密，并保证只用于整体性的研究，不作其他用途。

衷心感谢您的支持与合作！

调查对象姓名		联系方式	
户籍所在地	青海省　　县（市、区）　　乡（镇）　　村		
调查对象民族			

请在选中的答案题号前打“√”或在上写答案，除特别注明外，每个题目只能选一个答案。

一、个人基本情况

1. 您的年龄：

① 20 岁以下　② 21—25 岁　③ 26—30 岁　④ 31—35 岁

⑤ 36—40 岁　⑥ 41—45 岁　⑦ 46—50 岁　⑧ 51 岁以上

2. 您的户籍：

① 农村户口　② 城镇户口　③ 城市户口

3. 您的父母家与自己家的距离：

① 同村　② 同乡不同村　③ 同县不同乡

④ 同州不同县　⑤ 同省不同州市　⑥ 不在同一省

4. 您平均每隔多久回父母家一次：

① 住在父母家　② 1 天　③ 1 个星期　④ 1 个月

⑤ 2—6 个月　⑥ 半年　⑦ 1 年　⑧ 2—10 年

⑨ 从不回去

5. 您认为您与自己父母的关系是：

① 亲密无间　② 正常相处　③ 疏远有隔阂

6. 您是否认为赡养自己年迈父母的责任全在儿子身上？

① 是　② 否

7. 您现在的政治面貌：

① 团员　② 党员　③ 民主党派　④ 群众

8. 您现有的文化程度：

① 不识字或基本不识字　② 小学　③ 初中

④ 高中（职高、中专、技校）　⑤ 大专　⑥ 大学及以上

9. 您的婚姻状况：

① 未婚　② 已婚　③ 离婚或丧偶　④ 其他

10. 您第一次结婚的年龄（未婚不回答）：

① 14 岁以下　② 15—18 岁　③ 19—20 岁　④ 21—25 岁

⑤ 26—30 岁　⑥ 31 岁以上

11. 您认为女孩子正常生育的年龄是：

① 15—18 岁　② 19—20 岁　③ 21—24 岁　④ 25—28 岁

⑤ 29—30 岁　⑥ 31 岁以上

12. 您认为在得知婴儿性别后主动流产可以被接受吗？

① 可以　② 不可以

13. 您现有家庭成员：

① 1　② 2　③ 3　④ 4　⑤ 5 及以上

14. 您对目前的生活满意度：

① 满意　② 比较满意　③ 一般　④ 不满意

15. 您有几个孩子（未婚不回答）：

① 1　② 2　③ 3 及以上　④ 无

16. 您认为生几个孩子比较理想：

① 1　② 2　③ 3 及以上　④ 无

17. 您是否认为生男孩比生女孩更能让您高兴？

① 是　② 否

18. 您的孩子的文化程度（最高的）（未婚不回答）：

① 不识字或基本不识字　② 小学　③ 初中

④ 高中（职高、中专、技校）　⑤ 大专　⑥ 大学及以上

19. 您希望孩子高中毕业后（未婚不回答）：

① 希望继续读大学　② 希望外出打工　③ 希望务农

20. 您最希望您的孩子从事下列哪个职业：

① 医生　② 科学家　③ 教师　④ 明星大腕

⑤ 工人　⑥ 政府官员　⑦ 企业老板　⑧ 军人或警察

21. 您的子女目前的就业情况（最大的孩子）（未婚不回答）：

① 在校就读　② 待业　③ 外出务工　④ 务农

⑤ 附近城镇务工　⑥ 企事业单位工作　⑦ 个体经营

22. 您的伴侣的文化水平（单身者可不填）：

① 不识字或基本不识字　② 小学　③ 初中

④ 高中（职高、中专、技校）　⑤ 大专　⑥ 大学及以上

23. 您的伴侣如果长期外出务工，您是否与他一起？

① 是　② 否

24. 您的伴侣目前的就业情况（单身者可不填）：

① 民办机构工作　② 待业　③ 外出务工　④ 务农

⑤ 附近城镇务工　⑥ 企事业单位工作　⑦ 个体经营

25. 您的伴侣有以下哪些行为习惯（可多选）（单身者可不填）：

① 大量吸烟　② 酗酒　③ 赌博　④ 经常撒谎

⑤ 打家庭成员　⑥ 吸毒　⑦ 熬夜上网　⑧ 无以上习惯

26. 您的职业：

① 民办机构工作　② 待业　③ 外出务工

④ 务农　⑤ 附近城镇务工　⑥ 企事业单位工作

⑦ 个体经营

27. 您从事行业获得技能的途径（可多选）：

① 长辈传授　② 凭经验、自己揣摩　③ 向邻居或亲戚学

④ 周边农民示范　⑤ 技术人员指导　⑥ 黑板报
⑦ 电视　⑧ 本地专业协会组织　⑨ 农村专业合作
⑩ 当地电视台　⑪ 职业学校　⑫ 报纸或书籍

28. 您的月收入：
① 650 元以下　② 651—1200 元　③ 1201—1800 元
④ 1801—2500 元　⑤ 2501—3000 元　⑥ 3001 元以上

29. 您现在家庭年收入：
① 7000 元以下　② 7001—10000 元　③ 10001—30000 元
④ 30001—50000 元　⑤ 50001—80000 元　⑥ 80001—100000 元
⑦ 100001 元以上

30. 您如果心里特别不舒服，您会：
① 自己闷着慢慢调整　② 找朋友聊天排解　③ 寻求父母的安慰
④ 寻求伴侣的安慰　⑤ 向子女述说苦闷　⑥ 找专业人士咨询

31. 您如果在生活或者劳动中遇到了侵犯，您会：
① 利用法律维护权益　② 自己忍一忍算了　③ 找亲友帮忙处理
④ 靠非法团体报复　⑤ 相信命运的安排

32. 您如果发现身边的人有违法乱纪的行为，您会：
① 向有关部门检举揭发　② 跟自己无关就不管　③ 劝其自首
④ 帮其隐瞒　⑤ 要求其分配部分利益

33. 您的业余时间主要用来：
① 聊天　② 看电视　③ 打牌、玩游戏
④ 逛街　⑤ 利用业余时间学习　⑥ 其他(请填写)______

二、科学素质基本情况

现在，我们想问您一些关于科学素质相关的问题，请您根据自身了解的实际情况进行作答。谢谢您的配合。

(一) 科学概念

1. 可以自己发光的物体叫做？(　　)
A. 太阳　B. 激光　C. 萤火虫　D. 光源

2. 在下列器官中，可以用来消化食物的是（　　）

A. 心脏　　B. 胃　　C. 肺　　D. 肾脏

3. 下列动物中，哪个是哺乳动物？（　　）

A. 乌龟　　B. 鸽子　　C. 鸡　　D. 猪

4. 使全身血液流动的最重要的器官是（　　）

A. 心脏　　B. 肺　　C. 大脑　　D. 肾脏

5. 您认为“微信”是什么？（　　）

A. 手机软件　　B. 网上银行　　C. 小型信件　　D. 电子游戏

6. 下列选项对“艾滋病”解释错误的是（　　）

A. 会使人死亡　　B. 会破坏人的免疫细胞

C. 能通过握手、拥抱传染　　D. 得病的孕妇可能会传染给婴儿

7. 下列选项对“太阳能”解释错误的是（　　）

A. 是太阳光辐射的能量　　B. 包括风能、化学能和水能

C. 可以转换成电能和热量　　D. 对人的身体有害

（二）科学观点

下面说法您认为正确与否？

项　　目	正确	不正确
8. 纸是靠森林资源来获取的		
9. 盐吃多了会对大脑不好		
10. 吸烟会导致肺癌		
11. 吸烟有害身体，任何人都应该戒烟来保护身体		
12. 一年最后一个节气是立春		
13. 就目前所知，任何癌症都是不可治愈的		
14. 人的血型有三种		
15. 土豆和红薯的种植方法一样		
16. 地心的温度非常高		
17. 夜晚月亮明亮时，星星也很亮		
18. 植物一定生长在土壤里		
19. 夏天下雨时，先看到闪电，后听到雷声		

续表

项　　目	正确	不正确
20. 参加劳动时，用的力气越多，对人身体越好		
21. 生男生女主要由父亲的基因决定		
22. 和艾滋病病人一起生活，一定会被传染		
23. “温室效应”是指温室里面发生的化学变化		
24. 刚生下来的小孩一天可以睡 20 个小时以上		
25. 植物为人提供呼吸的全部氧气		
26. 土壤、植物、动物和森林属于可再生自然资源		
27. 水可以导电		
28. 所有中国人骨头的数量都是一样的		
29. 拉车比推车省力		

（三）科学方法

30. 科学地研究事物是指（　　）
    A. 提出假设，进行观察、推理、实验，得出结论
    B. 引进新技术，推广新技术，使用新技术
    C. 遇到问题，咨询专家，得出解释
    D. 根据西方发达国家的惯例处理事物
31. 对比实验是指（　　）
    A. 通过对比两个或以上实验组的结果来比较各种因素与实验对象的关系
    B. 对照比较的实验
    C. 只需做一个实验得出研究结论
    D. 一个叫做对比的外国人发明的实验方式
32. 几率是指（　　）
    A. 一件事发生的可能性
    B. 大概的情况
    C. 数学公式
    D. 做事情的效率

（四）科学与非科学

33. 您认为科学技术在解决能源紧缺问题上的作用是（　　）
   A. 可以完全解决，但会产生一些新的问题
   B. 能够彻底解决
   C. 只能部分解决，并会产生一些新问题
   D. 无能为力

34. 您认为以下哪个是科学项目？（　　）
   A. 永动机　　B. 心灵相通
   C. 特异功能　　D. 人工降雨

35. 您算命的情况？（　　）
   A. 从不算命　　B. 偶尔算一下
   C. 很大程度上相信算命的　　D. 完全相信

36. 您相信用高科技算命吗？（　　）
   A. 不相信，一样是骗钱的
   B. 不完全相信，但比算命先生的话可信
   C. 既然是高科技产品算的命，肯定是可信的

37. 有人可以预测彩票的中奖号码。您会相信这是真的吗？（　　）
   A. 中奖号码都是随机出现的，不可能有什么规律
   B. 每一期的中奖号码之间都有着一定的联系，只要发现各号码之间的关系就可以中奖
   C. 号码不是随机的，中奖号码之间有规律，但不能通过常规科学的方法计算出来

38. 您认为科学精神可以帮助我们消除封建迷信吗？（　　）
   A. 可以消除　　B. 不一定　　C. 不能消除

39. 您认为“流鼻血时抬高下巴可以止血”这个说法正确吗？（　　）
   A. 正确　　B. 错误

（五）经济社会

40. “我国农村和城郊的土地，除法律规定属于国家所有外，属于农民集体所有。”您认为这句话是（　　）
   A. 正确　　B. 错误

41. 在农村，只有丧失劳动能力的人才能领取低保。您认为这句话是（　　）

A. 正确　　B. 错误

42. 由于科学技术的进步，地球自然资源将用之不竭。您的态度是（　　）

A. 同意　　B. 不同意

43. 商品的价格根本上是由什么决定的（　　）

A. 商品的质量　　B. 供求关系　　C. 商家定价　　D. 价值

（六）资源环境

44. 关于我国“退耕还林”政策，下列叙述正确是（　　）

A. 任何土地都需要　　B. 退耕还林没有粮食补贴

C. 为了防治动物灭绝　　D. 为了保护改善生态环境

45. 在下列回收废品中，如果没有回收，对环境造成危害最大的是（　　）

A. 废纸　　B. 废瓶　　C. 废电池　　D. 废塑料

46. 人类不应该销售和食用珍惜野生动物。您对此的态度是（　　）

A. 同意　　B. 不同意

47. 人是地球的主宰者，可以享受地球上的一切资源。您对此的态度是（　　）

A. 同意　　B. 不同意

48. 下列哪种资源是不可再生资源？（　　）

A. 生物资源　　B. 风能　　C. 太阳能　　D. 石油资源

（七）实际事务

49. 在购买食品时您是怎样确定食品品质的好坏的？（　　）

A. 根据丰富的个人经验来鉴别食品好坏

B. 根据食品自身的说明信息（原材料，生产商，出厂日期等）判断食品好坏

C. 根据所买食品的地点（相信大超市、大商场）判断食品好坏

D. 根据熟人的推荐选择食品

50. 下列关于运动的说法，正确的是（　　）

A. 剧烈运动后应立刻大量喝水　　B. 运动后喝冷饮、洗冷水澡较好

C. 运动可以使身体抗病能力增强　　D. 运动量越大越好

51. 如果发生火灾时，你会（　　）

A. 跟着别人跑　　B. 立即跳楼

C. 立刻乘电梯逃走，这样比较快　　D. 从高处往下跑

E. 根据安全通道的指向跑，并用湿毛巾捂住口鼻

52. 下列家庭安全用电常识错误的是（　　）

A. 移动电器时切断电源　　B. 电源线接头要用胶布包好

C. 用湿布清洗电器和开关　　D. 不用湿手触摸电器和开关

53. 当你不知情买回假冒伪劣商品后，你会（　　）

A. 向 3·15 投诉　　B. 自认倒霉，下次警惕

C. 到该商店或商场骂他们一顿　　D. 无所谓

54. “猫搬家，狗狂叫，鸡不进窝，鱼儿惊慌水面跳”这些动物反常现象预示着（　　）

A. 地震将要发生　　B. 台风将要来临

C. 坏天气将要出现　　D. 泥石流将要发生

（八）公共事务

55. 十八大之后全面推广“新型城镇化”概念，你是否了解这个词语？（　　）

A. 了解　　B. 不了解

56. 您现在有件急事要办，这时红灯亮了。您会选择下列哪一种（　　）

A. 快迟到了，没什么车，赶快过去吧

B. 应该等绿灯亮时再走

C. 警察不在，还是过去吧

57. 村民委员会每届任期（　　）年，届满应当及时举行换届选举。村民委员会成员可以连选连任。

A. 二年　　B. 三年　　C. 四年　　D. 五年

（九）科学创造

58. 一个人好奇心的保持，在很大程度上取决于哪个阶段的鼓励或抑制？（　　）

A. 早期生活　　B. 初期生活　　C. 周围生活　　D. 学校生活

59. 在工作或者做家务过程中有新的发现时，您会（　　）
   A. 进行多次操作证实后告诉同伴
   B. 立刻把新的发现告诉同伴
   C. 把新发现藏在心里不愿与人分享
   D. 不告诉别人，生怕出错被人笑话

60. 在进行一项您不熟悉生活用品制作时（如编织新款毛衣），您是（　　）
   A. 自己动手、自己设计
   B. 完全参照以前的步骤和方法
   C. 先参考以前的方法，然后进行改进
   D. 看其他人有什么新方法，再仿效

除上述问题外，您认为该问卷还应该设置哪些调查内容？

____

____

____

____

调查员调查情况登记表

姓　　名		就读院系		调查时间	年　月　日
调查方式	访谈	联系方式			

后 记

当这本书完成的时候，第一个要感谢的人是日本城西大学研究生院、经营学院的张纪寻教授。记得在刚开始申请课题时，张老师在审核老师们申报的题目时，给我提出了详细的意见和建议，沿着这个思路，今天终于完成了课题，感谢张老师！

感谢教育部“春晖计划”给我的资助，没有这笔经费无法完成这个项目。感谢课题组的尖措吉和贺秀珍两位老师，从课题开始忙到了课题结束。特别感谢李利洲和赵萱婷，认真细致地搜集资料、整理资料，所有细小的工作都认真完成，从不马虎，体现了一种做学问的态度。感谢参加编写工作的李利洲、赵萱婷、王彩霞和牛颖。

感谢调查员才旦卓玛、豆毛措、才仁代吉、伊西卓玛、秀措吉、仁青措、昂措卓玛、夏措卓玛、才忠吉、桑斗吉、谢日卓玛、先措吉、才拉毛、才让卓玛、多杰卓玛、多杰措、才宝、东格措、秀措、逯克文、李生菊、拉木措、宋雅婷、颜红、陈德玲、马晓霞、魏民珠、邓光燕、马国娴、林静和杨春燕，没有大家的帮助，无法完成这个课题。

还要感谢参与了我调查的奶奶、大妈、大婶、阿姨、姐姐和妹妹们，你们非常认真地回答了相关的问题，你们是我课题的主心骨，通过这个课题，我感觉到了青海农村妇女的朴实无华，淳朴善良。虽然生活在农村，但是，大家阳光快乐，你们是青海农村经济发展的主力军，你们是家庭的命脉，关系着下一代的茁壮成长。最后，向所有参与我课题的每一个人深深地鞠一躬，并送上美好的祝福，希望在今后的日子里，大家喜乐平安！

祁乐瑛

2021 年 6 月 1 日